经典与解释(57)

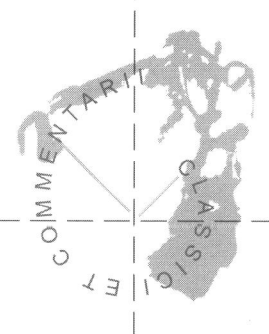

全球化在东亚的开端

■ 古典文明研究工作坊 编
顾问／刘小枫 甘 阳
主编／娄 林

华夏出版社

古典教育基金·"传德"资助项目

目 录

论题　全球化在东亚的开端（刘小枫　策划）

3　日本近代化的准备期：织丰政权的意义 ……… 弗洛伦蒂娜
11　从世界史看织丰政权的军事商业特征 …… 桧垣翔／下岸廉
39　丰臣秀吉对东亚的认识 …………………………… 小林健彦
52　日本历史教育中的丰臣秀吉侵略朝鲜问题 ……… 石渡延男
78　关于丰臣秀吉侵略朝鲜的史料 ………………… 三鬼清一郎
86　日本德川时代的世界史 ……………………………… 速水融
122　16至19世纪日本基督教的接受、被禁与隐伏 … 大桥幸泰

古典作品研究

143　塞涅卡《特洛伊妇女》中的死亡与视角 …………… 拉沃尔

思想史发微

161　阿提卡瓶画与前苏格拉底哲学 …………………… 拉波特
179　影响现代共济会象征体系的古代秘仪与秘密团体 …… 哈尔

185　普罗提诺论凝视的自我 …………………………… 刘露

209　本雅明与康托洛维茨 ……………………………… 法贝尔

古文今刊

239　《論語象義》總論 ………………………………… 三野象麓

旧文新刊

257　中國正史上之日本 ………………………………… 張鼒

评　论

279　评福克纳《戴高乐的故事》 ……………………… 莫里西

293　朱科特对苏格拉底与马基雅维利的综合 ……… 安德鲁西奥

（本辑主编助理　潘林）

论题　全球化在东亚的开端

日本近代化的准备期:织丰政权的意义

弗洛伦蒂娜(Erika A. Florentina) 撰

暴凤明 译

引 言

19世纪末,亚非国家受到来自西方世界的冲击,日本也不例外。几乎所有的亚非国家都成为西方列强的殖民地,只有当时的明治日本不仅保持了主权独立,免于被殖民,而且顺利完成了近代化的转变,成功变革成为国民国家。通过明治维新的大变革,由士农工商的身份制度与幕藩体制构成的传统社会一瞬间变容为四民平等的近代化社会。不仅如此,日本还大胆吸收欧美国家的文化、政治与法律制度,在短时间内疾速成长为列强之一。日本的近代化堪称"亚洲的奇迹"。这正是笔者开展日本研究的动机。

日本与其他亚洲国家的不同之处在于,其近代化的实现过程如同冰上滑过一般"顺畅"。西方社会在完成了构筑以自由平等为前提的近代化市民社会的基础上推进工业化。公民的自由与平等是近代化社会的象征。相比而言,幕藩体制下的日本是以士农工商等级身份制为基础的社会。而如果一个国家的等级身份制的社会结构与传统很强的话，将无法实现社会的自由与平等。因此，那些无法吸收近代文明、无法实现工业化的国家，均被殖民浪潮吞没了。

思考日本与亚非诸国究竟不同在哪里，以"近代化"为关键词对日本历史进行再考察，便会发现，幕藩体制下的町人文化为近代化进程做了充分的准备。若进一步探究是什么为町人文化做了准备，以制定"乐市乐座"制度①而闻名的织田信长（1534-1582）便作为一个关键历史人物逐渐浮出水面。

笔者认为，日本社会史的转折点，即由古代中世向近世社会过渡的转折点在于织丰政权。织田信长不仅仅作为英雄人物，更作为实现日本社会划时代变革的人物而登场，这正是笔者博士论文提出的假说。信长不仅是战国时代的霸者，他还斩断了日本社会与之前历史的联系。信长在统一天下过程中实施的许多政策，打破了古代中世的遗制，为近代的到来做了准备。在信长的各项政策中，尤其以城市政策最具划时代意义。

幕末时期，佩里率领的美军军舰来到浦贺港，将日本与其他亚洲国家一样再次裹挟进世界史的进程中。但整个亚洲只有日本免于诸列强的蹂躏，保持了独立的主权，并顺利吸收西洋文明，迅速完成了"近代化"变革。之所以能够如此，乃因为当时日本已经构筑起接受西洋近代化的社会基盘，这也正是本文的问题出发点。

---

① ［译注］"乐市乐座"是日本在16至17世纪期间的战国时代，由织田信长、丰臣秀吉及诸战国大名在其领地城下町所推动的一项经济政策。"乐"乃自由化之意，"座"则指平安到战国时代的工商业者或演艺人员组成的工会，工会向朝廷、贵族或寺院支付金钱，以换取独家专卖或贩卖权。"应仁之乱"后，出现了许多不属于以前的座的新兴工商业者，封建领主意图将其集中在领国经济下加以统治，以图繁荣城下町。1577年织田信长对安土城发布的乐市乐座法令最为著名，法令免除了城下町的市场税和商业税，废除座商人特权，是为"乐市"；进一步废除座本身则称为"乐座"，它废除了妨碍自由经商的行会制度。

织田信长开展的关所撤废与道路整备

织田信长（1534-1582）于天文二十四年（1555年）平定了尾张地区，① 又在永禄十年（1567年）平定了美浓地区，② 在稳固战国大名的地位之后，开始推行经济政策。永禄十一年（1568年），织田信长拥立足利义昭，③ 与其一同上洛，④ 在尾张和美浓地区实施撤废关所和整备道路的政策。撤废关所是在上洛之后马上进行的，很可能与信长"天下布武"⑤ 的政治布局有关。信长旨在吸收、利用商业活动的主体商人，构建新的经济秩序。

"乐市乐座"是织田信长最有名的经济政策，它打破了阻碍自由商业活动的垄断组织——"座"。为了确保"乐市乐座"政策顺利实施，信长同时开展了关所撤废和道路整备等基础设施建设。撤废关所的

---

① ［译注］今日本爱知县的西北部。

② ［译注］今日本岐阜县的南部。

③ ［译注］足利义昭，早年被流放，后在织田信长的协助下于1568年进入京都，成为室町幕府第十五代征夷大将军，也是室町幕府的末代将军。

④ ［译注］日语中的"上洛"，主要是指前往京都，京都的别称是洛阳，故谓"上洛"。在日本明治维新之前，战国大名带兵攻入京都的行动被称为"上洛"。上洛是诸如武田信玄等战国大名追求的目标，如同中国春秋时期的"问鼎中原"（称霸诸侯）。"上洛"主要用于形容实力最强的地方藩首（大名）集结大军开往京都表明地位的过程，类似中国古代春秋战国时期的"会盟"。

⑤ ［译注］"天下布武"是织田信长提出的政治理论。从字面上解释，天下布武为"于天之下，遍布武力"。天下布武通常被解释成"以武力取得天下"，但近年的研究多将其解释成"以武家的政权来支配天下"。信长将自己所在地改名岐阜时，即开始用"天下布武"之印。岐阜的命名取古代中国周文王以岐山为根据地、日后君临天下之意，由此可窥信长志向。日后，信长以岐阜为根据地，展开了往后长达15年的统一日本之路，直至1582年本能寺之变遇害，"布武"梦断。

做法与自由经济和商品流通有非常密切的关系。初听"关所"一词，很容易让人联想到江户时代在国与国之间的国境线上设立的关卡哨所。然而，不同于江户时代的关所，战国时代的关所是"私设"的，象征着"私有土地的大门"。其主要作用不在于监视、防御邻国，而是作为征收通行税的手段。用现在的话来讲，就是征收通行关税的海关。撤废关所的做法，受到那些苦于每次过关被征收通行税的人们的欢迎。由此，人员往来与商品流通更加顺畅。

在关所撤废之后，织田信长开展了道路整备建设工作。战国时代的为政者往往会不断对自己的领土加强防卫，他们在山中开凿隧道，铺设弯曲狭长的道路。信长考虑到道路对经济活动的不利影响，开始修整道路，拓宽当时司空见惯的狭窄道路，并将弯曲的道路拉直。平坦笔直的大道对于促进人员交流与贸易往来效果十分明显。他还在道路两侧种植松树和柳树，在河流上架设桥梁。桥梁原本非常不利于战略防御，由此也可以看出信长对促进商品流通和人员往来的决心。

织田信长与寺社势力

在战国武将中，没有一个大名能够像织田信长那样与宗教势力真正地开展斗争。信长与寺社势力之间的战争具有很大的破坏力，容易给人留下织田信长与宗教之间爆发战争的印象，以至于很多人认为"信长厌恶宗教"。但是，这是很肤浅的看法。若去考察寺社势力在日本中世社会中的位置，问题的实质便会一目了然。

在中世，寺庙与神社拥有很大的势力和权威，不仅体现在宗教世界，也体现在政治、经济、文化、军事等诸多领域。信长"天下布武"的构想不仅在于获得权力，还起到了破坏中世社会的根基、为近代社会的到来夯实基础的作用。信长的意图在于斩断宗教势力在中世社会的根基，让寺社势力退出政治领域，回到纯粹的宗教领域，最终实现政治对宗教的管制。这一目标的背后，体现出织田信长这一历史人物的"近代性"标识。

织田信长与丰臣秀吉的城下町建设与社区改造

织田信长为了攻取京都，占领了斋藤道三的居城岐阜城。① 他一边将岐阜城作为堡垒基地，一边发展建设岐阜城城下町。② 在城下町实施乐市乐座政策，意味着信长将工商业视为城市财富增长的源泉。

丰臣秀吉继承了织田信长开辟的道路。支撑秀吉城市政策的两

---

① ［译注］岐阜城是位于美浓国井之口（今岐阜县岐阜市）的一座日式城堡。在织田信长统治该城之前，称为稻叶山城。1567 年当织田信长攻陷稻叶山城后，从"周之文王定点岐山"（阜是山的意思）之意，改名为岐阜城。在织田信长以此为居城期间，这里是织田政权前期的中心。1576 年，信长迁居安土城。1582 年，信长于本能寺之变被杀后，岐阜城曾经被明智光秀的部属和织田信孝占据。该城在贱岳之战后，被丰臣秀吉的势力完全压制，之后由秀吉的部下池田辉政所领。

② ［译注］城下町，是以城郭为中心形成的城市。中世时代，领主居所的周边所成立的聚落、町场（市集），称为堀之内、根小屋、山下。近世之后，则普遍称之为城下。16 世纪时，战国大名配合其领国的统一，伴随着兵农分离政策的推行，将领主下面的直属武士团与工商业者强制集中于城下，乃形成城下町，并逐渐发展成领国政治、经济、交通的中心。例如，今川氏的骏府、大内氏的山口、武田氏的甲府、织田氏的安土以及丰臣氏的大阪，皆为有名的城下町所在地。到了江户时代，在"一国一城"令的原则下，从江户城开始，各藩的城下町被整备起来，武士团必须定居于此。城下町成为藩域经济的中心，大规模的消费经济逐渐发达起来，成为近代经济的源流。明治维新以后，主要的城下町多设有县厅与重点学校，伴随商业城市化的发展而持续繁荣。

条政令分别是"太阁检地令"和"刀狩令"。①秀吉通过在全国范围内严格实施检地,将信长当初要摧毁的象征着中世社会的庄园制度彻底解体。通过检地确立"石高制",②进而规定了封建领主和农民所有的土地。秀吉的刀狩令在原则上禁止武士以外身份的人携带武器,这意味着随身携带武器作为一种中世社会的生活习惯被废除。刀狩令实施之初,只允许武士带刀,但到了江户后半期,武士佩刀也已经成为装饰品。可以说,刀狩令促进了军事化的中世社会向非军事化的近代社会的转型。它实现了社会的非武装化,为近代社会的形成做了铺垫。

自古以来,日本国家财政与社会繁荣完全依靠农业的发展。从"班田收受法"的"口分田"开始,之后逐渐被庄园制取代,国家的财政来源始终依赖于农民上缴的租税。以工商业为中心的城市建设观念淡薄。整个社会的构成基础在于农村,是一种传统社会的构成模式。传统社会向近代化社会的转变,只有当工商业取代农业成为社会中心之后才有可能实现。

进入室町时代,随着商品经济的发展,出现了很多城下町、港町、宿驿町、门前町、寺内町之类的城市,城市逐渐与农村分离。但是,将二者明确分离的是丰臣秀吉。秀吉修建了长滨城、大阪城以

---

① [译注]"太阁检地"指丰臣秀吉在日本全国推行的检地(农地〔山林除外〕的测量及收获量调查),包含天正的"石高修正"和"文禄检地"。"刀狩令"是加强兵农分离的一项措施。最早由柴田胜家在越前国实行,内容主要是没收农民手上的武器,实现兵农分离,防止发生一揆(武装暴动),加强对庶民的统治,日本武士和庶民的身份阶级因此更加稳固。1588年丰臣秀吉向全国发出刀狩令,当时没收的武器被用于塑造京都东山大佛殿。

② [译注]"石高制"指不按面积而按法定的标准收获量来表示(或逆算)封地或份地面积的制度。"石"是容积单位,1石=10斗=100升=1000合,一石折合大米约30千克;"高"意指高度、程度,这里指的是数量。对大名和武士而言,"石高"是授受封地(或禄米)以及承担军役的基准。

及京都"聚乐第",① 坚定地推进修建城市与社区改造的计划。城市以政治和经济为中心组建而成。在秀吉的建设下,当时的京都不再仅仅是古代天皇和公家的居所,更发展成以聚乐第为中心的城下町。

结　语

近世之前的日本城市和亚洲各国的城市一样,都属于消费型城市。在织田信长与丰臣秀吉的政策推动下,城市成为可以自主产生财富的生产型城市。在此之前只有农业被视为国家财富的源泉,而信长和秀吉将工商业也视为国家财富的源泉,并有意识地将单纯消费农村财富的城市改造成自身也可以产生财富的城市。导入"乐市乐座"制度作为城市的基本经济法规,建设锻冶屋町、商人町等工商业集中的城市。城市不再仅仅是统治者的居住地,也不再是单纯的消费场所。随着城市中商人聚集区和匠人聚集区的形成,城市的财富开始不断升值。

信长将促进贸易交流作为城市建设的重要一环,废除了关卡哨所和通行税,并大力开展扩宽道路、架设桥梁等公共基础设施的建设。丰臣秀吉以"刀狩令"为核心的兵农分离政策被之后的德川政权继承。德川幕府实施严格的身份等级制度,只允许武士阶层武装,从而加速了国民的非军事化。

---

① [译注]"聚乐第"是安土桃山时代末期丰臣秀吉于京都内野(平安京大内里遗址东北,今京都上京区)兴建的城郭兼邸第,但前后存在只有八年。丰臣秀吉逐步统一日本后,将统治中心从大阪城迁移至此,后来秀吉让关白之位于外甥丰臣秀次,这里成为秀次的居城,秀吉则以太阁身份迁往伏见城,持续号令天下。文禄四年(1595年)七月,秀吉勒令被驱逐至高野山(和歌山县)出家后的秀次切腹,其妻子与家臣大半被处决。聚乐第亦于同年八月以降全面拆除,统治中心由聚乐第转移至伏见城。

德川家康开启了江户时代，虽然武士是统治阶级，但正如元禄、化政文化所体现的，文化的缔造者已经由武士阶层转移到町人阶层。"小袖"的流行就是由町人女性群体取代武家女性群体普遍穿着开始的。①町人文化的兴盛与小袖流行源头从武家到町人的转移，以及穿着小袖和服的人群阶层的扩大，充分说明日本已经走上了织田信长和丰臣秀吉铺设的近代化轨道。

日本社会的近代化，尤其是从经济意义而言的近代化，其背后织丰政权政策的重要性不可否认。织田信长和丰臣秀吉修建城下町，导入乐市乐座的经济制度，通过政治手段实现了工商业的繁荣。织丰政权不仅保护农民的农业生产，还高度重视町人开展的工商业贸易活动和商品经济给国家带来的利益，将町人视为社会经济与文化的主要建设者。这也充分体现出织田信长和丰臣秀吉两个历史人物身上的"近代性"。织丰政权为江户时期町人文化的盛行创造了条件，同时也为日本的近代化做出了充分准备。

译者单位：北京外国语大学

* 此专题所有文章皆属如下项目的阶段性成果：国家社科基金一般项目"日本新宗教运动对当前中日关系的影响研究"（项目编号：20BZJ061）

---

① ［译注］通常认为小袖衣装是现代和服的原形，最早产生于平安时代，一方面作为公家社会中服饰的贴身穿着衣物，另一方面也作为一般庶民出身的武家女性的小袖和服。到了桃山时代，具有强大经济实力的町人阶层出现，小袖和服成为当时社会妇女在重要场合的服装。町人阶层的妇女穿着的小袖和服成为身份、阶层、经济实力的反映。江户时代成为小袖和服的全盛时代。

从世界史看织丰政权的军事商业特征

桧垣翔/下岸廉 等撰

暴凤明 译

本文的研究对象是织丰政权,即16世纪中后期日本列岛诞生的由织田信长和丰臣秀吉主导的统一政权。然而,各历史教科书中关于织丰政权的描述不尽相同,具体比较如下。

首先,《详说世界史》如此记述16至17世纪东亚和东南亚的国际秩序:

> 进入16世纪,大航海时代世界范围蓬勃兴盛的商业活动动摇了以明朝为中心的朝贡体制。在东南亚,胡椒等香辛料的出口大量增加,为了争夺贸易利益,欧洲势力与亚齐苏丹国、缅甸东吁王朝等新兴贸易国的纷争不断。这些新兴国家试图摆脱明朝的权威,强化自身的军事力量,扩大势力。[1]

---

[1] 木村靖二、佐藤次高、岸本美绪等,《详说世界史》,山川出版社,2014,页181–182。

其中，关于织丰政权本身的记述为：

> 愈发活跃的贸易交流，以及从欧洲传来的新式火枪武器，促进了东亚各地的新兴势力的崛起。在日本，织田信长和丰臣秀吉从南蛮贸易①中获得利益，利用新式火枪统一了日本。②

由此可见，《详说世界史》的记述主要介绍了16至17世纪不断活跃发展的贸易活动，以贸易获利和强大的军事实力为背景的新兴势力此时开始抬头，织丰政权就被定位为这些新兴势力中的一支。

下面看一下《面向市民的世界史》（以下简称《市民》）中的记述，有些描述与《详说世界史》较为相近：

> 在东亚地区，以白银为动力牵引的贸易浪潮突破了海禁体制的束缚，使民间自由贸易成为可能。处于边境交界地区的日本列岛、东南亚和中国北部等地区，由白银和火枪的力量催生出强大的军事商业政权，国际秩序也随之大变。③

《市民》将16至17世纪在明朝边境地区崛起的新兴势力称为

---

① ［译注］南蛮贸易是安土桃山时代（16世纪中期至17世纪初期）日本与西班牙、葡萄牙等国商人之间实行的贸易。"南蛮"原是中原文明对南方不同文化的民族的称呼，在中华思想之下带有歧视色彩。

② 木村靖二、佐藤次高、岸本美绪等，《详说世界史》，前揭，页184。

③ 大阪大学历史教育研究会编，《面向市民的世界史》，大阪大学出版会，2014，页119。

"军事商业政权"。日本列岛的织丰政权被认为是其中之一。①

以上是《详说世界史》和《市民》中共同的记述，即将织丰政权定位为依靠商业和军事力量崛起的新兴势力。

但另一本教材《详说日本史》②如何描述织丰政权？资料1［见下页］显示了不同历史教科书的章节构成。《详说日本史》将这一时期的历史根据对外关系和国内形势分为六节。涉及对外关系的标题分别是"欧洲人的东亚扩张"和"南蛮贸易与基督教"，涉及国内形势的四个标题分别是"织田信长的统一事业""丰臣秀吉统一全国""检地与刀狩"以及"秀吉的对外政策与朝鲜侵略"。③ 由于历史叙述材料驳杂冗长，本文不作详细引用或赘述。就结论而言，《详说日本史》聚焦日本历史，材料体现的信息量丰富，同时反映出很多最新的研究成果。但另一方面，国内形势与对外关系之间的关联比较模糊，与世界史的共时性、同时代性意义不明确。在对国内形势的史实介绍中，这本教材将军事方面和经济方面区分开，分别叙述并分析。当然，《详说日本史》中载入的信息量十分丰富，读者可以结合相关内容展开深入思考，但作为教科书而言，很难直接通过读它而发现诸多事项之间的关联。因此，它并未清晰体现织丰政权与16至17世纪东亚及东南亚国际秩序之间的内在联系。

---

① 对本文中使用的"军事商业政权"这一概念，不同的研究者有不同的称呼，如"新兴军事势力""商业军事势力"等，由于其包含同样的概念内容，本文统一冠以"军事商业政权"之名。详细的定义将在第一章第三节中说明。

② 笹川晴生、佐藤信、五味文彦、高埜利彦等，《详说日本史》，山川出版社，2014。

③ "秀吉的对外政策和朝鲜侵略"被放在对外关系的内容中，但它其实是国内形势的延展，在此姑且延续国内教科书的体裁分类。

[资料1] 教科书中织丰政权的定位

	第7章 亚洲各地区的繁荣	
《详说世界史》山川出版社	1. 东亚世界的动向	14世纪的东亚
		明初的政治
		明朝的朝贡世界
		朝贡体制的动摇
		明朝后期的社会与文化
		16—17世纪的东亚状况
	2. 中国清代与周边地区	清朝的统治
		清朝统治的扩大
		清朝与东亚
		清代的社会与文化
	3. 土耳其/伊朗的形成	帖木儿王朝的兴亡
		奥斯曼帝国的成立与发展
		萨菲王朝的兴盛
	4. 莫卧儿帝国的兴盛与东南亚贸易的发展	莫卧儿帝国的成立与印度及伊斯兰文化的繁荣
		印度地方势力的崛起
		东南亚贸易的发展
《面向市民的世界史》	第5章 大航海时代	
	1. 欧洲人的世界扩张与"近代世界体系"的形成	（1）面向亚洲海域
		（2）"哥伦布大交换"与西班牙帝国的盛衰
		（3）荷兰的繁荣

续表

《面向市民的世界史》	2. 白银与火器带来的东亚巨变	（1）明朝的经济发展与白银流入
		（2）后期倭寇与海禁的缓和
		（3）来自边境军事商业政权的挑战
	3. 十七世纪的全面危机	（1）环境危机与贸易衰退
		（2）欧洲的危机
《详说日本史》山川出版社	第6章　幕藩体制的确立	
	1. 织丰政权	欧洲人的东亚扩张
		南蛮贸易与基督教
		织田信长的统一事业
		丰臣秀吉统一全国
		检地与刀狩
		秀吉的对外政策与朝鲜侵略
	2. 桃山文化	桃山文化
		桃山美术
		町众的生活
		南蛮文化
	3. 幕藩体制的形成	江户幕府的成立
		幕藩体制
		幕府和藩的机构
		天皇与朝廷
		禁教与寺社
		江户时代初期的外交

续表

《详说日本史》山川出版社	3.幕藩体制的形成	锁国政策
		长崎贸易
		朝鲜与琉球、蝦夷地
		宽永时期的文化
	4.幕藩社会的构造	身份与社会
		村与百姓
		町与町人
		农业
		林业与渔业
		手工业与矿山业
		商业

通过以上三本书的不同叙述，可以看出对织丰政权的不同历史定位。本文将在第一、第二节论述其背后反映出的研究动态，同时细致分析织丰政权的政策特点。《市民》中对织丰政权的政策描述非常独到精准，它对织田政权的描述是："非佛教政权志向"，"与领地联系薄弱的武将依靠实力主义登场"；将丰臣政权描述为"梦想着依靠'武威'征服并统治周边诸国"，"（由于侵略朝鲜的军事行动）日本与明朝之间的贸易和外交关系陷入令人绝望的状态"。之所以会出现以上描述，是因为《市民》一书以欧亚大陆东部为中心地域展开历史叙述，这不同于《详说世界史》和《详说日本史》。关于这些内容背后反映了哪些研究成果，本文将在第二节详细论述。

以上指出了三本教科书之间相关历史叙述的不同及其反映出的特点。简单而言，《市民》和《详说世界史》两书试图将织田政权作为明朝边境地区崛起的军事商业政权，把它放在16世纪后半叶至17

世纪前半叶的国际关系中进行共时性定位。与之相对,《详说日本史》则难以把握对外关系与国内形势之间的关联。①

综上所述,本文结构如下。第一节整理介绍有关《市民》和《详说世界史》中提到的织丰政权作为军事商业政权的相关背景的研究动态。第二节探讨《详说日本史》中对外关系和国内形势脱节在研究动态上的体现,同时详细分析《市民》中对织丰政权的特定描述背后,反映出什么样的研究成果。第三节讨论如何弥补研究的缺陷,把握织丰政权作为军事商业政权的特点,并尝试在当时欧亚大陆东部的国际局势中共时性地描绘织丰政权的面貌。虽然这项工作所面对的历史只是庞大时空轴中的一小部分,但这是以一种统合世界史的形式来描述日本史的尝试,使世界史与日本史的衔接统合成为可能。

一 16世纪东亚史中的军事商业政权

16世纪至17世纪是东亚和东南亚地区保持极其密切关系的时期,这一时期在中国东海与南海出现民族性多样化的趋势,两地区和海域难以分开单独论述。因此,本节将基于对东亚和东南亚的共时性局势研究进行概述。首先,通过诞生军事商业政权的经济背景——贸易热潮这一环节展开分析。

16世纪东亚和东南亚地区的贸易热潮

在进入本文的研究对象16世纪之前,我不得不提及15世纪的

---

① 以上是从世界史与日本史结合的程度而言,并非贬低《详说日本史》一书的价值。

国际秩序。① 首先，纵观当时东亚和东南亚的海洋世界，明朝的海禁—朝贡体制的影响力巨大。所谓明朝的海禁—朝贡体制，实际上是禁止民间私人贸易，明朝政府独占海外贸易的体制。当然，此时民间并非完全没有走私贸易，但是，东亚和东南亚区域内贸易的最大需求者和供给者明朝政府采取如此"牢固"的贸易统治政策，无疑给民间走私贸易形成了巨大的制约。

然而，自15世纪末开始，这一地区被卷入所谓"交易时代"的国际贸易热潮。在广州，朝贡船以外的海外贸易船也开始来明朝纳贡，福建漳州等地逐渐成为倭寇走私贸易的据点，加之16世纪葡萄牙人也参与到走私贸易中，中国东南沿海地区转变成走私贸易的一个大型根据地。由于活跃的海外贸易的影响，15世纪末至16世纪，明朝的海禁—朝贡体制大为动摇。其中一个例子是1570年前后漳州私人商船获准渡航进入东南亚，这无疑是白银货币推动的。

这一时期，由于日本白银和美洲白银的涌入，白银总量大增，贸易热潮呈现出进一步繁荣景象。明朝的海禁—朝贡体制的动摇，使明朝周边地区形成一个"无法治地带"。② 16世纪后半叶至17世纪前半叶，这一"无法治地带"诸势力竞争中的幸存者建立了新的国家，并开始挑战明朝权威。

结合本文的主题便可以理解，自15世纪后半叶开始明朝的海禁—朝贡体制动摇，在周边地区诸势力辐辏竞争中形成一种无序状

---

① 关于当时东亚和东南亚的国际秩序，参考岸本美绪，"东亚与东南亚传统社会的形成"，"岩波讲座世界历史13　东亚与东南亚传统社会的形成"，岩波书店，1998，页3-73。中岛乐章、桃木至朗，"'交易时代'的东亚与东南亚"，桃木至朗、山内晋次、藤田加代子、莲田隆志编，《海域亚洲史研究入门》，岩波书店，2008，第10章，页90-97。

② 关于明朝的边境社会研究，详见岩井茂树，《16、17世纪的中国边境社会》，收于小野和子编，《明末清初的社会与文化》，京都大学人文科学研究所，1996，页625-659。

态，这一点意义非常。值得一提的是，这一时期边境地区崛起的势力大多引进了西方的枪支火器，具备了对抗作为军事大国的明朝权威的武力手段。因此，如果不能弄清此时东亚和东南亚各地区如何接受新式枪支火器的情况，就不能准确理解军事商业政权的形态特征。

16 至 17 世纪火器的接受

这一时期的东亚地区通过火器开展的技术交流变得活跃起来，但是，从研究角度对火器的关注始于欧美学界提出的"军事革命论"。"军事革命"是英国历史学家迈克尔·罗伯茨在 1950 年代提出的概念，旨在理解 16 世纪下半叶至 17 世纪上半叶的全球军事环境变化，以及随之而来的社会变动造成的历史分期。

军事环境变化的具体特征有以下几点：（1）火器技术实现飞跃式发展，小型火器普及。（2）军队兵力人数增加，规模扩大。（3）战略复杂化、长期化。同时，近年来的研究关注点还包括：（4）军费支出占据大部分财政支出。（5）在城郭建设中充分考虑到对火器的防御，即城郭构筑技术发生了变化。

军事革命理论的特点，在于强调上述军事方面的改变对此期集权式国家制度的确立具有重大影响。这方面的研究并非本文关心的重点，仅就本文主旨而言，笔者认为重要的是通过思考欧洲学界提出的军事革命理论，来引发对亚洲史研究中兵器、战争和战场的关注。[①]

---

① 站在 16 至 17 世纪东亚和东南亚历史的角度考察军事要素的论著，本文参考了：岸本美绪，《东亚的"近世"》，山川出版社，1998，页 49–78；久芳崇，《东亚的兵器革命》，吉川弘文馆，2010；中岛乐章，《1540 年代的东亚海域与西欧式火器——朝鲜、双屿、萨摩》，收于中岛乐章编，《南蛮、红毛、唐人》，思文阁出版，2013，页 99–176。

那么，这一时期东亚地区的火器接受情况如何呢？东亚国家16世纪中叶开始从葡萄牙人手中购买新型枪支。毋庸置疑，当时东亚和东南亚海域已经建立有华人贸易网络，因此，欧洲的枪支首先进入日本种子岛和中国浙江省双屿等倭寇走私贸易的据点。之后，传入日本的火器在近江国友村、①大阪府南部堺市等地批量化生产，日本亦开始独立从事设计与开发。16世纪末，日本出兵朝鲜失败，大量日本兵被朝鲜和明朝俘获，他们帮助提高了两国的火器制造与使用技术。从那时起，东亚范围内的枪械火器技术交流变得活跃起来，制造工艺实现了飞跃式进步，这些变化被学者久芳崇称为"东亚的兵器革命"。②

进入17世纪，引进并接受了先进火器技术的势力，具体而言就是大清帝国和江户幕府，开始建立起新的秩序体制。因此，16世纪下半叶至17世纪上半叶，火器的积极引入对于东亚是非常重要的历史事件。

新兴军事商业政权的崛起（16世纪后半叶以降）

下面，让我们来看一下这一时期边境地区形成的军事商业政权。近年来，以岸本美绪为代表的很多学者开始关注16世纪后半叶至17世纪前半叶明朝周边并列崛起的新兴国家。本文将这些国家称为"军事商业政权"。主要包括：东南亚岛屿上的苏门答腊岛的亚齐苏丹国，爪哇岛的万丹苏丹国，大陆地区的缅甸东吁王朝，泰国阿瑜陀耶王朝；在东亚地区，则包括满洲女真政权，倭寇谱系的台湾郑成功政权，以及日本的统一政权。

---

① ［译注］现滋贺县长滨市国友町。
② 久芳崇，《东亚的兵器革命》，前揭，页9。

岸本美绪通过对比以上军事商业政权，归纳出如下共同特征：①（1）将商业利益作为财政收入的基础；（2）拥有具备高度凝聚力和机动性的军队，君主与将士之间建立起私人关系，将士向君主宣誓效忠；（3）统治者的领导具有现实主义和灵活务实的特点；（4）政权内部存在多元民族文化，实现跨民族间合作。本文也将16世纪后半叶至17世纪前半叶崛起的具有以上特征的政权认定为军事商业政权。

除了岸本美绪以外，也有其他学者认为日本的统一政权与明朝边境的女真族政权具有同样的性质，并开展比较研究。下面介绍两位代表性学者。

一位是日本中世史研究巨擘村井节介。村井先生对比了女真人努尔哈赤和日本的丰臣秀吉，指出二人的共同性。②具体而言，努尔哈赤和丰臣秀吉统治时期，女真社会和日本社会的农业生产力都得到很大发展，以此建立了集权主义的国家体制，并且都拥有很强的军事实力。

另一位是清史研究专家杉山清彦。③杉山先生比较了大清帝国和江户幕府，提炼出以下共同点：

（1）八旗制度和大名制度的序列编排有相似性，无论是清朝还是江户幕府，都是按照归顺的时间顺序对八旗/大名进行排序。

（2）八旗旗主和御三家的王族身份都形成于建国初期，之

---

① 岸本美绪，"东亚与东南亚传统社会的形成"，前揭，页 3-73。
② 村井章介，《通过海洋审视战国日本——从列岛史到世界史》，筑摩书房，1997。
③ 杉山清彦，《大清帝国与江户幕府——东亚的两个新兴军事政权》，收于怀德堂纪念会编，《重述改写世界史的日本史——阪大史学的挑战》，和泉书院，2008，页 147-189。

后数百年间以世袭制传承，即使继承者与被继承者之间的血缘关系十分薄弱。

（3）旗人和武士都十分重视自己作为家臣的身份资格。

（4）都有被称为小厮的侍卫或侍童形成的内臣集团，他们童年在君主身边度过，长大后担任高官，占据政权中枢。

这些通过比较得出的特征单独来看并不能断定为时代特有属性，但重要的是，比较后发现的共通性构成了同一时代的表象特征。无论如何，《市民》在重视16世纪后半叶的同时代性与共时性研究这一基础上，将织丰政权在16世纪后半叶的东亚世界中定位为"军事商业政权"。这种注重同时代性和共时性的姿态，更多地体现于站在东亚和东南亚历史的立场的研究。而在对织丰政权的讨论中是否也同样存在这样的视角和观点，笔者将另启章节进行分析。

二 对织丰政权论的整理：以教科书叙述为中心

本节将介绍日本史研究中关于织丰政权的研究动态。通过对比《面向市民的世界史》和山川出版社的《详说日本史》等教科书中对织丰政权的叙述，介绍相关研究动态。

关于《市民》中相关叙述的探讨

首先，将《市民》中的相关叙述与日本史研究动态进行对照。正如序言中所言，《市民》围绕三点分析了织丰政权的主要特征。以下将逐一探讨。

关于织田政权，《市民》第119页将其描述为"非佛教政权志向"。朝尾直弘的观点认为，江户幕府"将军权力"的原型形成于织田政权时期，正是以织田政权为基础确立了统一的政权。①朝尾直弘将这一统一政权的特征归结于政治权力高于宗教权力。在这一方面，织田政权较之前与佛教保持密切关系的镰仓幕府和室町幕府有着本质不同。尽管也有对朝尾先生观点的细微修正，但学界基本确立了一个共识，即织田政权代表了近世统一政权的开端。②这一观点反映在《市民》的叙述中。

另外，《市民》第120页提到，"与领地联系薄弱的武将依靠实力主义登场"。例如，织田家臣团领域研究的第一人谷口克广，通过分析织田信长家臣团，指出织田信长的近臣是一种"无根草"式的存在，因此他们构成了超越本国和本领地藩篱的、自由的"实力者集团"。③《市民》的记述正是基于这一分析结果。但也有相关研究表明，织田信长选择家臣时，重点挑选那些出自他本人的根据地尾张（现在爱知县的一部分）地区的人。这一点也非常值得注意。④

再来看一下丰臣政权。《市民》第120页中称它"梦想着依靠'武威'征服并统治周边诸国"。这句话是对"日本型华夷意识"的描述。"日本型华夷意识"这一概念由朝尾直弘提出，表现出以德川政权初期（17世纪初）的武力为背景，建立日本中心式的国际秩序的意识。⑤"中华型华夷意识"以礼、法作为核心，而"日本型华夷意识"则以武力、武威为核心。朝尾直弘的研究已经涵盖了丰臣政权，近年来也有学者

---

① 朝尾直弘，《将军权力的创造》（1974年），《朝尾直弘著作集》第三卷，岩波书店，2004，页3-67。
② 早岛大祐，《织田信长的畿内统治——日本近世的黎明》，载于《日本史研究》565，2009，页20-45。
③ 谷口克广，《信长的亲兵卫队》，中央公论新社，1998。
④ 池上裕子，《织田信长》，吉川弘文馆，2012。
⑤ 朝尾直弘，《锁国制的成立》（1970），《朝尾直弘著作集》第三卷，前揭，页293-322。

认为应该进一步追溯到织田政权。①

可见,《市民》的叙述体现了关于"日本型华夷意识"的讨论。同时,《市民》第120页的另一处文字表明,由于丰臣秀吉出兵朝鲜,"日本与明朝之间的贸易和外交关系陷入令人绝望的状态"。这段文字反映出,当时的情况是一种前奏,开启了一种近世社会经济和政治扭曲脱节的国际关系,即国家间开展贸易但不缔结邦交。

《详说日本史》中叙述内容的变更反映出的研究动态

下面将通过山川出版社《详说日本史》中的叙述来考察相关研究动态。笔者将通过对比高中生时使用的2006年3月审定版,与2012年3月审定终结最新版两个版本的教科书内容,揭示最新的研究动态以何种方式和程度反映在教科书中(以下简称"06年版"和"12年版")。

首先,关于织田政权,虽然对其军事方面的叙述更加具体(「资料2」「织田信长的统一事业」),但值得注意的是,06年版中"挑战传统的政治经济秩序与权威"(伝統的な政治や経済の秩序・権威を克服して),在12年版中变更为"积极挑战传统的政治、宗教秩序与权威"(伝統的な政治や宗教の秩序・権威を克服することにも積極的であった),措辞更加谨慎,而且将"经济"换成了"宗教"。从中可以感受到《市民》中强调的织田政权的"非佛教政权"性格,同时也可以看出《详说日本史》对织田政权经济政策评价的倒退。

与此相关,12年版中提到"织田政权将战国大名开展的检地和撤废关卡政策在新征服的土地上广泛实施",说明"检地"和"关

---

① 堀新,《织丰期王权的成立与东亚》,载于《历史评论》746, 2012, 页19–34。

卡撤废"等所谓的织田政权的经济政策,其实只不过是将其他战国大名业已实施的政策扩大化而已。① 这也反映出最新的历史研究成果,因近年来的研究表明,织田政权的检地政策与其他战国大名的政策并没有实质差异。② 另外,还有一些新的研究观点没有在教科书的叙述中反映出来,例如,织田政权对于港口城市堺的统治,③ 被认为是继承了一直统治畿内、近国地区④的战国大名三好氏的各种政策。⑤

由此可见,织田信长一直以来被夸大了的具有划时代意义的"革命先锋"形象,近年来正在被不断修正。这一历史研究成果及时反映在教科书的叙述中,具有重要意义。

关于丰臣政权,有一点非常值得注意,即丰臣秀吉利用朝廷权威的开端,被明确认定为是在1584年小牧长久手之战以后([资料2]"丰臣秀吉统一全国")。原本丰臣秀吉进宫觐见天皇的记录是1582年,但有学者考证认为这是秀吉修改史书的结果,实际上应该是在1584年。⑥ 这些研究成果反映在山川出版社《详说日本史》的叙述变化中。关于利用朝廷权威,有学者认为,虽然武家的律令官位任免是以丰臣秀吉统御编成的"武家官位制"为依据的,但直到1588年在聚乐第举行的后阳成天皇行幸仪式,才正式认可了秀吉创立的

---

① 池上裕子,"指出与检知",《战国时代社会构造之研究》,校仓书房,1999,页502-601。
② 参考日本史史料研究会编,《信长研究之最前线》,洋泉社,2014。
③ [译注] 今大阪府泉北地区。
④ [译注] 今近畿地区。
⑤ 天野忠幸,《大阪平原的都市网络与三好政权》(2006/2007),收于《战国期三好政权之研究》,清文堂出版,2010,页243、269。
⑥ 三鬼清一郎,《战国、近世初期的天皇与朝廷》(1991),收于《织丰时期的国家与秩序》,青史出版,2012,页29-51。

新制度。① 聚乐第作为政治中心的意义近年来越来越受关注,因此12年版的教科书中特别将聚乐第设定为加粗字体,以表明其重要意义。

[资料2]　山川出版社版教科书《详说日本史》中
关于"织丰政权"的文字叙述的变更

主题	2006年审定版	2012年审定版	变更
织田信长的统一事业	信长不仅建立了强大的军事力量,作为优秀的军事指挥官不断战胜战国大名,还挑战了传统政治和经济方面的秩序与权威,通过撤废关所等政策构建了新型统治体制。信长利用武力使拥有高度繁荣的自治城市堺臣服,成为他的直辖领地,占有了畿内地区的经济力量,同时向安土城下町颁布"崇市令",承认工商业者的自由经营活动,并提出了新的城市政策。(页150-151)	信长不断向家臣的城下町集中力量,建立了机动而强大的军事力量,以优秀的军事才能不断战胜战国大名,积极挑战传统政治和宗教方面的秩序与权威。 同时,在经济层面,他在自己的占领地充分实施战国大名的指定检地和关所撤废等政策,使拥有高度繁荣的自治城市堺成为自己的直辖领地,占有了畿内地区的经济力量,同时向安土城下町颁布崇市令,承认工商业者的自由经营活动,重点提出了重视城市建设和工商业发展的政策。(页158-160)	·对织田信长军事力量的记载更加具体。 ·经济政策方面,列举了指定检地和关所撤废,指出织田政策与战国大名政策之间的连续性。

---

① 矢部健太郎,《丰臣"武家清华家"的创立》(2001),收于《丰臣政权的统治秩序与朝廷》,吉川弘文馆,2011,页140-178。

续表

主题	2006年审定版	2012年审定版	变更
丰臣秀吉统一全国	秀吉于1585年（天正十三年）被朝廷任命为关白，战胜长宗我部元亲，平定四国，翌年被任命为太政大臣，赐姓丰臣。成为关白的秀吉号称天皇委任给他日本全国的统治权，命令全国大名停战，强制其接受由秀吉裁定领国边界（"惣无事令"）。之后，以违反惣无事令为理由，1587年（天正十五年）征讨岛津义久，1590年（天正十八年）消灭小田原的北条氏政，并使伊达政宗等东北地方大名臣服，统一全国。 秀吉虽然走上信长的继任之路，但其不仅仅停留在军事征伐的层面，1588年（天正十六年）在京都新建成的聚乐第款待后阳成天皇，借机促成诸大名向天皇和秀吉效忠，巧妙地利用传统统治权来构建新的统一国家。（页152）	以此（小牧长久手之战，报告者注）为契机，秀吉旨在不仅依靠军事力量，而且利用传统权威统一了全国。秀吉1585年（天正十三年）被朝廷任命为关白，战胜长宗我部元亲，平定四国，翌年被任命为太政大臣，赐姓丰臣。成为关白的秀吉号称天皇委任给他日本全国的统治权，命令全国大名停战，强制接受由秀吉裁定领国边界①。之后，以违反惣无事令为理由，1587年（天正十五年）征讨岛津义久，1590年（天正十八年）年消灭小田原的北条氏政，并使伊达政宗等东北地方大名臣服，统一全国。 1588年（天正十六年）在京都新建成的聚乐第款待后阳成天皇，借机促成诸大名向天皇和秀吉效忠，巧妙地利用传统统治权来构建新的统一国家。 ①该政策也被称为"惣无事令"。（页160-161）	·以小牧长久手之战作为丰臣秀吉开始利用朝廷权威的分界线 ·惣无事令：由之前在正文中以黑体加粗标识变为注释

续表

主题	2006 年审定版	2012 年审定版	变更
检地与刀狩	秀吉统一天下之后于 1591 年（天正十九年），命令全国大名上交领国的检地账（御前账）和国绘图。（页 153）	秀吉统一天下之后于 1591 年（天正十九年），以向天皇上交为由，命令全国大名上交领国的检地账（御前账）和国绘图。（页 163）	·插入"以向天皇上交为由"
	1591 年（天正十九年），秀吉颁布"人扫令"，禁止武家奉公人（兵）成为町人和百姓。翌年，关白丰臣秀次为保证出兵朝鲜的兵源，进一步贯彻人扫，开展人口调查，核实武家、町人、百姓等不同职业者的户数和人数。其结果是确定了身份制度，因此人扫令也被称为"身份统制令"。 如此一来，丰臣通过检地、刀狩、人扫令等政策，确定兵、町人、百姓的职业身份，完成了所谓的兵农分离。但是，中世惣村形成的自治村运营方式在太阁检地之后依然存在，根据村高确定年贡成为整个村庄的责任，这种村请制度被江户时代的村庄继承并延续。（页 154）	1591 年（天正十九年），秀吉颁布"人扫令"，禁止武家奉公人（兵）成为町人和百姓。翌年，关白丰臣秀次为保证出兵朝鲜的兵源，再次下令实施人扫，开展人口调查，核实武家、町人、百姓等不同职业者的户数和人数。其结果是确定了身份制度，因此人扫令也被称为"身份统制令"。 如此一来，丰臣通过检地、刀狩、人扫令等政策，确定兵、町人、百姓的职业身份，完成了所谓的兵农分离。（页 164）	·关于 1592 年的人扫令的记述，由"进一步贯彻"变为"再次下令"。删除了"身份统制令"的别称［译注："身份统制令"的别称并没有删除，疑似作者笔误］ ·删除关于村请制度的记载

续表

主题	2006年审定版	2012年审定版	变更
秀吉的对外政策与朝鲜侵略		关于出兵朝鲜叙述的注释 ②两次侵略朝鲜的战争，朝鲜方面称之为"壬辰、丁酉倭乱"。（页165）	·在关于文禄庆长之役的叙述中，加入了朝鲜方面的记录

另一个值得注意的是，06年版中粗体字标识的"惣无事令"，① 在12年版中降格为注释，叙述为"也可以称之为'惣无事令'"。"惣无事令"是学者藤木久志提出的"丰臣和平令"之一。"丰臣和平令"是全方位规定大名、村落、海上等不可私人行使武力的禁令。此前，村落之间经常为了争夺边境资源而动用武力，被称为"自力救济"的时代。丰臣秀吉否定了这种做法。其中，禁止大名间私人战争的政令即为"惣无事令"。②

学界对于藤木久志的观点有很多批判。虽然丰臣政权确实有否

---

① ［译注］惣无事令（总无事令，"惣"同"总"）：丰臣政权规定，大名之间若是因领土等问题起了争执，不可私斗，必须由丰臣家进行仲裁、调停和协商；违者即会遭受丰臣政权的严厉处罚，例如剥夺禄位，甚至是下诏讨伐。日本学者藤木久志在《丰臣和平令与战国社会》一书中认为，惣无事令是由刀狩令及"海上贼船禁止令""喧哗停止令"等一连串抑制私斗的法令合并为丰臣平和令的概念而来，也受到神圣罗马帝国"领土平和令"的影响。惣无事令分别于1585年（天正十三年十月）在九州地方、1587年（天正十五年十二月）在关东和奥羽地方制定。惣无事令的发布为九州征伐及小田原征伐提供了理由。秀吉以此为由讨伐后北条氏，北条氏政兵败切腹，伊达政宗、南部信直、最上义光等东北地方大名也归顺丰臣秀吉。惣无事令颁于天正十六年后阳成天皇御幸聚乐第之际，参与集会的全国诸大名向关白秀吉表示绝对服从，并递交誓纸，违背者将遭受讨伐、灭族、没收领土或减封（转封）等严厉处罚。总之，天下统一后惣无事令是丰臣政权的最高支配原则。

② 藤木久志，《丰臣和平令与战国社会》，东京大学出版会，1985。

定"自力救济"的志向,但是现在学界已经基本否定了"惣无事令"这一法令的存在。①作为法令的"惣无事令"的存在既然已被否定,教科书中的叙述也就做了相应变更。

另外,12年版教科书中删除了06年版中关于"村请制度"②的叙述([资料2]"检地与刀狩")。关于"村请制度",1980年代的学界认为,室町、战国期间惣村(村落)的土地承包制和江户时代的村落土地承包制之间具有连续性。③但目前学界认为,室町时期的村请土地承包制与近世的村请制有明显区别。④在以前的教科书中,"村请制度"一般出现在介绍中世社会的惣村(村落)以及幕藩社会的村落社会的内容中。新版教科书也是如此,书中同时介绍了丰臣秀吉政权下的"村请制度",勾勒出这一制度的连续性,但也考虑到最新研究成果而选择了更为谨慎的措辞。

除此之外,书中对制定"检地账"和绘制全国地图的描述做了变更,关于"人扫令"⑤的描述也更加清晰明确。关于朝鲜战争的叙

---

① 藤井让治,《"惣无事"存在,但"惣无事令"不存在》,《史林》93-3,2010,页361-389。

② [译注]目前日本学界一般将"村请制度"概念认定为近世(江户时代)年贡赋税以村落为单位进行集体征收的制度。

③ 胜俣镇夫,《战国时代的村落》(1985年),收于《战国时代论》,岩波书店,1996,页93-128。

④ 志贺节子,《关于和泉国日根庄入山田村、日根野村的"村请"》,载于《史敏》2008春(通卷5),2008,页1-22。

⑤ [译注]"人扫"系日本安土桃山时代一项法令,由时任关白的丰臣秀次于1592年(文禄元年)颁布。该法令要求日本进行全国性的人口调查,厘清每个村庄的人口数以及每个居民的性别、大致年龄、职业。该法令的目的据认为是估算日本的军事动员能力,以及能被动员到朝鲜战事中的劳工数量。人扫令中的部分条文和1591年颁布的身份统制令相同,人扫令同样对兵农分离的进程做出了贡献。因此,人扫令被认为是丰臣秀吉意图侵略亚洲并强化社会阶级结构的两项政策中的一部分。日本的历史文献《吉川家文书》中认为这项法令颁布于1591年,但近代的研究多对这种说法表示质疑,大部分学者认为人扫令颁布于1592年。

述也采用了很多朝鲜方面的说法。

以上内容是山川出版社根据近年来的研究动态,在教科书《详说日本史》中做出的修订。但是,正如序言所言,《详说日本史》一书存在对外关系与国内形势脱节的问题,下面笔者将分析这一问题。

在探讨16世纪日本对外关系史时,不能忽视占有重要位置的火器接受史,其中以宇田川武久的著作为代表的研究成果尤为突出。[①]宇田川的研究充分利用了明朝和朝鲜的史料,论述整个东亚的局势。他讨论了日本如何吸收并利用火器,从火枪传入一直到丰臣秀吉出兵朝鲜,甚至包括织丰政权时期都纳入了讨论的范畴。

但是,诸多关于织丰政权的研究很少引用宇田川的研究,武器接受史和织丰政权论如同彼此独立的研究领域。这背后有很多原因,其中一个原因是火器接受史研究具有很强的"科技史"性格。关于火器接受史的论证中有许多关于枪炮的知识,其他领域的研究者难以读懂这些知识。杉山清彦曾在研究中提到过这一点。[②]杉山清彦提出,应当将火器接受史研究在"科技史"之外的文脉中扩大深化,且"科技史"为何止步于"科技史"本身也是很好的问题意识。

火器接受史如此,基督教接受史也不例外。织田信长对基督教的保护,以及丰臣秀吉的传教士驱逐令,只在教科书中与基督教相关的内容中出现,相对分散,且具有片面性。关于基督教接受史,近年来也出现了很多研究讨论传教士如何看待织田信长的"王权"。[③]

---

① 宇田川武久,《火枪传来——通过兵器讲述近世的诞生》,中央公论新社,1990。

② 杉山清彦,《第九回演讲会 "通过火器技术考察海洋亚洲史"总括评论 ① 》(2006),http://www.l.u–tokyo.ac.jp/maritime/newsletter/ 20060117 sympo. html,获取日期:2015年2月18日。

③ 松本和也,《通过传教士史料分析日本王权论》,《历史评论》680,2006,页64–79。

但正如火器接受史研究没有得到充分利用，这些研究也没有得到织丰政权论研究的充分利用。各个研究领域彼此独立，刚好表现为教科书叙述中对外关系与国内形势脱节的现象。

以上第二节内容通过探讨教科书中的相关叙述，大致了解了近年来关于织丰政权的研究动态。在第三节中，我们将尝试围绕织丰政权的政策本身，来揭示从"军事商业政权"的角度理解它将得出怎样的结论。

三　作为军事商业政权的织丰政权

本节将基于前文业已明确的问题，将织丰政权把握为16世纪后半叶崛起的军事商业政权，尝试探索织丰政权的面貌。这样的分析将有利于理解织丰政权在当时东亚及东南亚地区中的共时性意义。

首先，我们来分析一下织丰政权在作为统一政权登场之前，地方战国大名们的经济基础和军事基础。在经济层面上，对于战国大名而言，控制银矿和城市物流通道意味着获得巨大的财富基础，因此，整个战国时代就是一部诸多势力争夺这些资源的历史。大内氏和尼子氏，以及之后的毛利氏和尼子氏之间围绕石见银山①开展的争夺战就是最好的例子。另外，织田信长的父亲织田信秀成功控制津岛、热田等伊势港口城市，为织田信长的统一事业奠定了基础，这一例子也充分说明，战国大名的经济基础在于能否控制资本和资源聚集的城市与银矿山。

另一方面，在军事层面上，这一时期钢铁的生产与流通量逐渐

---

① ［译注］石见银山是日本战国时代后期、江户时代前期日本最大的银矿山，于明治时期也曾生产铜、铁等矿产，但已于大正十二年（1923年）闭山。矿脉位于石见国东部，相当于今日岛根县大田市大森地区的中央位置，故又称"大森银山"。

扩大，各地方领主纷纷企图参与和控制这一领域。① 另外，各地方大名对火器的需求大增，但难以大量生产运输。这一时期，家臣和君主之间依然是一种强烈的私人关系。② 家臣往往在年少时被选为君主的近臣，接受各种训练和教育，然后成为高官，这样的例子不胜枚举。

经济基础和军事实力相辅相成，控制银矿山和城市需要强大的军事实力，而配置枪炮、招兵买马需要大量稳定的财源。通过这些战国大名，可以看到小规模的军事商业政权围绕银矿、城市和枪炮的激烈争夺。"群雄割据"一词可以恰如其分地反映当时的状况。

下面分析一下织田政权。关于织田政权的经济政策，值得注意的是他奖励并促进商业活动的做法。例如，当时市场上充斥着大量劣币，民众在日常商业活动中往往会选择性地排斥一些货币的流通，对此，织田信长于1569年颁布"撰钱令"，③ 统一劣币和良币之间的兑换率，确保了商业交易顺利进行。

另外，织田信长于1569年上洛之际，拒绝了当时的将军足利义昭许给他的高官厚禄，代之以要求对堺、草津和大津等商业城市的管辖权，这也被视为信长重商主义的体现。之后，织田信长与今井宗久等堺地区的豪商建立合作关系。上洛之后，他又立即出兵占领

---

① 藤井让治，《16、17世纪的生产与技术革命》，历史学研究会、日本史研究会编，《日本史讲座5　近世的形成》，东京大学出版会，2004，页229–252。

② 谷口克广，《信长的亲兵卫队》，中央公论新社，1998。

③ ［译注］"撰钱令"规定了各种钱币之间的兑换率。1485年，日本本州岛西部的强大诸侯大内氏颁布了日本首个"撰钱令"，此后120多年里，日本多个强势人物相继推出"撰钱令"。织田信长的"撰钱令"是1569年颁布的，较大内氏晚了近100年，不过他的"撰钱令"最有条理，因此最为出名。按照他的兑换率，1枚永乐通宝可兑换2枚"精钱"（朱元璋洪武通宝以前品相较好的中国铜钱），4枚"恶钱"（粗制滥造的"山寨钱"）或"岛钱"（比一般"山寨钱"质量更差的"山寨钱"）。

了位于山阴道但马国①的生野银矿山。由此可以推断，织田信长在上洛之前就有意控制重要城市和物流网络。②这一点他和其他战国大名并无不同之处。

然后再来看一下军事实力和军事组织情况。③织田信长时代的军团，在上洛以前依据兵农分离政策形成了直属军和常备军。随着火枪炮的大量装备，军团构成以配备长枪的步兵部队为中心。众所周知，织田军团利用火枪步兵的优势，在长筱之战中击败了武田军团，但我们不能简单地将其机械地理解为"织田火枪队对武田骑兵军团的胜利"。因为武田氏并非没有认识到火枪的重要性，关键的问题在于，当时织田信长控制了具有重要商业和物流意义的畿内地区，因而便于大量生产和运输火枪等新式武器。④

与此同时，将关注焦点置于织田信长家臣团的成员，便可发现织田家臣从事商业活动的"商人武士"特征非常明显，他们往往与商人密切接触，通过商业活动获取物资和金钱。正如前文所述，织田信长培养了很多"无根草"式的没有权力背景的近臣，这些近臣与信长建立了一种以私人交情为纽带的忠诚关系。⑤综上所述，织田信长能够迅速征集大量兵马，拥有富于机动性的军团，同时，家臣与信长之间以私人交情为纽带缔结了效忠关系。

另外，还可以结合物流圈的扩大来考察织田政权扩张的过程。在征服美浓即今天的岐阜地区之后，织田政权开始平定伊势地区。

---

① ［译注］今兵库县北部。

② 关于织田信长重视商业利益，控制城市和物流网络的种种努力，详见池上裕子，《日本的历史15　织丰政权与江户幕府》，讲谈社，2002。

③ 关于织丰政权的军事情况，详见藤田达生，《天下统一—信长与秀吉完成的"革命"》，中央公论新社，2014。

④ 平山优，《检证长筱合战》，吉川弘文馆，2014。

⑤ 谷口克广，《信长的亲兵卫队》，中央公论新社，1998。

这一地区自织田信长的父亲织田信秀时代，已经形成了连接关东地区的伊势湾物流交易网络。1574年，织田信长通过镇压长岛一向一揆，①最终实现了对这一地区的实际控制。之后他在上洛之际驱逐三好氏，实现了对堺等港口城市的直接管理，进而逐步控制面向濑户内海的大阪湾物流交易网。1570年代前半期，织田信长与浅井氏、朝仓氏展开角逐，目的是控制敦贺等港口城市，进而控制日本海的交通网络。织田信长通过这些军事行动控制了三个海上物流交通网络，同时对连接三个海域圈的水陆交通网进行整备。他还实施了关卡撤废等放宽人员流动管制的政策。综上所述，织田政权的军事扩张与物流交通网扩张紧密相连。

最后，让我们再来看一下丰臣政权。从经济政策方面来看，丰臣秀吉继承并扩大了织田信长构筑的物流交通网，在这一过程中，东西部物流的结合非常引人注目。1580年代后半期，丰臣秀吉在平定九州之后，对博多、长崎等大规模城市进行直辖化管理，颁布海盗清剿令以实现濑户内海商业物流网络的安全。通过丰臣政权的军事行动与流通政策，确保政府主导的大规模物流网的形成。

从军事制度和政策方面来看，丰臣军团继承了织田军团的机动性，这种机动性直接导致了与柴田胜家决战中贱岳合战的胜利。这一时期的战略和战术发生了很大转换，实现了攻城战长期化、动员规模扩大化、后勤补给大规模化等。在1590年与北条氏最终决战的小田原之战中，有几点非常突出：超过20万人的大规模兵力、长期

---

① [译注]"一揆"，（江户时代或以前的农民群众的）武装起义、武装暴动。一向一揆是日本战国时代净土真宗（一向宗）本愿寺派信徒所发起的一揆之总称。一向宗门徒素来以强大的宗教向心力、舍命杀敌的圣战模式著称，甚至曾经形成过自治组织，到了战国末年，一向一揆的首领势力甚至可以与各地大名们匹敌。"长岛一向一揆"是1570年至1574年间与石山合战同时发生的战争，是织田信长与盘踞在伊势国北部长岛地区的愿证寺之间的战争。

作战计划、确保后勤补给。太阁检地、刀狩令以及类似户籍调查的"人扫令"等政策促进了兵农分离，使大规模征兵动员成为可能，为朝鲜出兵提供了兵员和军事基础。由此可以看出，丰臣秀吉政权具备了战争大规模化和战略复杂化等军事革命要素。

丰臣秀吉在几乎统一日本全国后，构想进一步壮大。他企图建立一个以中国为中心来统摄世界体系的大帝国，于是谋划征服明朝。他要求朝鲜作为"征明先导"，但遭拒绝，由此他开始了对朝鲜的大规模军事征服行动，即历史上的"朝鲜出兵"。在这一宏大的构想中，丰臣秀吉将自己今后的居所设定在宁波，体现出秀吉心中将支配帝国的中心置于海上贸易据点的想法。

另外，秀吉构想的国际秩序以大规模火器的威力即"武威"为基础。在经济方面，日本单独铸造货币，有意脱离中国的货币圈，旨在建立以日本为中心的广域海上贸易圈。很明显，丰臣秀吉的目标是以统一日本为前提，构建并支配东亚大规模的物资流通与商业贸易圈。①

通过以上第三节的分析，一个掌握和利用军事要素（火枪炮、军团组织等）与商业要素（城市、物流、交易、银矿）的织丰政权的面貌得以清晰显现。展现这样一个包含16世纪后半叶历史共时性的军事商业政权，有助于我们更加深刻地把握当时日本的军事活动、经济政策和对外关系。

结　语

本文比较了《面向市民的世界史》《详说世界史》和《详说日本史》三本教科书，分析其叙述上的不同之处。《市民》和《详说世界史》

---

① 村井章介，《通过海洋审视战国日本——从列岛史到世界史》，前揭。

都关注16、17世纪在明朝边境地区出现的依靠银矿和火器崛起的新兴势力，称之为"军事商业政权"，并将织丰政权作为典型的"军事商业政权"之一。但是，《详说日本史》中这样的观点却并非不言自明，当时的国际秩序与织丰政权的共时性、同时代性关系不够清晰。

《市民》和《详说世界史》将织丰政权作为军事商业政权理解，这样的观点背后有大量研究成果作为支撑，这些研究都关注16世纪东亚、东南亚世界的共时性和同时代性。因此，在《市民》和《详说世界史》中，织丰政权在当时欧亚大陆东部的国际秩序中的定位非常明确。

另一方面，《详说日本史》虽然体系化、系统化地记录了包括军事和商业在内的各种史实，包含非常丰富的信息，反映了日本史研究的最新成果，但也体现出织丰政权研究与对外关系史研究领域的脱节。《详说日本史》的文字叙述充分说明了这一点。

那么，在此基础上关注"军事商业政权"的概念时，将如何利用它来解释日本史呢？在织田信长建立政权以前，"军事商业政权"的萌芽已经存在，它衍生于战国大名的各种政策。大名们将重心放在确保配备火枪炮的武装力量，以及对银矿山、港口和城市的控制上。织田信长进一步明确落实这些方针，大规模地实施推广。织田政权在扩张过程中也伴随着商业圈的扩张，实现了城市发展与流通的扩大化、通畅化。

丰臣秀吉继承了织田信长的政策方针，并且进一步扩大、整备流通与商业贸易网络，最终在质和量两方面都远远超越了信长时代。这些政策的集大成者是以日本为中心的国际秩序构想，以及为了实现这一构想而发动的战争——"朝鲜出兵"。理解了织丰政权的"军事商业政权"特征，便可以将《详说日本史》中描述的各个具体事相关联起来。

近年来，史学界逐渐兴起以统合日本史的形式来摸索和探究世界史的潮流，大阪大学历史教育研究会起到了积极的牵头作用。另一方面，在日本历史教科书中，虽然很多历史事件都记录了当时的世界形势，但日本在其中的定位并不明确。对作为"军事商业政权"的织丰政权在东亚、东南亚的共时性和同时代性中予以定位，可以更加清晰地描绘出具有动态性的日本史面貌。

本文由多人分工执笔：序言（桧垣翔），第一节（下岸廉），第二节（大上干广），第三节（下岸廉），结语（桧垣翔）。

丰臣秀吉对东亚的认识
——以外交文书分析为中心

小林健彦(Takehiko Kobayashi) 撰

暴凤明 译

天正十八年(1590年)七月,丰臣秀吉在小田原之战中消灭了北条氏,将德川家康移封至关东,由此开始大规模移封和除封。丰臣秀吉依仗天皇的传统权威为背景颁布"惣无事令",经过这一阶段之后,可以正面挑战关白秀吉的武装力量在日本国内已经不复存在。不久后,丰臣秀吉便将视野投向海外。

第二年即天正二十年(1592年)九月,丰臣秀吉以朝鲜方面拒绝自己提出的由朝鲜做日本"征明向导"的要求为口实,下令征伐朝鲜,同年三月,由16万人组成的9支日本部队入侵朝鲜半岛。但是,与现实中的军事行动相反,丰臣秀吉的东亚政策仍有许多不为人知之处。本论文通过分析并重新探讨丰臣秀吉发布的外交文书的格式和内容,考察其重新构筑以明朝为顶点的东亚秩序的战略构想。

引　言

　　天正十九年（1591年）丰臣秀吉准备出兵东亚，他首先向国内的将领下达了进军朝鲜半岛的备战命令。①虽然从结果来看，这是一场旨在征服东亚，尤其是征服明朝的侵略战争，但从实际战役发生地和战争伤害的角度来看，朝鲜半岛才是主要战场。这场战争也可视为一场超越了日本的"天下""政府"范围的、由日本单方面发动的对外战争。表面上看，这是丰臣秀吉作为朝廷传统国家体系中的关白（摄政王），凭借强大的军事实力和政治权力，以一种相对收敛的方式发动的战争，但它充分反映了当时日本国内的动荡形势，即日本尚未脱离战国大名和领邦君主制阶段封建领主林立的局面，民众武装力量也没有完全解除。

　　当时的丰臣秀吉心中也许有这样的顾虑：如果不能安置好在统一日本国内的战争过程中余留的过剩军备和人员，不能找到削弱地方军事力量的方法和在大义名分上的依据，日本自身将无法实现安定。同时，可以推测，当时的丰臣秀吉政权在如何合理削减剩余的军事力量问题上缺乏基于大义名分的意志和行动力。另外，有观点认为，作为关白的丰臣秀吉下达了各项政令以及惣无事令，据此把违反这些政令的人编入军队出征，以此作为制裁和惩罚，并将军队用于威胁朝鲜半岛政权。②

　　本论文拟通过检讨丰臣秀吉政权起草的外交文书，窥探其对东亚局势的认知。秀吉内心有多大程度上真正想征服明朝与移都北京，尚不明确，但是，试图通过外交政策解决国内诸多问题并维持国内

---

　　① 参东京大学文学部藏书《觉上公御书集》（下），临川书店，1999年5月，页227。另参《国史大辞典》，吉川弘文馆"文禄・慶長の役"项。

　　② 参《国史大辞典》"丰臣秀吉"项。

政权，结果导致与周围邻国发生冲突，此模式并非始于今日。本文在小林健彦的《丰臣秀吉政权下的兼续与景胜：文禄之役》以及《朝鲜半岛与越国的文化、政治交流——以日语交流记录为中心》两篇文章的基础上，加入新的见解。为方便理解本文部分内容，可参考以上两篇论文。①

一 丰臣秀吉的渡海征朝构想

虽然丰臣秀吉亲自渡朝的意愿是否属实尚存疑点，但一些史料可以证明秀吉渡朝的话具有一定的真实性，例如，天正二十年（1592年）五月十六日，丰臣秀吉命令手下将领在京都，以及朝鲜半岛釜山浦至京洛沿途修建宫殿；②秀吉的外交顾问，同时也是负责起草外交通商文书的相国寺鹿苑僧录西笑承兑撰写的《鹿苑日录》③在庆长二年（1597）八月九日中记载："大阁即乘早船。可被赴朝鲜之御意也。"

西笑承兑被认为深得秀吉和德川家康信任，④但是，鹿苑僧录制于元和元年（1615年）被废除，改由金地院僧人崇传担任，从此开始金地院僧录制。因此，西笑承兑是担任鹿苑僧录的最后一位政治僧人。

根据《鹿苑日录》以上同一天的记录可知，当天丰臣秀吉召见

---

① 前文收录于花崎盛明、横山昭男监修《定本直江兼续：战国二号人物的美学》（郷土出版社，2010，页103–104），后文刊于《日韩比较语言文化研究》（第3号，2012年9月，页59–115）。

② 参《大日本古文書》家別第八、毛利家文書之三（東京大学出版会，1970年8月）收录的丰臣秀吉朱印状（926号），丰臣秀吉高丽诸泊普请注文（927号）。

③ 参《鹿苑日録》，第2卷，株式会社，续群书类従完成会，1991年8月。

④ 参《国史大辞典》中"西笑承兑"项。

大老格（参政辅佐）德川家康、上杉景胜、前田利家三人，家康和景胜二人来到丰臣秀吉家中拜见他。在当天稍早的记录"自朝鲜国有御注进"中详细记录了朝鲜半岛的战况，因此，三人会谈中很有可能谈及朝鲜半岛的局势。

可能正是为了与家康、景胜、利家一起分析战况，制定相应的方针政策，丰臣秀吉才邀请三人赴其宅邸，并且没有记录表明家康和景胜二人劝丰臣秀吉放弃侵朝。根据二战结束前朝鲜总督府朝鲜史编纂委员会编纂的《朝鲜史》[①]宣祖二十五年（1591年）五月十六日记载：

> 秀吉欲合朝鲜与明朝，迁皇都于明京，统御其附近十国，奉皇储或皇弟承日本帝位，秀次为明之关白，统辖都附近百国，日本关白让位于羽柴秀保及宇喜多秀家，置羽柴秀胜及秀家于朝鲜，羽柴秀秋于九州，自迁居于明宁波府。限于本年中，入明京，欲使先锋诸将亦攻取天竺，渡海之意愈急。

以上计划如果属实，则它很可能是丰臣秀吉充分分析了室町幕府向明朝纳贡，以换取明朝册封将军足利义满成为日本国王这一史实之后的选择。同时，在日本历史上，平安时代末期的权臣平清盛一边居住在奈良僧人行基修筑的被称为"五泊"之一的大轮田泊（兵库经岛）附近的福原，一边对京都朝政施加影响，秀吉的计划也很有可能是受到这一模式的启发。我们不能确定，丰臣秀吉否是有意效仿治承四年（1180年）六月平清盛为牵制佛教势力而迁都福原的做法，但不能排除其对明政策中存在政经分离的构想。

[①] 参朝鲜史编修会编，《朝鲜史》第四编第九卷，财团法人东京大学出版会，1986年12月。

但是，此处只有"其附近十国""都附近百个国""亦攻取天竺"等抽象记述，这至少可以佐证一点：即使在《朝鲜史》编撰当时，关于丰臣秀吉的对朝政策与对明政策的具体计划内容也并不详细。关于这一点，张玉祥注意到，被动员的部队主体隶属于倾向秀吉的中央官僚派（小西行长、加藤清正等），而隶属于地方大名派大名（德川家康等）的部队动员比例较低。因此他认为，说秀吉以战争为手段消耗手下大名的实力，从而达到消除自身政权危险的目的，这并不准确。战争被引发是因秀吉只有对外扩张的欲求和领土野心，但缺少对外认识和正确的海外情报。①

另外，李进熙、姜在彦②认为，丰臣秀吉将朝鲜国王与日本国内战国大名等同视之。但是，说丰臣秀吉完全不理解室町时代以来幕府与明朝的关系，或不理解日本通过对马宗氏建立的与李氏朝鲜的关系，也有些不妥。③不如说存在以下可能，即丰臣秀吉一方面听取西笑承兑等外交顾问的意见，一方面基于过去事例的分析，在进行对东亚外交交涉与域内地方管理的序列化处理。但是从结果来看，派遣大名渡海出征朝鲜半岛的命令削弱了地方大名的实力，在一定程度上有利于日本国内的稳定，不过同时也波及了那些支持并构成他自己的权力基础的大名。

---

① 参《織豊政権と東アジア》，六兴出版，1989 年 12 月，页 221-226。
② 参《日朝交流史》，株式会社有斐阁，1995 年 10 月，页 101-120。
③ 但是，在文禄二年六月丰臣秀吉和平条件书案（《大日本古文书》家别第八毛利家文书之三，929 号）中出现"朝鲜国家老"的用语，确实可以理解为秀吉将李氏朝鲜（国王）视为日本国内大名。一般认为该文件相当于田中健夫编《善邻国宝记　新订続善邻国宝记》，株式会社集英社，1995 年 1 月，376-378 页中收录的"新订続善邻国宝记"38 号［两国和平条件（大明日本和平条件）］，而"家老"的部分在"新订続善邻国宝记"中被"大臣""权臣"替换。

二 丰臣秀吉的东亚构想

本部分尝试探讨丰臣秀吉的东亚观。2011年5月跡部信在《丰臣政权的对外构想与秩序观》[1]一文中，以东亚国际关系为中心，梳理并探讨了丰臣秀吉政权的对外构想和秩序观。其中首先分析丰臣秀吉颁发的外交文书的格式，将对象国分为下位国和中国（明朝），下位国即丰臣秀吉认为应臣服于日本的对象国，包括李氏朝鲜、琉球、台湾（高山国）、[2]南蛮国（吕宋［小琉球］、印度等）。

在对下位国国家的外交文书分析中，重点着眼于几方面内容，包括：在叙述日本王朝时使用的"本朝""吾朝""朝政""朝廷"和"帝都"等词语前，采用古文献学意义上的抬头改行的行文法，平出、阙字的用法，以及在叙述对象国时用的"贵国""贵域""贵国主""其国""尔之国土"和"其地"等敬语用法。跡部信分析认为，外交文书的格式反映了丰臣秀吉的个人意志，丰臣秀吉借此表现日本与其他国家的上下关系与国际秩序。同时，跡部信还指出，丰臣秀吉将日本置于对象国上位的根据在于天皇的存在。在制度方面，天皇代表了日本，丰臣秀吉以自己强大的军事力量支撑天皇，利用对外交涉的外交场合展现其作为天皇辅佐（关白）的姿态。丰臣秀吉将朝鲜和琉球的位置置于南蛮国和台湾之上，其根据是看该国是否纳入了明朝的册封体制，即该国国王是否得到明朝皇帝的承认和册封。

同时，在日本与明朝的关系方面，最大的特征是将明朝置于日本之上。跡部信分析了文禄二年（1593年）六月二十八日的《两

---

[1] 参《日本史研究》，日本史研究会，第585号收录，2011年5月，页56–82。
[2] ［译注］指中国台湾岛。

国和平条件〔大明日本和平条件（以下简称 A）、大明勅使可告报之条目（以下简称 B）〕》，① 其中"吾朝"平出对应"大明"抬头，②"大明皇帝之贤女"抬头对应"日本之后妃"平出，明朝皇帝"纶言"抬头对应日本"朝命"平出。跡部信认为，这些行文特征明显表明天皇位于明朝皇帝之下。根据跡部信的分析，丰臣秀吉在面对明朝时将日本相对矮化的姿态，并非基于传统形式的惰性。即使丰臣政权在对待朝鲜时不顾先例而露骨地凸显日本的优势地位，试图借此使日本与明朝的关系更加相对化，但他依旧受制于中华思想，这是在面对中华时的一种根植甚深的劣等意识，其来源有别于册封制度。换言之，丰臣秀吉十分明白，其主张日本优位性所根据的神国思想，以及利用天皇存在凸显自身的整套理论，在面对明朝时并不适用。跡部信的结论认为，丰臣秀吉对明构想的基调中原本就没有将日本置于明朝上位的想法。

以上是跡部信根据丰臣秀吉颁布的外交文书格式得出的分析，关于抬头、平出、阙字等古文献学上的描述属实。而且，不同于现代外交礼仪中本国国名优于他国出现的处理原则，在丰臣秀吉的外交文书中，同时叙述明朝与日本时，明朝在前，日本在后；而且在A和B中都使用了"大明"的措辞，B中出现的文字"日本者神国也"也位于仅仅表示皇帝使者的"大明勅使"四字更低的位置。丰臣秀吉在外交文书上随处体现出对明朝的尊敬和自身的谦虚，这也可以证明跡部信的推测。

很明显，丰臣秀吉政府的外交文书绝不可能毫无定规地随意乱拟。事实上，正如跡部信所指出的，关于琉球国和大泥国（北大年

---

① 参田中健夫编，《善邻国宝记　新订续善邻国宝记》，页376-385，《新订续善邻国宝记》38号（A），39号（B）。

② ［译注］古代文书中提到天神、地祇、天子、皇后等时应提行以示尊崇，谓之"平出"。

苏丹国，泰国马来半岛中部东岸小国）的外交文书的草案内容，丰臣秀吉曾过目并确认，这件事在《鹿苑日录》中庆长二年八月五日、九日的记录，以及天正二十年（1592）三月十四日丰臣秀吉写给岛津义久的朱印状中也得到证实。①

但是笔者认为，无法确认有史料证实丰臣秀吉事先审阅过外交文书 A 和 B 的内容。当然，明朝是丰臣秀吉东亚政策与战略的核心，对明朝发布的外交文书他事先完全不过目确实存在不合理之处。关于 A，依据文禄二年六月的丰臣秀吉和平条件书案（《大日本古文书》家别第八，毛利家文书之三，929 号），不能完全否认丰臣秀吉参与文案起草的可能性。但是，关于 B 至少存在一种可能性，即在没有丰臣秀吉知晓的情况下，由政务执行者石田三成、增田长盛、大谷吉继和小西行长等四人合议颁布。如果这种可能性属实，那么，或许不能肯定地认为当时日本对明朝的认识和外交策略完全取决于丰臣秀吉本人。以此为线索，值得注意《义演准后日记》②文禄五年（1596 年）五月二十五日的记载：

> 既知大唐国敕使上洛，令归伏，无豫仪者也，日本国之诸侍，无一人不出仕也，珍重珍重。

此处所指明朝敕使，实际上是为了册封丰臣秀吉为日本国王而来日的册封使，但在京都却被认为是归降日本的使节。无论这单纯是信息混乱所致，还是丰臣秀吉本人之外的丰臣政权内部有意散布的流言，至少不仅仅是庶民，甚至连与丰臣秀吉关系亲近的醍醐寺

---

① 参《大日本古文书》家别第十六岛津家文书之一，东京大学出版会，1971 年 5 月，361 号。

② 参史料纂集㊽《义演准后日记》第一，株式会社续群类従完成会，1988 年 7 月。

座主义演准后都相信这样的信息,并在日记中写下"珍重珍重"云云。

如此一来,丰臣秀吉本人亦将其视为归降日本的使者,就并非不可思议。而且,文禄二年四月十二日丰臣秀吉朱印状①中的"无虚言可申越事"一句,也可以暗示出周边人在针对主君秀吉进行信息操作。这句话虽然可以理解成外交文书中的套话,但也透露出秀吉对手下武将的怀疑和不信任。无论宗义智、小西行长对朝谎称"征明向导""假途(道)入明"等偷换外交概念的事件是否属实,至少没有足够的材料可以证明,丰臣秀吉对对朝外交交涉中的龃龉知之甚少或完全不知。况且,秀吉于天正二十年三月前往征明前线基地肥前国名护屋城,②凭这也不能断言他毫不知情。

但在制度方面,丰臣秀吉奉天皇为日本代表,自己扮演着以强大的军事力量支撑、辅佐天皇的角色,他将这种姿态在外交交涉中体现出来,并运用在征服明朝之后对明朝国内政策中,这也是有可能的。日本武家政权成立以来的一贯统治手法就是利用军事力量推翻朝廷(王权),开创新的王朝取而代之。没有所谓"革命"的发生,武士作为天皇的代理人实际运营国家政权。

如果当时的丰臣秀吉等政治家认识到武士运营政权以来的日本历史进程与相应的统治效果,他们便应该明白,本为异族和夷狄的日本人在中国大陆开创自己的王朝,结果必然导致大混乱且以失败告终。与其如此,还不如使秀吉扮作明朝皇帝的辅佐角色来蚕食明朝,使之形骸化,从而取得中国的实权。如果丰臣秀吉是经过了这样的思考,我们就很容易理解他在形式上将日本置于明朝下位的做法了。这样做的目的正是要将日本的统治模式植入明朝。

---

① 参《大日本古文书》家别第八毛利家文书之三,东京大学出版会,928 号。
② [译按]今佐贺县唐津市镇西町名护屋城。

三　丰臣秀吉的军事行动

　　天正十九年（1591）三月九日，丰臣秀吉命令阁僚五大老、五奉行登上大阪城，向他们宣布了"朝鲜国征伐"的计划，下令征兵，准备第二年春天渡海。同月十五日颁布的《朝鲜阵军役之定》对五大老之一的上杉景胜规定了大规模的征兵任务，按照当时的规定，领国每一万石俸禄对应征兵二百人，[①]留守越后国的将士将全部出征。

　　同年七月二十二日，丰臣秀吉的朱印状中命令越后国主上杉景胜派兵五千人，前往肥前国名护屋，其中三千人渡海征朝。翌年即天正二十年（文禄元年，1592年）正月的朱印状中规定了严格的军纪军规，严禁"阙落"（出逃），如有违反，家人、亲族、同乡一律受罚。他在尚未渡海征朝的阶段已经预想到当地可能发生如此状况，表明了他对事态进一步严重发展的深切忧虑。

　　对于士兵而言，从越后国被动员奔赴遥远的地方，并非为了守卫家人、家族和地区，甚至都不是为了国家大义。这场对外战争的目的并不明确，因此可以说，出现逃兵是极为自然的。虽然整个计划并不完善，但无论是上杉景胜，还是作为主力在肥前国名护屋排兵布阵的直江兼续，都没有对秀吉提出异议。

　　实际上，在朝鲜半岛的战役中，一个名叫"杀也可"的日军武将倒戈投靠了李氏朝鲜，与朝鲜军一起抵抗日本军队。该事件也恰恰说明，这场战争的目的和意义并没有深入日本军队士兵的心中。"杀也可"一名，根据《慕夏堂文集单》记载："日本义士金忠善，其殆庶几乎日碑之流欤？广在日本姓沙名也可，金忠善即向化后本朝所赐姓锡名者也。"因此姓名标记为"沙名也可"。

---

① 参《觉上公御书集下》，前揭，页227–228。

另外,《宣宗大王实录卷之九十四》①宣祖三十年(1596年)十一月条目中也有记载:"降倭同知要叱其。金知沙也加",遂以其名为"沙也加"。有观点认为该日本武将出身自与阿苏大宫司家相关的冈本越后守、杂贺众等,但均不能确定。无论如何,此人准确的日本名字、出身、经历等信息都不明确,甚至有观点怀疑他是否真实存在。

一般认为,日本降将"杀也可"作为加藤清正的手下渡海入朝之后,带领三千名日本兵一同投降李氏朝鲜军并归化。他被赐予"金忠善"的名字和正二品官位,在韩国大邱广域市西南约20公里的地方扎根,形成今天的"友鹿洞"。之所以没有关于他们的更多详细信息流传,也许正是因为"沙也可"等人有意隐藏自身来历和经历。作为金忠善归化朝鲜,开始新的人生,也许是他们的强烈意愿。②

结　语

本文通过分析外交文书的内容与格式,管窥近世初期文禄、庆长之役期间丰臣秀吉对东亚的战略思考。论文第三部分也展现了与秀吉的军事动员相反的外交文书的格式和内容特征。基于跡部信的论证,本文分析指出,丰臣秀吉在面对明朝时将日本相对矮化,这一姿态并非出于因循传统东亚外交格局形式及中国观的惰性。即使丰臣政权在对待朝鲜时不顾先例而露骨地凸显日本的优势地位,并试图借此使日本与明朝的关系更为相对化,他依旧受制于中华思想。这是一种在面对中华时的一种根植甚深的劣等意识,其来源有别于册封体制。

可见,丰臣秀吉十分清楚,他主张日本优位性所根据的神国思

---

① 参《朝鲜王朝实录》,国史编纂委员会、探求堂,1973年9月。
② 另外,关于沙也可,可详细参考金在德著《沙也可一代记》,图书出版大一,1994年3月,宫本德藏著《虎炮记》,株式会社新潮社,1991年12月。

想,以及利用天皇存在凸显自身的整套理论,在面对明朝时并不适用。丰臣秀吉对明构想的基调中原本就没有将日本置于明朝上位的想法。我们不能确定这种战略思考来自秀吉本人抑或基于他人之说,但很有可能来自西笑承兑、义演准后等外交顾问的建议。

总之,关于丰臣秀吉在外交文书上将日本置于明朝下位的理由,很有可能是他认识到,本为异族、夷狄的日本人在中国大陆开创自己的王朝,结果必然导致大混乱并以失败告终。与其如此,不如扮作明朝皇帝的辅佐角色来蚕食明朝,使之形骸化,作为代理人(与日本的情况相同)开设幕府,或者以关白、摄政的身份获取对中国的实际支配权。

如果丰臣秀吉是经过了这样的思考,我们就很容易理解他在形式上将日本置于明朝下位的做法了。因为,直接否定明朝皇帝的权力,强硬地将明朝置于日本下位,虽然可以在一定程度上满足自尊心,但对丰臣秀吉再无丝毫益处。丰臣秀吉将明朝置于日本之上位的做法,目的是将日本的统治模式植入明朝。

参考文献

注:按照作者(辞典、史料发行单位)五十音图顺序(包括外国人名)排列。多卷本辞典、史料集省略出版时间。

跡部信「豊臣政権の対外構想と秩序観」(『日本史研究』第 585 号所收、2011 年 5 月)

『日本文化総合年表』岩波書店、1990 年 3 月

NHK「日本と朝鮮半島 2000 年」プロジェクト編著『日本と朝鮮半島 2000 年上』日本放送出版協会、2010 年 2 月

田中健夫氏編『善隣国宝記新訂続善隣国宝記』株式会社集英社、1995 年 1 月

史料纂集㊽『義演准后日記』第一、株式会社続群書類従完成会、1988 年 7 月

『鹿苑日録』第 2 巻、株式会社続群書類従完成会、1991 年 8 月

上垣外憲一氏『日本文化交流小史』中央公論新社、2000 年 4 月

川添昭二『対外関係の史的展開』文献出版、1996 年 3 月

金在徳『沙也可一代記』圖書出版大一、1994 年 3 月

『朝鮮王朝實録』國史編纂委員會、探求堂、1973 年 9 月

朝鮮史編修会編『朝鮮史第四編第九巻』財団法人東京大学出版会、1986 年 12 月

『日本国語大辞典』小学館

『日本史総覧コンパクト版Ⅰ』新人物往来社、1991 年 4 月

『大漢和辞典』大修館書店

田中健夫『中世海外交渉史の研究』東京大学出版会、1993 年 9 月

張玉祥『織豊政権と東アジア』六興出版、1989 年 12 月

『大日本古文書』家わけ第十六島津家文書之一、東京大学出版会、1971 年 5 月

『大日本古文書』家わけ第八毛利家文書之三、東京大学出版会、1970 年 8 月

花ヶ崎盛明、横山昭男氏監修『定本直江兼続』郷土出版社、2010 年 1 月「慕夏堂文集單」

宮本徳蔵『虎砲記』株式会社新潮社、1991 年 12 月

『世界史大年表』山川出版社、1992 年 8 月

『国史大辞典』吉川弘文館

李進熙、姜在彦『日朝交流史』株式会社有斐閣、1995 年 10 月

東京大学文学部所蔵『覚上公御書集下』臨川書店、1999 年 5 月

注：和历与西历的对照基于《日本文化総合年表》(岩波书店，1990 年 3 月)、《日本史総覧コンパクト版Ⅰ》(新人物往来社，1991 年 4 月) 中的"天皇一覧"。

日本历史教育中的丰臣秀吉侵略朝鲜问题

石渡延男（Nobuo Ishiwata） 撰

暴凤明 译

一 战后 54 年与战前 54 年

1995 年是日本战败 50 周年。8 月 15 日是亚洲各国的解放纪念日，同时也是日本的战败纪念日。放弃以往的军国主义，作为民主主义国家再出发的日本，其民主主义建设果真成功了吗？

一亿两千万日本国民中有 65% 是战后出生的，他们并不了解战争历史。[①]以韩国为首的亚洲各国追问日本战争责任的声音逐年增多。在日本国内，有 52% 的国民认为"太平洋战争是侵略战争"，[②]来自战时、战后的一代人主张充分反省战争责任的声音也不绝于耳。但是，必须承担战争责任的主要人群是那些不明战争历史的战后一代

---

① 根据总务厅 1994 年 8 月的调查。
② 参考"战后五十年"调查（国内版）的结果概要，NHK 放送文化研究所舆论调查部。1994 年 12 月 3 日、4 日调查，对象为 20 岁以上男女，共 1800 人。

人，尤其是只知道 1960 年以后日本国富民丰的年轻人，而他们会抱有一种朴素的疑问——为什么战争年代的责任必须由我们背负？

与此同时，亚洲例如韩国的年轻人会认为，日本年轻人理所当然应该背负过去的战争责任。他们也会产生朴素的疑问——为什么日本年轻人会在这件事上有所踌躇？日韩年轻人之间的历史认识存在很大差异。在即将迎来战后 54 周年的今天，如何让日本年轻人正确地了解日本过去的历史，仍然是非常重要的国民课题。[①] 特别是在学校教育中，历史教育的责任很重。

回顾战后 54 年的历史，便会发现战前 54 年刚好是 1891 年，也就是中日甲午战争前夕。甲午战争使日本国民在民众层面切实感受到国家共同体的一体感，是日本近代史上民族主义确立的"划时代"事件。从募捐战争款项的国民运动开始，直到战争胜利，日本国民陷入一种深度狂热。

站在这种狂热排头的，是被誉为明治时代最著名的启蒙思想家的福泽谕吉。福泽谕吉在甲午战争胜利十年前的 1885 发表了"脱亚论"，其主旨是：今后日本的前进道路并非联合亚洲各国一起对抗欧洲强国，而是应该丢弃亚洲，与欧洲成为一体，共同分割统治亚洲。该思想通常被称为"脱亚入欧论"，此论将固守儒家思想、不愿接受文明开化的朝鲜王朝和清朝视为不值得成为同盟者的国家。因此，可以说，中日甲午战争就是首场实践福泽谕吉"脱亚论"的战争。

在日本历史教育中，与福泽谕吉并列而备受重视的人物是丰臣秀吉。在中小学历史教科书中登场的丰臣秀吉是出身农民，经历了各种艰难困苦，最终征服天下的"英雄"式人物。在现实当中，日

[①] 参考前揭调查，结果显示，有 78% 的受访者认为"有必要让年轻人了解太平洋战争历史"，其中 30 至 39 岁的受访者持此观点的人数比例高达 86%。有 66% 的受访者认为，应通过"学校教育"使年轻人了解战争历史，体现出对学校教育的较高期待。

本国民大多共情于丰臣秀吉的个人奋斗精神，对其抱有好感。

这种同情与好感的根源始于战前的历史教育。在战前的历史教育中，甲午战争之前特别被重视的战争史便是丰臣秀吉侵略朝鲜的历史。战前历史教育贯彻了皇国史观——"日本是万世一系的天皇永远统治的，一切皆以天皇的正统性、永续性以及对天皇的忠诚为基本原则"。1937年（昭和十二年）10月发行的《寻常小学国史》下卷将秀吉侵略朝鲜的历史命名为"朝鲜征伐"，关于丰臣秀吉的描述为：

> 出身卑微，智勇双全，平定国内，效忠皇室，安抚万民，起兵外征，扬国威于海外，实乃英雄豪杰。

秀吉被描述成效忠皇室的英雄，成为培养忠君爱国意识的绝佳教材。因此，教科书一味强调日军对明军作战中取得的胜利，对李舜臣与朝鲜义军的活动只字不提。国民对"出身卑微"的丰臣秀吉产生的共情由国家指定教科书营造而成，而这些教科书宣扬旨在争夺亚洲盟主地位的"朝鲜征伐"，将之视为历史上日本的一项国民事业，如此可以充分满足国民的民族自尊心。

但是在韩国，人们心目中最厌恶的日本人是伊藤博文，其次就是丰臣秀吉。因为对韩国人来说，伊藤博文是将韩国贬低成为日本殖民地的人，丰臣秀吉则是侵略朝鲜的人。对丰臣秀吉的"好感"与"厌恶"之间，呈现出两国国民难以跨越的历史认识鸿沟。因此，只有教育，尤其是历史教育才能够填补这样的鸿沟，促进彼此信赖感的形成。迄今为止，这样的努力究竟做了多少，又留下了什么样的课题？

本文围绕日本历史中的文禄庆长之役，探讨当前历史教育中存在的问题。

二 历史教科书与课堂中的丰臣秀吉侵朝

1998 年版小学社会科学类教科书

1989 年 12 月日本修订了学习指导要领,规定小学从 1992 年开始使用新教科书。1992 年的教科书有光村图书、帝国书院两家出版社加入,共有八家出版社。1998 年出版改订版教科书时,参与的出版社数量减少,我们选取其中的教育出版、大阪书籍、日本文教出版、东京书籍、光村图书等五家出版社的教科书为考察对象,重点分析教育出版《社会六(上)》中的具体叙述。

> 丰臣秀吉为了征服中国,两次派遣大军进攻朝鲜。朝鲜人民与中国援军一同进行了激烈抵抗,秀吉的军队陷入苦战,最终因秀吉病死而退兵。
>
> 据说战争中有两万以上的朝鲜人被强掳回日本。其中有朝鲜制作陶瓷器的工匠,他们将先进的技术传入日本。佐贺县的有田烧就是代表性的例子。(页 53)

以上 1998 年版叙述和 1992 年版教科书中的叙述几乎没有差别,但 1998 年版中新加入了"强掳陶工""有田烧"等相关内容。记述了文禄庆长之役是征服战争、侵略战争,也记述了朝鲜人民的抵抗以及日军掳掠并强征朝鲜人的事实。

值得注意,这里没有看到 1982 年教科书审定问题以前的教科书中出现的"朝鲜进出"。"朝鲜进出"的表述是对战争基本性质的模糊化处理。此次大阪书籍、日本文教出版、教育出版、光村图书、东京书籍等五家出版社的教科书中全部使用了"侵略"二字。

关于朝鲜人民抵抗的记述体现了受侵略国家的人民不甘忍受侵略暴行，也是促使孩子们对独立和主权展开思考的重要内容。东京书籍的教科书具体描述了对朝鲜的伤害："国土被侵袭，大量朝鲜人被杀害，或被强行掳掠回日本。"

在描述朝鲜方面的抵抗时，教育出版、大阪书籍、日本文教出版、光村图书等四个版本的教科书中提到了朝鲜的龟甲船，光村图书版的教科书中还提到了朝鲜海军指挥官李舜臣。同时，在四家出版社的教科书中，都出现了可以使人预感到秀吉军队败北的"苦战""僵局"等措辞，东京书籍和光村图书版的教科书中更是明确写到秀吉军"被击退"。

在五家出版社的教科书中，都出现了将包括学者和陶工等民众从朝鲜强行掳掠到日本的记述，但没有记载秀吉军中强征大量日本农夫的相关历史。帝国书院1992年版教科书是唯一提到日本民众被强征到朝鲜的教科书——

> 出兵朝鲜不仅给朝鲜人带来巨大损失，同时也给日本的大名、武士以及作为人夫强行征发到朝鲜的农民造成了巨大伤害。（页67）

文禄庆长之役并非甲午战争那种国家与国家、民族与民族之间的现代战争。这些记述可以帮助我们同时了解朝鲜民众与日本民众的痛苦，对于理解文禄庆长之役的战争性质非常有意义。但遗憾的是，"朝鲜出兵"的战争性质还是很模糊。

我们再看一下教科书中如何描述文禄庆长之役之后日本与朝鲜的关系。教育出版的教科书中有一段标题为"锁国之路"，记录了与朝鲜恢复邦交以及朝鲜通信使的内容：

> 另一方面，因丰臣秀吉侵略而中断的日朝邦交得以恢复，朝鲜派遣四百至五百人的使节分十二次访问江户。一行人在各

地受到欢迎，日本民众竞相与使节团中的学者和医生接触，也有很多人希望学习朝鲜和中国的政治、文化知识。这些使节团给开始锁国的日本带来了巨大的影响。（页63）

五家出版社的教科书都记述了朝鲜通信使的情况，并附有关于朝鲜通信使的绘卷图片。教育出版、大阪书籍、东京书籍三家出版社的教科书中出现了与朝鲜通信使有关的冈山县牛窗町地区的唐风儿童舞蹈的照片。① 光村图书版的教科书中虽然没有出现唐风儿童舞蹈的内容，但介绍了缔造日朝友好的历史人物雨森芳洲，并刊载了其人物图像，将雨森芳洲主张的对朝外交要谛"诚信外交"详细解释为"与他国彼此尊重的交往非常重要"。

历史教育在介绍秀吉侵略朝鲜的同时，有必要将朝鲜通信使作为侵略历史的对立面凸显出来。日朝两国很容易仅仅以对立抗争构筑两国关系，因此，让今天的孩子们理解日朝两国曾经长期保持平等友好的近邻关系，非常有意义。朝鲜通信使就是一个标志。

日本文教版的教科书中写道：

> 每当将军更换时，朝鲜使节（朝鲜通信使）便来到日本，这传播了朝鲜和中国文化。（页67）

这种写法容易让孩子们错以为朝鲜将日本视为宗主国，派遣使节团到日本祝贺新将军就任，因此需要注意。在这部分历史的书写中，东京书籍在1992年版的教科书中遵循了历史事实，即朝鲜方面

---

① 一般认为朝鲜通信使的船曾停靠在牛窗港，朝鲜舞蹈即由此传入。该地区还存有当年通信使赠送的书画，以及朝鲜通信使的住宿房屋等生活遗迹，有一口被称作"朝鲜井户"的水井。

接受江户幕府的邀请而派遣使者来日——"朝鲜方面在幕府的邀请下……",而1998年版的文字改变为"不久,每当将军更换时,朝鲜便以祝贺和友好为目的派遣500人的大使节团访日"(页64)。

东京书籍版的教科书最为详细地记述了日本与朝鲜恢复邦交的过程:

> 自从丰臣秀吉侵略朝鲜之后,日朝交流便被朝鲜方面断绝了……家康努力恢复日朝关系,终于恢复了两国的和平交往。……朝鲜通信使不仅带来了朝鲜和中国文化,也回流传播了日本文化。江户时代实现了两国的正常化交流。(页64)

以上叙述体现出家康努力复交的结果是朝鲜成功派遣通信使,同时也指出,朝鲜通信使不仅向日本介绍朝鲜文化,而且具有将日本文化传播到朝鲜的文化交流意义。有田烧是强掳陶工衍生出的掠夺义化的结晶,而由朝鲜通信使带来的文化传播方式提示了另一种文化交流模式,教师在课堂上可以侧重分析不同文化交流模式的质地对比。

光村图书的教科书中将日朝复交归功于"对马藩的努力",并记述了釜山倭馆的存在与日朝之间的交流、贸易——"对马藩在朝鲜修建设置日本使节使用的建筑物,开展各种交流与贸易活动"(页56)。

关于朝鲜通信使的描述,五个出版社的教科书都把它放在介绍锁国历史的内容中。教育出版的教科书如此叙述:

> 这场暴动(笔者注:岛原之乱)促使幕府进一步加紧取缔基督教。1639年,日本下令禁止葡萄牙船只来日,只允许与基督教传教无关的荷兰人和中国人在长崎进行贸易,史称锁国。幕府通过锁国独占了贸易利益。……这些使节团(笔者注:朝

鲜通信使）给开始锁国的日本带来了巨大的影响。（页62）

"锁国"一词是1801年荷兰语翻译家志筑忠雄在翻译德国医生肯普夫（Engelbert Kaempfer）的《日本志》时自造的词。宽永十年、[①]十一年、十二年、十三年、十六年的政府法令中都存在相关内容，但所谓的"锁国令"一词在当时并不存在。尽管如此，学习指导要领中依然包括锁国的历史，这是为了与之后的文明开化形成对比，达到否定江户幕府政策、肯定明治政府的效果。

与朝鲜恢复邦交，以及朝鲜通信使的事迹，同长崎一样，都是锁国体制下的例外事件。但是，近年来，"禁止海外渡航绝非锁国"等观点流行，[②] 大阪图书的教科书在栏外漫画中出现的卡通人物"博子"讲："虽然锁国了，但是与中国、荷兰、朝鲜的联系还有哦！"光村图书的教科书介绍了当时长崎之外其他的对外交流窗口，并指出，江户幕府的目的并非关闭国门，而是要确立独占贸易利益和海外信息的体制：

> 于是，与外国交往的窗口限定在长崎和对马，幕府独占了贸易利益与海外信息，史称锁国。之后持续了两百多年。（页65）

因为关闭国门而落后于世界文明的发展，这一历史理解自明治时代以来一贯至今，使得"锁国"一词已成为国民对江户时期历史认识的常识。如何修正这种认识并重述近代历史，一同成为历史教育方面的重要课题。

---

① ［译注］公元1633年。
② 《所谓宽永锁国令》，《幸田成友著作集》第四卷，中央公论社，1972。

1998年版中学历史教科书

基于新学习指导要领的中学教科书于1993年开始使用。当时文部省审定合格的历史教科书分别来自八家出版社，1998年减为七家。学校图书和中教出版两家出版社退出，日本文教出版加入。下面便以教育出版的《中学社会历史》为中心，考察关于秀吉侵略朝鲜的历史叙述。

侵略朝鲜

　　统领全国大名的秀吉为了推进征服明朝的计划，要求朝鲜服从日本，一同出兵作战。朝鲜拒绝，1592年，秀吉下令约15万部队出兵朝鲜。日本军占领了首都汉城（今天的首尔）等地方，但由于民众的反抗、李舜臣率领海军的反攻以及明朝援军的加入，战事陷入僵局，日本休战撤退。与明朝和平谈判失败，五年后，秀吉再次下令出兵，战事严峻，随着秀吉之死，全军撤退。

　　持续七年之久的日本侵略破坏了朝鲜的产业，夺走了包括平民在内的很多朝鲜人的生命。两万以上的朝鲜人被强掳回日本。[①]战争也加重了日本国内武士与一般民众的负担，成为加速丰臣氏灭亡的原因之一。（页17）

　　在以上内容中，看不到任何战前教科书中那种培养忠君爱国意识，以及将丰臣秀吉视为英雄的叙述。"征伐朝鲜"的说法被换成"侵

---

　　① 被强掳至日本的朝鲜陶工带来了先进的制陶技术，陶瓷技法在日本扎根，诞生出有田烧等著名瓷器。另外，日本还夺取了很多活字印刷用的金属活字与书籍，朝鲜的高超技术和儒学由此传入日本。

略朝鲜"、"朝鲜民众的抵抗"、"李舜臣"海军的活跃、"明"援军等都有提到,侵略军的败北也明确写出。同时这里还记述了朝鲜方面的损失和日本人民受到的伤害,明言"高超的技术和儒学"是强掳来的。这些说法基本反映了战后日本史学界的研究成果。

"侵略朝鲜"的表述出现在教育出版、清水书院、东京书籍、日本书籍、大阪书籍、帝国书院等六家出版社出版的教科书中。日本文教出版的教科书中虽然没有在正文中使用"侵略"字样,但是在"日本贸易"专栏中出现了"侵略"的措辞。

关于侵略朝鲜的理由,大阪书籍的教科书写道:

秀吉想通过征服明朝达到统御武士的目的,遂要求朝鲜服从日本,并允许日本军队通过。(页114)

其他出版社的教科书说法基本相同,日本文教出版的教科书写道:"丰臣秀吉企图征服明朝,要求朝鲜作其向导。"(页113)这些说法都是基于"征明假道"的说法,但是日本文教出版的教科书中的写法,容易让教室里的孩子产生"只不过是借道通过而已,朝鲜为什么拒绝"的想法,并对朝鲜产生反感。只有帝国书院一家教科书写出了朝鲜拒绝的理由——"朝鲜以违背对明朝的信义为由拒绝"(页112)。希望各家出版社都能有这种考虑周全的叙述。

关于朝鲜民众的抵抗以及李舜臣率领朝鲜海军屡次击败日本海军的事迹,教育出版、大阪书籍、帝国书院、东京书籍、清水书院五家出版社的教科书中都有记载。其中大阪书籍、东京书籍版的教科书中出现"义兵",帝国书院版的教科书中出现"义勇军",都对朝鲜军的防卫正当性做了评价。

日本文教出版和日本书籍的教科书都记述了"朝鲜人"和"民众"的抵抗。这与之前1993年版的清水书院、学校图书、中教出版三家出版社的教科书完全无视朝鲜民众抵抗及李舜臣事迹的情况完全不同。

在教科书中描写战争给朝鲜造成的损失，对于理解侵略战争的本质非常重要，教育出版等几家出版社的教科书中对此都有相关记述。其中，日本书籍的教科书选取当时随军僧侣庆念写的《朝鲜日记》的一部分作为史料，再现了悲惨的战场情景：

> 作为奉命随军赴朝的僧人，他看到日本军的残虐暴行，在日记中写道："农田被焚，人被斩杀，人的脖子被套上枷锁。父母担忧子女的安危，子女四处搜寻父母，一片凄惨可怜的光景。"

可以想象孩子们读到这些内容时的惊恐神情。另外，帝国书院的教科书也对战争损失做了具体而详细的介绍：

> 在这场侵略中，日本军烧毁朝鲜的耕地，剥夺了很多人的生命。朝鲜土地荒废，人口减少了三分之二，首尔的景福宫和庆州的佛国寺等重要的文化财产被烧毁。有两万多人被强掳回日本，被迫从事农业劳动，其中也有人被卖掉。还有不少被掳掠到日本的儒学教授。另外，抢夺来的书籍和高超的生产技术深刻影响了日本文化。（页112）

这段文字中提到"有人被卖掉"，说明当时包括日本在内的东亚和东南亚一代存在奴隶贸易，这一史实恐怕也会对学生造成冲击。

帝国书院的教科书中出现一个专栏，名为"韩国教科书中的侵略朝鲜"，介绍了韩国教科书将秀吉侵略朝鲜的历史称为"壬辰倭乱"，并大量书写义军和李舜臣的事迹。通过介绍韩国教科书的内容了解对象国如何认知同一段历史，这种使自己国家的历史相对化的教育效果非常值得期待。但是书中插图里的韩国教科书是现在早已不用的版本，而且图片说明文字也出现错误，不应该是"韩国中等部历史教科书"，而应该翻译为"韩国中学国史教科书"。笔者非常理解编辑者和执笔者们的积极意图，但对以上出现的问题仍不得不表示遗憾。

关于如何学习丰臣秀吉对朝鲜发动战争的这段历史，非常有必要将其放在16世纪末的东亚局势中，并站在民众史的立场来理解战争的侵略性质。另一方面，突出丰臣政权灭亡后德川家康如何开展善邻外交，使日朝恢复邦交并重开贸易，以及朝鲜通信使十二次来日对日朝文化交流发挥了巨大影响等史实，也非常有意义。将后者"和平"的历史与前者"战争"的历史对照地呈现给学生，对促进学生思考今后的日韩关系有积极的教育意义。

几家出版社的教科书都把朝鲜通信使作为锁国体制下对外关系的内容来叙述。教育出版的教科书中写道：

> 对马是与恢复邦交的朝鲜交流的窗口。朝鲜使节与幕府交流，日朝贸易由对马藩的宗氏独占。（页113）

随后该教科书又以"朝鲜通信使的往来"为专栏标题，用两页篇幅详加介绍。首先介绍三重县津市的唐人踊，指出该舞蹈来自朝鲜通信使的文化交流，并说明了家康和宗氏在"与朝鲜恢复邦交"中做出的努力，指出朝鲜通信使每次都是以应幕府邀请的形式访日，体现一种平等的善邻友好关系：

> "通信"一词有"沟通友谊，加深信赖关系"的意思，江户时代朝鲜方面应幕府的邀请，向日本派遣过十二次使节团。

围绕相关内容，清水书院的教科书还指出，不仅仅是朝鲜单方面派遣通信使来日，幕府也向朝鲜（准确地讲，只允许到釜山）派遣过通信使：

> 家康时期两国恢复邦交，1607年朝鲜使节来日（朝鲜通信使）。之后，幕府也向朝鲜派遣使者，两国间贸易得以开展。

大阪书籍的教科书的相关表述为："每当将军更换时，朝鲜便派遣被称为通信使的使节造访江户。"（页124）这种文字叙述容易使读者觉得，朝鲜通信使是因崇敬将军的德行而来日庆贺，从而否定日朝两国平等的外交关系，因此需要注意。在教育出版的教科书的叙述中，锁国的印象也有所缓和——"即使在日本逐渐禁止海外交流的情况下，对马藩依然在朝鲜釜山开展贸易活动"（页134）。该教材还以"五百人通信使"作标题，叙述了朝鲜通信使的来访和日本方面的欢迎盛况。

教育出版的教科书也依据学习指导要领，以"禁教局势下的国际关系——锁国"为标题来解释"锁国"："禁止日本人的海外往来，由幕府独占贸易利益与海外信息的状态称为锁国。"（页133）同时在标题为"四个窗口"的段落中，介绍了当时作为对外交往窗口的长崎、对马、萨摩、松前四个城市。这些叙述可以大大改变人们视锁国后的日本为封闭、落后国家的固定印象。在东京书籍、大阪书籍的教科书中也可以看到类似的叙述。

综合以上内容可以发现，虽然不同出版社出版的中小学历史教科书会有一些差异，但基本内容没有大的区别，都正确反映了史学界的研究成果，从大量增加的朝鲜史相关叙述尤其可以看出这一点。但是，教育现场中的教师究竟在多大程度上能够根据教科书的变化开展教学，那就值得探究了。

三 秀吉侵略朝鲜与相关授课实践

战后日本的朝鲜史教育

战后日本的历史教育以摒弃皇国史观和建设民主主义社会为主要课题。1947年开始新设支撑民主主义日本的核心课程——社会科。厌倦战争、渴望和平的国民在新设的社会科中充满了对日本未来的期待。文部省旨在培养国民作为国家和社会一员的自觉性,教育中的国家主义倾向有所强化。

与此同时,一些自觉的教师、研究者主张以培养担当和平与民主主义的主权人为教育目的,结成以历史教育为核心的各种教育研究团体,总称"民间教育",区别于文部省主导的"官制教育"。虽然参加者只有约三万人,与约有一百万人的日本教师总数相比是少数派,但是这些团体拥有优秀的教师和研究者,并且取得了丰富的教育实践成果。

这些参加"民间教育"团体的教师非常热衷于朝鲜史教育。从事朝鲜史教育的教师和相关的教学实践成果非常多。实践的动机,初期在于摒弃民族偏见与歧视,这是在中国史、欧美史、日本史研究中所没有的实践动机,也恰恰是日本朝鲜史教育的特征。整理相关的授课实践,可分为三个阶段:①

第一,讲授日本的侵略朝鲜史阶段。
第二,讲授朝鲜人民的民族抵抗史阶段。

---

① 《朝鲜史教育与世界认识》,收于《如何教授朝鲜历史》,龙溪书舍,1976年10月,页16。该时期划分由已故的旗田巍、已故的铃木亮和石渡延男三人讨论策定,只作为大致的发展阶段标准,没有确定明确的年份。

第三，讲授日朝民众友好往来史阶段。

第一阶段以逐渐揭露日本侵略朝鲜史实的暴露型授课为主，学生们被真相所震惊并为之叹息。出现了如下感想："作为日本人感到羞耻"，"讨厌日本"；也出现了一些马上反唇相讥的态度："但当时也没有办法"，"日本不好，韩国也不好"。虽然这种授课内容强烈刺激了学生的感性认识，但未必能纠正对朝鲜的历史认知。

于是，第二阶段授课内容的重点是朝鲜民众抵抗史。教师在课堂实践中围绕"日本这样侵略了朝鲜，朝鲜人如何展开抵抗"进行教学设计。结果，在学生的眼中，进一步强化了残虐的日本与作为强国征服对象的朝鲜形象。

第三阶段的授课内容强调日朝民众的友好交往史。介绍了许多代表人物，比如反对日韩合并的歌人石川啄木，保护首尔光化门遗迹的民艺家柳宗悦，还有创作"间岛游击队之歌"并支持朝鲜人独立运动的诗人槙村浩。[①]但是，强调这些历史人物容易让学生们在认识到有"好的日本人"而安心的同时，产生一些消极的或强烈反对的想法和意见，如"考虑到当时军国主义的压力，自己无法模仿这些英雄"，"我不赞成军国主义，但是作为日本人却与朝鲜人为伍是卑怯的表现"等。日朝友好意味着彼此独立的两国携手同行，叙述怎样的朝鲜史和怎样的日本史，即如何塑造两国的历史样貌成为关键问题。因此，历史教育界已经开始摸索朝鲜史教育的第四个新阶段。

[①] 《日朝团结：以槙村浩为中心》，历史教育者协议会第26回大会（口头发表），1975年8月。

历史教育中的丰臣秀吉侵略朝鲜

丰臣秀吉侵略朝鲜是 16 世纪后半期东亚最大的历史事件。1973 年笔者开设了"朝鲜通史"[①]（高中）课程，这是一门从古代到现代的通史课程，授课概要如下：

（一）初期侵略是成功的，几乎控制了朝鲜全境。
（二）朝鲜政府军力量薄弱。
（三）民众义军蜂起。
（四）明朝派出援军。
（五）李舜臣的海军切断日本军的补给。
（六）丰臣秀吉突然去世。

笔者围绕以上几点，分别从侵略者立场和朝鲜民族的立场梳理战争的历史经过。我让学生们从封建统治阶层和民众阶层两个方面，思考侵略战争暂时胜利与最终败北的原因，并以"侵略朝鲜的秀吉军队为什么会失败？"为题布置学生写感想。学生的答案重点往往放在朝鲜义军上，认为（一）"义军蜂起、民众团结是战胜侵略军的基本要素"。有一些学生的观点更为深入，他们认为（二）：

> 站在一般民众的角度来看，并非一定会选择加入战争的某一方。然而，随着侵略军的掠夺逐步威胁一般民众的生活，民族意识开始觉醒，于是开始出现由民众中兴起的义军。

关于义军的历史意义，有学生们认为（三）："无论多么强大的

[①]《历史地理教育》，122 号，1965（高中）。

军队也不能战胜民众团结的力量,与现在的越南战争相同。"1973年越南停战协定的签署,标志着美国越战的失败。这种想法体现出学生们在结合当时国际政治时事理解朝鲜义军的历史意义。

关于秀吉军兵败的原因,也有少数学生持有以下观点:"因为秀吉死前留下遗言撤军";"因为明军派遣强大的援军支援朝鲜";"因为长期战争造成日本军人疲惫,患上思乡症";"因为日本军队内部存在意见分歧"。这些观点也留下了进一步围绕侵略战争失败展开讨论的课题。另外,有学生指出(四):"因为韩国人很固执,擅长吵架。"这种非常感性的意见所代表的历史认知也反映了日本人的朝鲜人观。

这种教学实践批判了以往将朝鲜史作为日本史的外延,或者将朝鲜史作为中国史补充的传统模式,旨在将朝鲜史作为一门"独立的外国史"教授给学生。另一方面,以往的朝鲜史教育重点往往在于克服民族歧视与偏见,通过展现朝鲜自身的精彩历史,培养学生心中生出建设日朝友好的萌芽。将朝鲜史教育作为通史课程展开的实践并不多,这种尝试虽然有一定的意义,但是并没有超越第三阶段。

笔者于1982年开展了"世界史中的朝鲜史"①的教育实践,对1973年授课过程中出现的学生将自己视为历史旁观者,单纯学习与自身毫无相关历史知识的教学效果进行了充分反思。为了使生活在现代的学生能够切身感受历史,以现实生活中与朝鲜相关的现象来深化对朝鲜的认识,笔者在丰臣秀吉侵略朝鲜的历史叙述中加入了"耳塚与唐津烧"。

授课概要如下:

---

① 《历史地理教育》,338号,1981(高中)。

（一）将耳塚（位于京都市）导入课堂。秀吉侵略朝鲜时，日本军将战场上俘虏的韩国人鼻子割下作为战果，用盐腌制后献给秀吉请功，这些鼻子被埋葬在京都市方广寺附近的耳塚。① 学生纷纷对这种残虐的暴行表示悲愤。

（二）让学生思考"秀吉为何要侵略朝鲜"。让学生们了解当时16世纪的东亚局势。关于第一次侵略，利用朝鲜方面的史料《惩毖录》，以及当时五千韩元纸币上印有的"李舜臣与龟甲船"作为教材进行讲解。学生们很关心朝鲜方面如何看待加藤清正和小西行长二人。

（三）李参平等陶工从朝鲜被强掳来日后，唐津烧等陶瓷器在日本开始流行。一直被上流阶层作为茶具使用的陶瓷器价格越来越便宜，普通民众开始使用，因此日语中没有"饭碗"，只有"茶碗"。

课程从"耳塚"开始，一直讲到"茶碗"，同时也是一堂思考战争与文化的课。学生们能够从日本人司空见惯的茶碗中，感受到秀吉侵略朝鲜的历史残影，有些学生会表现出震惊和困惑："战争好像可以带来文化的发展，但是从中总能够感受到抵触。果然这也许就是历史吧。"

这次教学实践改变了将朝鲜史作为独立通史并强调其独特性的传统授课法，将其定位为构成世界史的一环，旨在培养一种客观、相对的世界史观。因为世界上的任何一个民族都会在历史上展现其独特性，朝鲜并非个案和特例。然而，在授课过程中，学生们的朝鲜认知不得不处于一种在自我矛盾中调整的状态，这次教学实践没有处理如何超越这种状态的问题。

---

① 最初称为"鼻塚"，明治以后称为"耳塚"。详见韩国学者琴秉洞的耳塚研究入门书《耳塚》，二月社，1978，增补改订版，总和社，1994。

学者中里纪元在《陶瓷器的战争:九州朝鲜陶工》①一文中介绍了他在历史课堂中围绕"陶瓷器"开展的教学实践。中里居住在盛产"唐津烧"的唐津市,他让学生们通过学习侵略朝鲜的历史,了解到"唐津烧"作为身边的生活文化,由朝鲜强掳回的陶工所创造。

(一)学生们纷纷表示惊讶:

> 一直以为有田烧、唐津烧都是日本当地特有的工艺品,从未想到最初由朝鲜人制作。

可见,对于一直深信陶瓷器是日本独有文化的学生来说,唐津烧的由来给他们造成了冲击。

(二)有不少学生了解到本以为是日本固有的陶瓷器文化却是外来文化后,如此表示:

> 有田烧这样世界闻名的陶瓷器竟然不是由日本人,而是由外国朝鲜人发明制作的,非常令人遗憾。

针对学生的这种"遗憾"反思,中里认为,"之所以会产生这种观点,是因为历史教育没有让学生充分理解日本文化是在与大陆长期交流中形成的"。教育总是在强调"独特的文化",但文化并非孤立存在,而是在相互关联影响下发展。如果不把这种对文化的思考教授给学生,学生就很容易陷入排外的民族主义思想,这一点非常值得警惕。

(三)也有一些学生认为:

---

① 《历史地理教育》,317号,1981年(初中)。

如果朝鲜人没有被带到日本，著名的有田烧、唐津烧等陶瓷器就不会出现了。听说出兵朝鲜过程中日本人净做坏事，但一想到出兵朝鲜也有所收获，便会觉得出兵朝鲜还是有意义。

按照这种思路解释和评价历史与文化的关联，是在将侵略朝鲜的历史合理化、正当化。出现这种理解，在于学生没有了解被强掳到日本的陶工们的苦难，仅仅将历史的经过当做"他人之事"看待。被掳到日本的陶工被迫离开家人和故乡，在语言不通的异国他乡终老。只要学生们没有感同身受地理解这种苦难，类似的发言就会持续。因此，之后中里一直在从事挖掘陶工苦难的历史研究。

但是，值得注意的是，以上（三）中学生的表述将"侵略朝鲜"说成"出兵朝鲜"。后者向来是教科书为了模糊战争的侵略性质而使用的文字措辞。当然，机械地全部叙述为"侵略朝鲜"未必合适，应该根据文脉灵活选择措辞表达，但是我们不可以为了否认侵略事实而替换措辞。

然而，中里在该论文中通篇使用了"出兵朝鲜"，而且在下面介绍的一篇论文中也同样使用"出兵朝鲜"的措辞，因此可以想象，他在课堂上说的也是"出兵朝鲜"。1982年文部省在教科书审定中用"进入朝鲜"取代"侵略朝鲜"，曾引起广泛讨论，当时普遍认为"出兵"一词也有模糊侵略战争本质的效果。因此，教师在使用词语时应该充分注意。

中里纪元于1987年发表教学实践文章《通过日朝民众史学习秀吉出兵朝鲜的历史》。① 中里希望达到的学习目标是让学生理解以下三点：

（一）日本军发动了侵略战争。
（二）朝鲜国王和贵族逃亡，只依赖明军；地方豪族（文武

---

① 《历史地理教育》，413号，1987（初中）。

两班)、贫农、僧侣等组织的义军抵抗了日本军的侵略。

（三）不仅朝鲜民众为这场侵略战争所苦，日本民众也被迫经受了痛苦和牺牲。

在以上三点中，（一）和（二）是历来课程实践一直强调的，（三）积极引入日本民众的苦难与牺牲，值得关注。中里表示：

想让学生们充分认识到，侵略战争是会给被侵略的国家民众和发动侵略的国家民众都带来悲惨命运的战争，但是能够达到这样理解的学生比较少。

实践记录中介绍了部分学生的感想，基本上都以日朝对立的视角展开，反映了中学生理解当下和过去历史的倾向。教师要让学生学习中里强调的日朝民众的悲惨命运史，从而理解侵略战争的性质。在把握学生当前思想认知的基础上，在实际上课过程中也应充分考虑到学生们的普遍认识和感受。

因此，中学教师谷口尚之延续了中里纪元的教学实践，发表文章《秀吉的侵略朝鲜》。[①] 谷口在中里三个学习目标的基础上，加入了第四个学习目标：（四）将侵略朝鲜与近代日本的大陆侵略联系起来，改变学生的历史观和朝鲜史观。谷口的课程结构如下：

导入
（一）板书副标题写成"秀吉的朝鲜○○"，提问学生们○○中应填入的词语
（二）观看耳塚的纪录片
展开

[①]《历史地理教育》，490号，1992（初中）。

（一）出兵的理由
（二）侵略的经过
（三）思考朝鲜和日本民众的家人
　总结
（一）朝鲜通信使与耳塚
（二）撰写关于日朝关系的感想

部分学生感想如下：

（一）起初，老师在黑板上写"秀吉○○"时，因为我什么也不知道，便觉得"除了出兵还能有什么呢"。派兵出去，向别国展示自己的实力，并没有什么不好，任何时代都有这样的做法。但是，经过实际学习之后，才知道日本做了那么多残酷的事情，我认为不能说仅仅说成"出兵"了。

（二）在第二次世界大战中日本遭受了美国的原子弹轰炸，经历了惨烈的冲绳战役，我们每年都在为此举行各种纪念活动。我觉得与其这样去思考和平，不如学习日本对朝鲜所作所为的历史，更能够加深对和平重要性的认识。

（三）这是日本单方面的侵略。一想到日本过去做过两次这样的事情，便觉得对朝鲜人很愧疚。但最终我觉得日本人不必因做过这样的事情而道歉，因为这是当时的世界风潮，而且元寇①的情况也是如此。

---

① ［译注］"元寇"，即元日战争，是元朝皇帝忽必烈与属国高丽在1274年和1281年两次派军攻打日本而引发的战争；依当时的日本年号称抵御元军第一次进攻的战事为"文永之役"，第二次为"弘安之役"。这两次战争在日本合称"元寇"或"蒙古袭来"。

遗憾的是谷口并没有分析这些感想,也没有阐释学生历史意识的问题点与课程之间的关联。谷口本来进行课堂实践的理念是"即使是前近代的对外关系,也应该在出于民族的真挚反省的基础上,学习正视历史事实,这比什么都更重要",因此,若没有对感想进行充分分析,则其教育理念是否已经达成,或仍是一个未完成的课题,始终是不明确的。

学生们普遍对侵略战争的历史事实感受到冲击。感想(一)和(二)表明一些学生坦诚地认识到侵略事实,纠正了以往的历史认识。经过自我反省与纠偏将书本文字变成自己的知识,这种学习意识是非常重要的。

与此同时,感想(三)也说明一部分学生在理性上认识到日本侵略不好,但感情上难以接受。因此,认为将事实教给孩子孩子就能成长这种看法未必正确。孩子们通过学习认识到历史事实,产生了与之前历史认识的矛盾,经过自我反省与纠偏形成新的历史认识。在此过程中有一个致命的飞跃,理性认识和感性认识并不能立即达成一致。

对于持有感想(三)观点的学生而言,他们能够在理性上接受侵略事实,已经是一种进步。之后为了实现与感性认识的一致,必须经过一段时间和持续的历史教育。况且,学生有一种在日韩对立的框架中去理解历史的民族主义倾向,即"封闭的民族主义"。谷口所谓的"出于民族的真挚反省"与学生感想文之间的意识差异应该如何统合,如何超越日韩对立的框架,超越"封闭的民族主义",再度成为今后历史教育实践的重要课题。

在讲授丰臣秀吉侵略朝鲜历史的课堂实践中,无论强调侵略战争的性质,还是强调日朝民众同为受害者,抑或通过"唐津烧"等外来文化帮助学生理解固有传统文化,都是在日韩对立的框架中把握历史,有可能进一步强化"封闭的民族主义"倾向。这正是讲授秀吉侵略朝鲜历史的课程中难以跨越的一道墙。不跨越这道墙，秀吉侵略朝鲜的历史课便无法促进日朝友好，反而会强化日朝对立的意识。

小　结

民主主义教育的目的在于追求对人的尊重，取代弱肉强食理论的根源在于和平主义，这就需要通过旨在构建平等关系的历史教育作为其保障。因此，在关于秀吉侵略朝鲜的历史教育中，不能因为侵略是封建统治者的本性而将秀吉视为英雄，不能拥护封建统治体制，不能肯定侵略。

然而，我们已经看到，那些学生感想试图在日韩对立的框架内理解丰臣秀吉侵略朝鲜的事实，其中所反映的问题，可以说正是由于学生们无法把握现代日本历史所导致。感想反映出学生的历史认识，也反映出学生对现代的认识。如果学生们能够将如何与亚洲共生、如何建设日本未完成的民主主义作为现代日本的课题来思考，由此出发加深对朝鲜的认识，一定可以找到通向超越日韩对立的框架且有助于善邻友好的历史理解之路。历史教育并非简单阐明历史知识即可，而是需要一边思考时代制约与诸多历史条件，一边预见历史事件对于今天的意义，是一种有意图的经营。可以充分预想到，由于学生或者老师课题意识的形态不同，会出现各种不同观点的感想文。

类似丰臣秀吉侵略朝鲜这样对日本人而言的"负面遗产"，在历史教育中应当如何处理，是年轻教师面临的重大课题。德国在其历史教育中提出了"史学的道德性"，视为对过去历史的补偿，而在一向将史学视为科学的日本，则注重追求科学、客观的东西，不善于"史学的道德性"这种兼及心性的思考方式。但是，亚洲国家对于日本战争责任的忧虑,也是面对日本人史学道德性时的疑虑。

在科学与心性关系方面,应深入学习德国历史教育的经验,同时有必要在日本的历史教育中加入对史学道德性的探讨。

关于丰臣秀吉侵略朝鲜的历史教育,日本在不断进行新的课堂尝试。

在《如何讲授丰臣秀吉侵略朝鲜的历史》(初中)[①]一文中,三桥广夫介绍了如何围绕"壬辰倭乱"时的日本降将沙也可开展课堂设计,尝试改变学生们对民族的固定化认识,让他们可以更加灵活地理解民族的概念。教师为了准备课程,到韩国与沙也可的后代子孙金溶媒会面。以往的课程实践都是先把教师的问题意识展现给学生,以其为主导,学生的观点仅仅散见于感想中。有鉴于此,三桥详细记述了他如何与学生课堂互动,及时把握了学生的认识变化与问题意识的现状。面对教师有意图的提问,学生能够直观地表达自己的理解认识与关心的内容。期待在今后的实践中,我们可以在整体把握学生的同时进一步推进课堂教育。相信经过这样的有益尝试,一定可以呈现出不同以往的关于丰臣秀吉侵略朝鲜的崭新研究成果,以及崭新的课程教育模式。

当前在日本的朝鲜史教育已超越 1970 年的第三阶段,并一直在摸索第四阶段,但是直到 1993 年才开始有新的尝试出现,三桥的课程实践便是典型代表。今天,日韩双方共同翻译对方国家的历史教科书,促进了相互理解;两国的历史教师也开展了许多直接交流,促使双方的历史教育不断相对化。

当前日韩两国的历史教育已经进入一个新阶段,即用本国语言阅读对方国家的教科书,在意识到对方国家的历史教育的同时,推

[①]《第三回日韩历史教师交流会记录》,1995,《历史地理教育》596 号,1999(初中)。

动本国历史教育。韩国历史教育侧重强调民族的视角，日本历史教育侧重强调民众的视角。两国在直接相互学习的基础上推进本国历史教育的时代已经到来。三桥等教育工作者从 1993 年开始，每年举行日韩历史教师的直接交流活动，推动了这一新时代的来临。

一直以来，日本的历史教育都只有日本人所理解的结构和内容，日本人也固执地认为这是亚洲乃至世界通行的、普遍的历史教育。在 20 世纪即将走完的今天，这种历史教育的时代应该终结了。如果日本和亚洲，尤其是日本和韩国，可以在知晓彼此国家历史教育的基础上，推进双方能够彼此理解的历史教育，那必将升华出日韩共创历史教育的局面。

关于丰臣秀吉侵略朝鲜的史料

三鬼清一郎（Seiichiro Miki） 撰*

暴凤明 译

北岛万次的《朝鲜日日记、高丽日记：秀吉的侵略朝鲜与历史的揭发》作为《日记、记录构成的日本历史丛书》中的一册，是全套书五十二卷中非常有特色的一本。本书利用国内外丰富的文献记录，详实地描述了秀吉出兵朝鲜的全过程，叙述中可以感受到作者的意气与魄力，体现出作者十年来对该课题的持续付出与努力。为了方便更多读者的阅读，作者还给史料中的汉文训读添加了详细的旁注。

因此，平易的文字表现与丰富的材料内容构成了本书最大特色。因为类似书籍匮乏，本书将被一般研究者阅读，尤其将广泛使用于历史教育中。想透过流利的笔致在短时间内完全理解作者的理论重点，这固然有一定的难度，但读者往往能够受史实的趣味性吸引，一气呵成地读完。能够发表围绕这一专题的通史研究，作为同学之

---

* 参《史学杂志》92卷（1983）4号，页504–509。

辈的我感到由衷的喜悦。

本书的章节构成如下：

一、侵略朝鲜的序幕
二、第一次侵略朝鲜
　　第一章　初战胜利与秀吉的占领政策
　　第二章　日本军侵占朝鲜全境与朝鲜方面的抵抗
　　第三章　朝鲜海军与明朝的救援
三、日明媾和交涉与和谈破裂
　　第一章　媾和交涉
　　第二章　日本军驻留朝鲜
　　第三章　媾和交涉的决裂
四、第二次侵略朝鲜
　　第一章　第二次侵略的开始
　　第二章　日本军再次入侵朝鲜与其残虐行径
　　第三章　秀吉之死与日本军退出朝鲜
　　附史料：田尻鑑种《高丽日记》
　　附李朝官职表
　　后记关系年表、史料索引

本书标题中的"朝鲜日日记"，是指僧人庆念作为丰后臼杵城①城主太田一吉的僧医，在随军期间写的日记，内藤隽辅在《文禄庆长之役中的被掳人研究》（东大出版会，1979）一书中对其全文做了详细的注释和介绍。同时，藤木久志在《织田丰臣政权》（小学馆，1975）一书中题为"一向宗对侵略的加持"的内容中，也重点利用

---

① ［译注］今日本大分县臼杵市。

了该日记中的史料。《高丽日记》是锅岛直茂的家臣田尻鑑种撰写的从军日记，被作者北岛在佐贺县立图书馆发现，北岛在《历史评论》279号（1973）上发表相关论文，并在本书最后的附录中修订录入。另外，后记中记录了作者北岛因研究秀吉出兵朝鲜的历史而受到中村荣孝[①]知遇与赏识的因缘经纬。

然而，《高丽日记》写于文禄之役时期，《朝鲜日日记》写于庆长之役时期，虽然两部分史料都是记录武士和僧侣亲眼看见的情景，但对战局形势的个人见闻存在一定局限性，视野也难免有所偏颇。有鉴于此，作者还大量引用了其他材料以弥补不足，如：从军记、大名家的记录、各种回忆录、秀吉及他人颁布的政令文书、朝鲜与明朝方面的记录等等。由此造成本书标题与内容看似有所龃龉，这实属无奈，但也恰恰构成了本书的独特性。以下尝试围绕书中若干内容进行探讨。

在第一部分内容中，作者对比《西征日记》《朝鲜阵记》《李朝实录》《惩毖录》等日朝双方的历史文献，展现了天正二十年（1592年）四月在釜山城和东莱城的攻防战等第一次（文禄）出兵时的战况。作者以当事者的实际见闻为基础，从两个侧面描述史实，使读者能够沉浸其中，但在把握研究史的方式上难免存在罗列、平铺之嫌。

关于秀吉为何出兵的问题，将政策层面与心理层面的原因置于同样位置是不妥当的。即使针对前者，也有必要探讨一直以来被广泛提及的"勘合贸易复活说"和"对外领土扩张说"是否一定是非此即彼的唯一原因。抛开出兵朝鲜的问题就无法谈论丰臣政权，同样，仅仅通过分析朝鲜战争来讨论政权的性质特点，也行不通。

---

① ［译注］朝鲜史研究专家，历任日据时期朝鲜总督府朝鲜史编修会修史官、编修官、教学官等职务，1945年日本战败后回国，历任名古屋大学、天理大学教授，被誉为战后日本朝鲜史研究第一人。

如此就有必要明确，战前关于朝鲜战争的研究成果给如今的丰臣秀吉政权研究留下了哪些基础的和未完成的课题。

第二部分用几乎本书一半的篇幅，详细描述了文禄之役出兵的经过。作者通过呼吁朝鲜农民回到占领区居住的从军僧的记录，强调他们的作用和意义，同时记录了每场战斗的情形并给以战术分析，还交待了双方交涉的经过。朝鲜首都汉城府陷落后，日本企图抓住朝鲜国王，强迫其做征明先导。以此为开端，丰臣秀吉在朝鲜八道安排日本官员对朝鲜实行直接统治，确保战争所需的兵员和粮草，从而企图实现割据三国的计划。

同时，强制民众使用日本语的文化殖民政策，也说明秀吉的占领政策在于实现朝鲜的全面"日本化"，而出兵朝鲜是日本国内统一战争的延续。全罗道小早川隆景的部队，庆尚道毛利辉元的部队，都没有预料到会遭遇以义军为主体的朝鲜军的激烈抵抗并陷入苦战。强大的明朝援军与朝鲜海军切断了日军补给，随着这些战局的变化，和谈成为必然。针对以上相关史实，池内宏在《文禄庆长之役：别编第一》（东洋文库，1936年）一书中已有分析，作者北岛在涵盖这些内容的基础上，做了更为详细和清晰的描述。参谋本部编纂的《日本战史：朝鲜战役》（偕行社，1924）是从战略论立场出发的研究，没有批判地分析该书观点是本书的欠缺。

第三部分详细介绍碧蹄馆之战以后的种种事件，包括：明朝沈惟敬与小西行长推动的和谈交涉完全排除了当事国朝鲜一方，以致朝鲜坚决反对并主张继续战斗；明朝怀疑朝鲜与日本串通，朝鲜在牺牲本国民众的条件下调配粮草给远来的明朝军队，等等。这些事件体现出册封体制下宗主国明朝与宗属国朝鲜之间的矛盾。这些历史不为大众所熟知，虽然矢泽康祐在《壬辰倭乱与朝鲜》（《历史学研究》1977年度别册特集）一文中对这些均有所涉及，但对于读者而言，关于这部分内容的历史梳理依然构成本书亮点。

同时，本书还记述了丰臣秀吉向来日明使提出的和谈内容与停战条件，其中述及秀吉同时向前线部队布置攻打晋州城的攻略计划，企图以此筹码为和谈创造有利条件，从而实现让明朝和朝鲜方面同意割让南朝鲜四道给日本的构想。另外，书中也简要描述了内藤如安伪造关白降表，以及明朝册封使携带的诰敕令秀吉大怒这两个历史事件。

第四部分记述了由于伪造的和谈协议败露而引发秀吉第二次出兵朝鲜（庆长之役）之事。这次战争的目的在于夺取南朝鲜四道。日本兵将由于在国内受到"知行宛行状"的约束，[①] 而在境外作战时极其残虐，在朝鲜实施了切耳、割鼻等大量暴行。

另外，作为秀吉与诸大名把大批朝鲜工匠、织女、陶工强掳回日本的具体事例，书中详细介绍了被掳到岛津藩苗代川[②]的陶工，他们一边饱受民族迫害与生活的艰辛，一边传承本民族的祭祀、风俗及传统手工技艺的历史。从醍醐花宴到秀吉之死再到日本撤兵的这段历史，主要依照岛津家的史料展开叙述。

以上简单介绍了本书内容。本书的第一个特点在于，作者通过广泛搜集的史料确定史实，以史料为基准展开叙述。书中涉及内容详实广泛，在时间和空间上体现出扩展性，几乎看不到赘述重复的内容。作者精心梳理了东大史料编纂所、内阁文库、尊经阁文库等单位所藏文献资料，在此基础上成功地进行历史叙述。在对一手材料的审定方面，随处可见很多有意义的观点，如对《朝鲜国租税牒》（页106）的史料性质的确定。

第二个特点在于，对《李朝实录》《惩毖录》等国外史料的解读

---

① [译注]"知行宛行状"是一种主君对家臣颁发的文件，文件规定藩主应将一定粮食产量的土地作为俸禄分配给家臣，土地和在土地上生活的百姓由家臣支配统治，为家臣的私人财产。

② [译注]今日本鹿儿岛县东市来町美山地区。

更有深度。单方面考察国内史料难免会有所偏颇，唯有综合多方面的材料，方能深入了解事实细节和背后的关系。比如，日本军曾在大同江东侧植树，在树上挂好写给朝鲜方面的文书，文书中表明了在船上会谈的意图（页122）。此次会谈破裂对之后战局的发展有很大影响，这一点自不必言。近年来，朝鲜史学者贯井正之、中国史学者冈野昌子等专家对这一问题开展了很多有意义的讨论，也非常期待专攻外国史的各位同仁能够对本书提出积极的建议与意见。

第三个特点在于，本书细致探讨了地名考证、人名比定以及朝鲜官职制度上的难点。这方面的努力成果在前两个特点中也体现出来。通过这些努力，作者能够细致追寻历史事态，同时多角度地把握并分析史实。

本书副标题"秀吉的侵略朝鲜与历史的揭发"充分体现了作者的执笔意图，虽不能确定作者的想法，但他无疑是把对他国动用武力、企图夺取其领土的行为认定为侵略。然而，日本前近代社会的对外战争几乎全部如此，因此，一味强调侵略的激烈程度无法清晰呈现事件的历史性质，必须在丰臣政权的全过程中寻找对朝战争的历史定位。作者北岛的论文《丰臣政权论》（有斐阁《讲座日本近代史1》收录，1981）沿袭了学者朝尾直弘的观点，但内容与本书第三部分（日明媾和交涉与和谈破裂）重合，因此本书在政权论方面的研究尚未完结。本书作为专题研究无疑非常优秀，但也许在以上问题方面略有点美中不足。

举例而言，作者北岛认为，参加侵略朝鲜的日本武士和僧侣思想中渗透了一种神国意识，这也是丰臣秀吉在放逐基督教传教士时强调的"日本乃神国"的基本论调，这种神国意识具体体现在初战胜利后对神功皇后"征伐"新罗传说的重温中（页65）。作者没有充分把握当时神国意识的内容与性质，便简单得出结论，这一做法非常危险。围绕这种神国意识，作者认为日本人传统的排外思想与朝鲜蔑视观驱动了日本军队在朝鲜的残虐行径，这种结论值得商榷。学者高桥公明在《通过外交礼仪看室町时代的日朝关系》(《史学杂志》91编8号，1982)一文中，充分论证了将朝鲜视为大国的观念在当时的日本广泛存在。

  史料方面的旁征博引是本书一大特点，但将各种性质不同的史料等同视之，则表现出史料甄别与批判方面的有所欠缺。尤其是本书后半部分多次引述《甫庵太阁记》的内容。众所周知，《甫庵太阁记》中的史料很多都经过了作者小濑甫庵的篡改和润色，且收录有明显的伪文书，因此若不先与其他史料对比获得确证，是不能轻易使用的。

  例如，在日明和谈交涉中，秀吉于文禄二年（1593年）六月廿八日提出七项条件，这在《续善邻国宝记》(《改订史籍集览》第二十一册）中也有收录，因此似乎是确定无疑的史实。但是，如果秀吉真的向石田三成等四名日方主要谈判人交待了具体的议和条件，那就断然不会以汉文体的文字格式书写。该文书为何会有别于通常秀吉颁发的朱印状呢？《甫庵太阁记》成书于宽永初年，而《续善邻国宝记》中还收录了之后万治三年的外交文书，说明后者的成书时间远远晚于前者，因此后者转写前者内容的可能性很大。

  本书的旁注非常详细，但是也存在若干疑点。例如，书中引用《面高连长坊日记》叙述庆长二年岛津氏部队在忠清道的活动时，用"さるみ"指称朝鲜人。韩国学者琴秉洞在《耳塚》(二月社，1978年)一书中也引用了该日记，指出"さるみ"来自朝鲜语"사람"（人），指一般人和下级兵士（页43）。作者北岛的依据很可能来源于此。

  但是，该日记中一般用"唐人"指称朝鲜人，出现"さるみ"一词时，似乎专指朝鲜民众当中聚集在山上的人，如"山上有さるみ数百人下山""上官抓获众多さるみ下山"。从日本方面来看，"さるみ"主要指逃亡百姓中，在同年九月颁布的号召回到原有土地上

生活的告示中所针对的流民，以及蜂起于山谷之间的义兵主体。因此，在攻城等描述中没有出现过"さるみ"一词。

另外，还有若干细节之处存在问题。例如，将原本作者不详的《九州御动座记》（页25）标注成大村由己著；在《韩阵文书》的旁注（页112）中，将驹井中务少辅错误地标注为驹井益庵，该日记的作者应为驹井重胜，与益庵宗甫不是同一人。这一经常出现的错误来自对《驹井日记》的误读造成的混淆。此外还有很多笔者有心指正之处，但考虑到作者可能会在第二版重印时进行修订，特此按下不表。

以上不顾失礼之虞，心随笔至，随思而写。丰臣秀吉以朝鲜和明朝为对象发动的这场长达七年之久的对外侵略战争，由于也征发了日本国内大量普通民众，无疑给人民带来了巨大的牺牲和苦难。本书详细记述和梳理战争过程，为研究史掀开了新的一页。深入探讨本书中的诸多论点，将会不断丰富并完善关于丰臣秀吉政权的研究。

日本德川时代的世界史
——腓力二世与丰臣秀吉

速水融（Akira Hayami） 撰

暴凤明 译

本文在1984年6月16日庆应大学经济学会的演讲报告《德川时代日本的世界史》基础上修改而成。演讲原稿吸收借鉴了国内外诸多先行研究成果，笔者从中得到很大启发，本应将其全部注明，但由于篇幅所限，本文只列出最重要的参考成果。本文的核心观点在与同僚田代和生助教授、美国伊利诺伊大学托比（Ronald Toby）教授、英国圣安德鲁斯大学帕克（Geoffrey Parker）教授的探讨中形成。当然，文中的谬误与不妥之处，责任在己。

引 言

本文尝试在东北亚史乃至世界史的框架内把握日本德川时代的形成史。笔者之所以敢于冒险进行如此尝试，不仅是因为这项工作具有一定的必要性，还因为至今尚无人尝试在当时的国际关系中审视德川时代日本独特社会的形成。同时，包括笔者在内的以日本德川时代为研究对象的研究者，对于当时日本社会形成的国际契机从未给予足够的关注与思考。①

但是，本文展开的论述并非全部经过实证，在现阶段还仅是假设性试论。另外，笔者只研究过已经形成的德川时代日本的内部构造，论及其形成过程却是门外汉。因此，本文中没有新的史实发现。相关史料都是前辈学者的发现成果。笔者的目标在于从诸多史实中梳理出其中的关联，找出一直以来被忽视问题的解决线索。

那么，关于笔者思考的德川时代日本的性格这个问题，如果将其过于简单地归结为某几点，就意味着从一开始便犯了原则性错误。但是，仍然有必要将一些必须指出的事实明示在先。

首先，德川时代的日本基本上以农业社会为基础而建立，社会对商业贸易的依赖度不高。当然，这并不是否定或轻视当时的国内商业和海外贸易，在一定程度上这只是对当时领主制内商业活动的定位。现在的研究已经充分说明，当时日本的海外贸易活动远远超过之前的想象，特别是17世纪，以贵金属出口及生丝、绢制品等商品进口为中心的贸易活动，在长崎港口非常活跃，同时，对马与朝鲜、萨摩与琉球之间的贸易活动也同样活跃。②

尽管事实上已经出现了发达的商业与广泛的贸易活动，但幕府和地方大名稳定、长期的财政来源依然是对农民收取的农业收入，对商人只征收临时商业赋税。以往的研究经常将这一现象的原因归结于士农工商的身份制度，抑或儒教"贵谷贱金"的思想，但这种

---

① 当然，类似的讨论并非完全没有。尤其是最近，将德川幕府的成立与锁国体制的建立结合起来思考的讨论越来越多。比如，加藤荣一、山田忠雄编，《锁国》（讲座日本近世史2），有斐阁，1981。

② 例如对马藩与朝鲜之间的贸易活动虽然时间不长，但白银出口量一度超过长崎。详见田代和生，《近世日朝通交贸易史研究》，创文社，1981，页270。

理由足够充分吗？陷入财政危机的幕府诸藩究竟为何不向商人和日益繁荣的商业活动征收赋税呢？

第二，今天被称为"日本传统价值"以及植根于此形成的诸多表面文化形态，如果追本溯源，或许可以追溯到日本久远的历史。但是，从一般化、大众化的角度而言，一切皆始于德川时代。正是德川时代那种不同于之前任何时代的 mentalité [精神气质]型塑了今天的日本人。随着社会的世俗性增强，政治价值和经济价值不断分化，可以同时跨越政治和经济双方的权力者也逐渐消失，大众文化取代了精英文化，迎来了世俗文化的兴盛期。社会形成了一种充满活力的动态性格，即在表面原则背后，各个社会集团和阶层基于固有的价值观形成了一定的社会秩序，在这一过程中诞生的庞大的中产阶层具有一定的社会流动性。

第三，德川时代日本的各种制度已经脱离了来自中国的直接影响。当然，相对而言，德川时代日本受西洋的影响更少。日本文化与社会在这一时期形成了纯粹的"日本式个性"。丰臣秀吉统一天下时建立的诸项制度被德川政权继承，尤其是"石高制"这一绝无仅有的制度打造了总体社会制度的基础。①

重要的是，至少在德川时代初期，幕府对这一制度非常自信，

---

① [译注] 对大名和武士而言，"石高"是授受封地（或禄米）以及承担军役的基准，即石高知行制（"知行"原义为行政管理，后转为封地制或与之相当的俸禄）或石高知行军役制（如每百石出军役5人）。对农民而言，"石高"则是农民持有（不是私有、无所有权）份地（不是封地）数量以及承担赋税的基准。通过检地，每村建立土地清册，按"一地一农"原则，登录实际耕种者即年贡负担者的名字（称"名请人"，即"本百姓"），由此确立领主制下的单婚小家庭耕作体制，其耕作面积一般不超过1町步。领主直接向农民（本百姓、高持百姓）或以村为单位（称"村高"），按"二公一民"或"三公二民"的比例征收年贡，排除"庄园制"时代复杂的中间盘剥，否定家臣或地方豪族（地侍、有力名主、大百姓等）的土地所有权及其奴役农民并征收实物等权力，推进由地方官吏管辖的村落制度。

将其视为一种精巧的社会统治制度。长达二百多年的德川大一统时代（Pax Tokugawa）正是在这种制度自信的支撑下得以维持，没有发生任何社会变革，直至 19 世纪中叶与经历了工业革命、拥有强大军事实力和经济实力的欧美强国相遇。

拥有如此特征的德川时代的日本，继承了丰臣秀吉政权的主要制度。从丰臣政权到德川政权的政权交替过程中，虽然发生了一时的混乱，但是丰臣秀吉政权时代形成的可以确保社会稳定的制度条件已被德川幕府继承，因此短暂的混乱并没有给社会造成巨大影响。

当时确保社会稳定的条件主要有两个。第一，国内条件。确立石高制，太阁检地的意义恰恰体现在使石高制的实施成为可能。① 第二，国际关系。从前所未有的海外贸易到所谓的"锁国"。这段时期，日本与其他国家构成的国际外交关系发生了急遽的变化，日本最终脱离了中国主导的"中华世界秩序"（Chinese World Order）。在同时期扩张进入亚洲的西方势力中，日本仅保留了与荷兰的交往，而拒绝与同一个国王统治下的西班牙和葡萄牙交往。与李氏朝鲜和琉球王国建立外交关系。虽然范围很小，但也建立起了"日本世界秩序"（Japanese World Order）。② 与此同时，在中国大陆上，清朝取代了明

---

① 自从关于太阁检地和石高制之间关系的"太阁检地论争"以来，已有大量研究成果。笔者认为，太阁检地与江户初期的检地，首要目标在于实现对作为行政单位的"村"的石高测定，并没有划定通常所谓的农民对特定土地的所有权和耕作权。但这仅仅是检地实施时施行者的主观意志，同时不可否认的是，将检地结果记录成册的"检地账"，可以作为了解当时土地所有状态的史料。详见速水融，《日本经济社会的展开》，庆应通信，1973，页 76-80。

② "日本世界秩序"通常也被称为"日本的华夷秩序"。它与中国主导的华夷秩序的本质不同在于，日本华夷秩序的存在无法脱离原来中国主导的华夷秩序。从中国的角度来看，以日本为中心的"华夷秩序"是否成立，根本不是问题。但是，日本如果没有意识到中国的华夷秩序，至少在中日甲午战争之前，是不可能建立独立的"华夷秩序"的。在这种情况下，笔者担心使用"华夷秩序"会产生概念分歧，因此使用"日本世界秩序"一词。

朝，建立起非汉民族王朝，东北亚地区的形势发生了很大变化。

本文将聚焦于第二个问题，将德川时代日本的形成置于当时的国际局势中来考察分析。

一 16世纪的东北亚世界

16世纪的东北亚世界（包括日本、琉球、朝鲜和中国在内的地理范畴）不同于以往的历史，各种势力兴起勃发，彼此冲突碰撞，呈现出复杂多变的形势。主要情况列举如下。

倭　寇

早自14世纪开始，海盗在朝鲜半岛、中国东海沿岸肆虐，这意味着维持海域和平的政治权力已经衰退。站在日本的角度而言，这一作为日本走向海外的起点具有很强的国际影响力。首先，它导致了朝鲜半岛高丽王朝到李氏王朝的朝代更替。其次，明朝命令日本清除海盗，而足利政权无法应对，最终两国断交。之后，直到1871年明治政府与清朝政府缔结修好条约为止，在三百多年的时间里，日本与中国大陆之间不存在任何外交关系。从以上意义而言，倭寇是东北亚历史上十分值得关注的问题。

日本人的海外扩张

倭寇肆虐是受利益驱使，如果受到侵害的国家加强海防，并实施怀柔政策，很快便可以将海盗活动转化为和平通商。如同欧洲历史上的维京海盗，这种转化的速度非常快。朝鲜给予海盗一定的合法身份，过去的海盗旋即转变为"体制内"商人，朝着拥有贸易特权的集团化方向发展。他们在朝鲜半岛南岸的居留地得到政府认可，遂以此为根据地开展贸易经营。然而，在中国大陆沿岸并没有看到这样的结果，因此倭寇活动长期存在。但正如"假倭"一词所示，16世纪海盗活动的主体早已不再是日本人了。

在这种情况下，日本人的海外扩张越过了中国沿岸，向东南亚地区发展。从印尼半岛到泰国、马来半岛、印度尼西亚、菲律宾等地区有很多日本人聚集的"日本城"。甚至有国家聘请日本人作雇佣兵。如此积极的海外扩张是日本有史以来的首次。

有观点认为，一直被称为"入超"的日本国际关系就此转变为"出超"的国际关系。重要的是，这些海外扩张并没有伴随着国家保护和军事侵略，也没有任何宗教狂热，而完全是以世俗的商业目的为主导。丰臣秀吉建立起朱印船贸易制度，国家开始了一定规模的海外贸易活动，[①]这在16世纪以前的日本人看来难以想象。在此之前，日本人只有凭借私人的力量跨海远航，才可以与他国商人进行商业贸易活动。

琉球王国的建立与发展

15世纪中山王朝统一琉球王国。琉球是联结东南亚和东北亚的战略要地，具有重要的地缘政治意义。两地区频繁的商业活动迎来了"大航海时代"。但是，随着17世纪初期岛津氏的侵略，琉球彻底沦为日本的朝贡国，商业活动停止了。由于在海外贸易中琉球不是自产商品出口国，而是第三方贸易中转国，因此一旦有强有力的竞争对手出现，贸易结构的弱点便暴露无遗。

---

① 有观点认为朱印船贸易制度始于德川家康（参考中田易直，《近世对外关系史研究》，吉川弘文馆，1984，第一章和第二章，页105-201），这种观点批判了朱印船贸易制度始于丰臣秀吉的传统说法。目前两种观点正在争论过程中，本文沿用岩生成一教授的观点。

日本国内的统一

简言之，日本以独立的国家形成原理构建了统一的国家。当然，统一之前也经历了漫长的混乱和战争时期。最终，在织田信长、丰臣秀吉和德川家康的努力下，日本实现了国家的统一，同时不得不与此时扩张进入亚洲的欧洲势力之间保持某种形式的关系。后面的章节会探讨这一过程，在此仅简单介绍国内统一的原理。

第一，日本独特的国家制度基于石高制。石高制通过检地，将各个村庄的平均大米产量换算成容积数值，这在其他亚洲各国和欧洲各国中是前所未有的做法。所有的耕地都是检地对象。根据田地的种类和级别测定产量，可以称之为日本最初的一种"国民收入所得调查"。

石高制度具有双重性质，一方面是确定领主间主从关系的原理，另一方面也是领主对领地征收年贡赋税的标准。就前者而言，石高大小决定了统治区域的大小和排名等级先后，只要石高值一样，则领主不必固定在某一地域，他可以成为任何相同石高地域的地方统治者。虽然移封的情况并不经常出现，但领主与领地之间的关系并不固定，而是以石高值来决定的关系。因此，领主与某一特定统治区域之间的关系非常脆弱，只是一种体现工资量级的关系。这一点江户时代的人已经意识到，因此经常可以看到"……是我们当前的国主"之类的表达。有鉴于此，笔者反对将德川时代日本的领主制等同于欧洲封建制（feudalism），反对用欧洲史概念中的"封建制"社会来理解德川时代的日本。①

---

① 如今将江户时代描述为"封建社会"已近乎一种常识。但彼时的"封建社会"既不是古代中国由郡县制所代表的封建制，也不是赖山阳解释日本史时理解的封建制（以镰仓幕府成立为开端），而很明显是将西洋史的概念植入了日本史。笔者自身也曾经使用西洋史中的封建制概念来理解日本史，但经过仔细思考，我认为没有经过充分的比较探讨便将两种社会制度冠以同一称呼，只会造成理解上的混乱。更过分的例子当属"庄园制"概念。

第二，就与农村的关系而言，如果包括农业生产和农业外生产在内的全部农村生产总量没有扩大，那么，与之前一直以来基于租庸调体系的"古代中国的纳贡制度"或者与之关系密切的基于中世农作物生产的庄园年贡制度相比，石高制这种年贡征收方式更有利于领主确保稳定年贡收入。但是，实际上，日本德川时代是前工业化社会中非常罕见的生产总量扩大的时期，石高制具有无法灵活应对此现象的结构性缺陷，因此，江户时代是一个社会与经济充满变革与活力的时代。

第三，新成立国家的另一个特征是浓重的军事主义性格。这是不争的事实。织田信长成功地结合了步枪阵法的战术堪称世界第一，① 在实战中打败了一个个战国名将。之后的丰臣秀吉和德川家康也充分认识到步枪的威力，积极用于进攻和防御作战，形成了完全不同以往的军事作战编制。实际上，三人在统一日本的过程中取得军事成功的根本原因正在于此。

伴随着国家的统一，日本成为东北亚地区军事实力最强的国家（仅限于陆上兵力）。丰臣秀吉侵略朝鲜，梦想建立一个囊括从中国大陆到菲律宾的"世界秩序"，这虽然只能称为"有勇无谋"，但其企图背后是以国内强大的军事实力为支撑的。然而问题在于，在长达二百多年的德川大一统时代中，这种拥有鲜明军事主义性格的政治权力被德川时代的日本继承。作为政治权力主导者的幕府和大名，其人员构成经历了从战时体制过渡到和平年代的社会转变。和平时期不再需要庞大的军事人员，幕府和大名都为庞大的"人员费"支出而苦恼。

---

① 在长篠之战（1575）中，织田信长使用三排步枪射击的阵法取得胜利，成为当时最有效果的火绳枪阵法。即使是火绳枪发达的欧洲，真正采用与之相匹敌的作战方法，也是在数十年之后的"三十年战争"（1618-1648）中（帕克教授的观点）。

内战期间，胜利者可以通过夺取对方的土地和财富来解决这一问题，失败者则会自行消亡，丧失一切，不会产生这样的问题。但是，国内统一之后，进入德川大一统时代，国内不再有可以夺取的土地，幕府和领主必须自掏腰包给庞大的家臣团发放俸禄。这笔财政支出依然以自给自足的农业经济为基础。德川时代，政府的行政组织效率低下，充满大量繁杂的手续往来和仪式典礼的准备工作，政府对这些工作的要求很高，对地方大名出现的差错极不宽容。一方面意在驱使已经人浮于事的家臣工作起来，另一方面也可以通过对犯错者实施流放等处罚，合理合法地削减家臣数量。但是，根据明治初年的统计，华族和士族的人数是全国人口的7%，如果加上当时没有被认同为士族的最下级武士在内，全部武士人数高达总人口的10%以上。这一庞大的数字，对于幕府和诸多地方大名来说，构成了最大的财政负担。

第四，与其农业化经济基础相反，德川时代的日本是一个前所未有的城市化时代。全国有二百余个城下町，还出现了城下町两倍数量的宿场町、港町、矿山町、市场町、门前町等。城市化发展使德川时代的日本较之前时代的面貌相比变得焕然一新，幕末维新期的城市人口占比高达15%以上，日本成为前工业化社会中拥有超高城市人口比例的国家。可是在当时的农业经济基础和社会制度原则的条件下，很难实现如此大规模的城市化发展。因为法律规定农民只能为了交纳年贡和自给自足的生活而种植和生产农产品，农民被禁止贩卖收获的农作物，也禁止离开土地进入城市。

然而，假如严格实施法律，领主对违法者严惩不贷的话，那么，超过100万人口的江户，拥有40至50万人口的京都、大阪等大都市，究竟又是如何形成的呢？一般而言，前工业化时代城市人口的扩大再生产是消极的，如果没有农村人口的涌入，甚至很难维持人口平衡。在江户时代前半期急速的城市化发展过程中，可以看到大量农村人口涌入城市的事实，这说明当时农民并没有被束缚在土地上。

正如前文所述，如果按照这一时期领主的意识形态来理解，农业是国家财富的源泉，商业只起到移动货物的作用，而不产生任何价值。因此，对于领主而言，城市化并不是一件好事，商人要兴旺，只能通过以税收的方式使其行为正当化，除此之外别无他法。然而，事实与领主的想法正好相反，商业和商人恰恰是实现日本有史以来最大发展的动力和因素。因为原本江户时代的城市化起始于领主征收年贡统一时以大米和货币结算。大部分大米被卖掉，换成货币，领主用这些货币从商人手中购入日常生活必需品。

因此，引领这一时期城市化浪潮的城下町发展具有一种启动泵式的助推性质，促使商品经济网络覆盖全国。在这样的情况下，城市的兴起是一种必然结果，从而与以农业为主的社会基本经济制度大相径庭。幕末期间，随着领主阶层的年贡征缴能力下降，城下町人口开始减少，这一现象是一种反证。但是，由于其他地方城市的发展已经比较稳定，因此城下町人口减少并不足以说明全国范围内城市化的全面衰退。

综上所述，日本的国家统一有别于东北亚传统，它是基于新原理而形成新型国家。国家具有一种非常世俗的性格，恰恰正是这种性格催化了商业经济活力。但另一方面，作为代价，日本也失去了一些东西，比如在对外关系中的中日关系、国内先进的精英文化和崇高的宗教信仰等。

欧洲势力的扩张

这方面内容在后文章节中会有详细分析，在此仅简单概述。迎来"大航海时代"之后，欧洲各国开始积极向海外扩张。东北亚是距离欧洲最远的地方,西方势力于1520年第一次出现在东北亚海域,并于1540年意外地实现了与日本的第一次接触。之后,日本作为基督教传教地和具备良好条件的贸易国,成为西方势力眼中扩张进入亚洲的重要目标。16世纪后半叶开始,以传教和海外贸易为动机的葡萄牙,以及与葡萄牙王室关系密切的耶稣会,开始积极在日本开展活动。

16世纪末与西班牙王室关系密切的方济各会、多明我会也纷纷开展对日传教活动。进入17世纪,非天主教国家的荷兰和英格兰也加入其中,形成了这一时期以日本为首的东北亚地区与欧洲之间复杂的关系。欧洲和亚洲的国家都处于各自的历史转型期,处在哪一个具体阶段、与什么样的国家相遇都将导致历史呈现出很大的不同,因此,这段时期东西方"遭遇"的形式和影响颇具多样性。其中涉及日本的内容笔者将在后文论述。

丰臣秀吉的侵略朝鲜

普遍认为,关于丰臣秀吉侵略朝鲜这一决策,其直接原因很难找到合理化解释。学者往往将其归结于丰臣秀吉的个人妄想。但是,笔者认为应当在下述语境中把握这一事件。日本数千年来一直作为"中华世界秩序"中的一员,偏安东北亚一隅,直至16世纪末才以独特的国家体制完成了国家统一,这正是日本挑战"中华世界秩序"的开始。

丰臣秀吉意图构建的世界秩序包含朝鲜半岛,并跨越中国大陆和菲律宾。侵略朝鲜对于丰臣秀吉来说,只不过是构建世界秩序的一个开端而已。来自汉民族以外的民族对"中华世界秩序"的挑战屡有发生,也曾经建立起多个非汉民族的王朝,但是,来自大陆外的挑战却是第一次。

当然，面对如此广袤的战场，日本军事力量中存在着海军无法全面支援掩护陆军的弱点，这种有勇无谋的挑战不可能成功。随着丰臣秀吉的去世，侵略朝鲜的战争宣告终结。但是，战争无疑给东北亚地区造成了巨大影响。首先，侵略战争给日本丰臣政权造成了致命伤，导致没有派兵征伐朝鲜的德川氏成功继承了丰臣秀吉的权力。直接蒙受战火苦难的朝鲜，之后作为具有强烈儒教意识形态的国家，采取了比日本"锁国"更加严格的限制对外交往的政策，并一直延续到19世纪。

中国（明朝）应朝贡国之一的李氏朝鲜的请求出兵参战，大大加重了中国国内的财政负担，致使北部边防松弛，北京政府进一步面临盘踞在满洲地区的女真族的威胁。努尔哈赤统一女真各部族，臣服朝鲜，攻克蒙古，攻陷了明朝首都北京，最终取代明朝，建立清朝——虽然此时距离之后将中国大陆全境纳入统治范畴还有数十年时间。

因此，一旦站在王朝更替的角度思考丰臣秀吉侵略朝鲜的意义，便可以发现该事件对中国明朝造成的影响非常大。如果丰臣秀吉没有出兵，明朝或许可以对努尔哈赤的入侵做到防患于未然。由于清朝是一个非汉民族政权建立的王朝，所以在19世纪与业已完成工业革命的欧美列强遭遇时，国家的向心力与认同感显得非常弱。这场王朝更替对东北亚近代史造成了决定性的影响。

俄罗斯势力的扩张

一直到16世纪中期为止，俄罗斯帝国都还是以莫斯科为中心的小公国，但在突破"蒙古人的枷锁"（Tataro–Mongol Yoke）之后，它开始积极向外扩张。俄罗斯很快向东跨过乌拉尔山脉，穿越西伯利亚的荒野，在短短五十年间便出现在东北亚地区。由于当时西欧宫廷贵族喜欢皮草，斯拉夫人就没有进行农业移民，而是征服了当地狩猎民族的原住民，与其建立贸易关系，低价购入皮草，再高价卖到西欧市场，俄罗斯王室从中获取了巨大的经济利益。

这一时期，俄罗斯与日本没有直接交往，但从17世纪上半叶开始不断与清朝军队和朝鲜军队发生军事冲突。这种不稳定的状态一直持续到1689年俄国与清朝签订《尼布楚条约》，确定两国边界为止。扩张到东北亚地区的斯拉夫势力继续追逐皮草贸易的利益，穿越白令海峡，进入阿拉斯加，最远到达加利福尼亚北部。

日本的领土划定

德川时代虽然处于"锁国"状态下，但并非没有向海外发展。关于"锁国"，本文将专设章节进行考察，在此仅对日本领土的划定进行概述。

北方（虾夷地区①）扩张　日本确立了对今天北海道地区的主权，但是牺牲了原住民阿伊努族。如果江户时代日本没有占据虾夷地区的话，该地区一定会成为俄国领土。庆幸的是，俄罗斯经过北方继续向阿拉斯加扩张，一直到18世纪末期，两国之间并没有发生冲突，甚至不曾有过直接接触。但是，日本没有完全控制千岛、库页岛，尽管它也包含在虾夷地区内。日本和俄国各自都声称对该区域拥有主权，直至今日，两国间就这一地区的领土问题依然争论不休。

南方扩张　德川家康向琉球遣使修好，遭到拒绝后于1609年下令大名岛津氏对琉球进行军事征讨。于是，琉球王国将日本和中国同时作为自己的宗主国。明治政府成立伊始，便主张琉球完全属于

---

① ［译注］今北海道地区。

日本领土，切断琉球与清朝的关系，实施所谓的"琉球处分"。[①] 姑且不对这种行为作伦理判断，正是由于德川初期的这场侵略，当时各国（当然不包括清朝）才不得不承认日本对琉球拥有主权。

小笠原群岛在德川时代被日本人发现，并作为日本领土正式入册。因此19世纪后半叶，即使出现了从欧美国家来此的定居者，小笠原群岛依然被认定为日本领土。

关于日本海上的郁陵岛的归属问题，德川幕府和李朝政府之间的谈判并未达成协议。1693年德川幕府下令禁止日本人渡海离岛，同时将禁止登岛令传达给朝鲜方面。

综上所述，现在的日本领土（日本的地理范围）是在江户时代大体确定的，"锁国"并不意味着对外关系的全部丧失，这一点必须明确。

二 欧洲势力的扩张

关于这一时期欧洲与亚洲以及与日本接触和交流，相关文献多不胜数。本文只围绕与主旨相关的史实和解释展开深入探讨。

在欧洲人看来，东北亚地区是世界上最远的地方，多数欧洲人并不曾带着特定的目的来东北亚。但是，15世纪末，伴随着大航海时代的到来，首先来到印度的葡萄牙船队，于1510年代到达欧洲人当时梦寐以求的东洋特产——以胡椒为首的各种香料的主产地摩鹿加群岛，开辟了直接连接亚洲与欧洲的航路，世界结构为之改变。

[①] ［译注］"琉球处分"是学者用来概括日本吞并琉球的一系列政策及过程的用语。日本学者金城正笃在《琉球处分论》中用该术语来表述明治政府主导的将冲绳强行并入日本的一系列政治过程。这个过程从1872年"琉球藩"的设立开始，到1879年设置"冲绳县"及翌年发生"分岛问题"结束，前后长达九年。这一时期在冲绳近代史上被称为"琉球处分"时期。

在东北亚地区，1520年代葡萄牙商人来到中国南部沿岸，开始象牙等商品的贸易活动。1521年麦哲伦船队在西班牙王室的支持下，横跨大西洋和太平洋来到菲律宾，之后数名船员成功返回伊比利亚，完成了世上首次环球航行。

众所周知，15、16世纪时伊比利亚势力即葡萄牙、西班牙在世界范围内扩张，其意义不仅在于追逐贸易利润，更在于向世界传播天主教信仰。两个动机恰如车的两个轮子，难以分割。古罗马时代，基督教进入伊比利亚半岛，但8世纪初这里又被伊斯兰势力占领。后经十字军的收复失地运动，基督教势力重新进入伊比利亚半岛，伊斯兰势力衰退。同样是在哥伦布抵达新大陆的1492年，伊斯兰最后的据点格拉纳达陷落，伊斯兰势力至此被彻底清出伊比利亚半岛。

在向外扩张的过程中，伊比利亚半岛体现出基督教收复被异教徒占领的失地的自信，罗马教宗也非常支持这支成功的十字军。因此，海外扩张的动机很大一部分在于传教，同时也是为了推广海外贸易，特别是与亚洲开展贸易，从中获利。在这种情况下，为了宣教而清除各种障碍的行为成为"圣战"，征服异教徒控制地域的行为也得以正当化。

西班牙和葡萄牙在海外扩张过程中彼此发展成潜在的竞争对手。因此，在哥伦布发现新大陆后不久，罗马教宗便提议划定两国的传教范围。1494年西、葡两国在教宗亚历山大十六世的调解下签订了《托尔德西利亚斯条约》，以佛得角以西370里格[①]横贯南北划定分界线，西归西班牙，东归葡萄牙。这一协定事实上是一个界定并分割殖民地的协定。

分界线的划定，使两国在基督教世界获得了在各自区域内进行海外扩张的正当性。西班牙在美洲新大陆征服了当地的原住民，以

---

① ［译注］legua，里格，西班牙、葡萄牙的长度单位。

他们没有天主教化为理由，掠夺大量金银财宝，甚至破坏当地文明。16世纪中叶，西班牙又在波托西①和墨西哥当地发现了丰富的银矿山，开始征用当地廉价的原住民劳动力开采银矿。大量白银流入欧洲，引发了16世纪的价格革命。②

向东扩张的葡萄牙，由于人口较少无法向海外大量派兵，但在果阿③、马六甲等地建设要塞城市，集结优势海军力量急速向亚洲扩张。不久以后，曾经在生产地和销售地价格相差百倍的胡椒，就可以直接运回里斯本，再经安特卫普④销往欧洲各地。这种贸易以王室垄断的形式运营，给葡萄牙王室带来了巨大的利益。曼努埃尔时代以及之后的约半个世纪，是葡萄牙经济和文化繁荣的高潮期。在《托尔德西利亚斯条约》的影响下，西班牙和葡萄牙两国在亚洲、非洲和美洲新大陆（今天的巴西）广泛地开展殖民活动。

1521年，麦哲伦在西班牙王室的支持下进行了沿西行航路到达亚洲的尝试，虽然期间包括麦哲伦本人在内的大部分船员丧生，但最终还剩一些船员经由印度洋成功返回西班牙。人类通过自身的经验证明了地球是圆的，于是，西班牙和葡萄牙在东半球势力范围的分割成为首要议题。1529年两国签订《萨拉戈萨条约》（以摩鹿加群岛以东297.5里格为分界线），表面上重新确定了各自的势力范围。

---

① ［译注］Potosi，玻利维亚南部波托西省，世界著名银矿所在地。

② 关于16世纪欧洲价格革命的原因有很多说法，其中以古典学说"货币数量论"最为有名。这种观点认为，美洲新大陆的金银涌入欧洲，造成通货发行量增大。这种说法后来被"人口增长论"所取代，后者认为欧洲价格革命的原因是16世纪欧洲人口的大幅增长。最近有人从不同角度对美洲新大陆涌入的金银进行评价，在学界引起了很大的争议。详见 Dennis O. Flynn, "Fiscal Crisis and the Decline of Spain (Castile)," *Journal of Economic History*, Vol. XLII, No.1, 1982, pp.139-147。

③ ［译注］Goa，印度西岸果阿邦。

④ ［译注］Antwerpen，比利时商业港口城市安特卫普。

但这只是葡萄牙方面的解释。在西班牙方面看来,东半球的分界线应按照《托尔德西利亚斯条约》的规定,贯穿马六甲,甚至连澳门都应归属于西班牙势力范畴。[①] 如果西班牙严格遵守《萨拉戈萨条约》的分界线,那么,西班牙王室支持的麦哲伦船队到达的菲律宾就属于分界线东侧,西班牙将丧失对菲律宾的殖民权。此外,菲律宾距离欧洲本土太远,总督拥有强大的自治权,因此东半球的划分不如西半球严格精确。但是,恰恰这种情况对日后的日本历史产生了一定的影响。

然而,当时的葡萄牙满足于香料贸易的巨大利润,没有进一步向亚洲扩张。而西班牙在中南美洲掠夺了大量金银财宝,也没有向亚洲扩张的意图。不完善的《萨拉戈萨条约》暂时成了"一纸空谈"。另外,当时欧洲其他国家也都各自忙着解决宗教纷争带来的种种国内问题,无暇顾及欧洲以外的地区,有精力进行海外扩张的就只有伊比利亚半岛的两个天主教国家。因此,这一时期在东亚地区的欧洲人活动被葡萄牙人以及与耶稣会有关的人员所垄断。

1560年之后,这种平衡状态随着西班牙开始开发和经营亚洲地区而发生了变化。西班牙开辟了太平洋航路,并于1578年修建要塞城市马尼拉,之后几乎控制了菲律宾全境,大量开展贸易和传教活动。不过,西班牙和菲律宾并非直接联系,而是通过"新西班牙总督辖区"(今天的墨西哥)作为中转。给马尼拉总督下达命令的回信要两次跨越大西洋和太平洋,耗时两年以上,这令事必躬亲的腓力二世非常焦躁。[②] 1545年波托西银矿山的发现,1548年萨卡特卡

[①] 关于东半球分界线以及《萨拉戈萨条约》的内容,详见高濑弘一郎,《基督教时代的研究》,岩波书店,1977,第一章,页3–38。

[②] 从马德里到马尼拉的书信即便单程,最短也要耗时一年。详见 Geoffrey Parker, *Philip II*. Boston. 1978, p. 25。

斯①银矿山的发现，以及 1571 年汞齐精炼法的使用，使美洲新大陆可以开采提炼大量的白银。于是，阿卡普尔科（今天的墨西哥）马尼拉大帆船不必再经由欧洲，而可以沿着墨西哥和菲律宾航路，把墨西哥的白银直接运到亚洲。②

葡萄牙由于国王塞巴斯蒂安一世突然去世（1578 年在摩洛哥马哈赞河之战中失踪），出现了王位继承危机，西班牙趁机进攻葡萄牙。葡萄牙战败，宣布拥戴西班牙腓力二世兼任葡萄牙国王。虽然这并非意味着葡萄牙丧失了独立的主权，但是葡萄牙必然顺从西班牙的国家意志和政策主张。

腓力二世治下的西班牙王国控制了伊比利亚半岛全境、低地国家、意大利南部、法国北部部分地区和意大利北部部分地区，欧洲以外地区还包括北非地中海沿岸地区、中南美地区、菲律宾，以及亚洲和非洲的葡萄牙殖民地。西班牙的同盟国包括萨伏伊、阿尔萨斯、奥地利、匈牙利、西里西亚、波希米亚。1571 年，西班牙在勒班陀战役中取胜，控制了整个地中海的制海权，成为有史以来世上最大的帝国。

但是，16 世纪末，在反抗天主教最激烈的低地国家出现了北部独立运动。1588 年，号称"无敌舰队"的西班牙海军败北，成为西班牙由盛入衰的转折点。解决了国内问题、开始追逐海外贸易利益的荷兰和英格兰登上历史舞台，打破了伊比利亚天主教势力在欧洲海外扩张活动中的垄断地位。

新崛起的荷兰和英格兰向海外扩张的目的完全在于攫取经济利益，与西班牙、葡萄牙相比，这两国更加迅速高效地扩大商业贸

---

① ［译注］Zacatecas，萨卡特卡斯，墨西哥中北部。
② 关于阿卡普尔科与马尼拉（或澳门）之间的贸易情况，请参考 William S. Atwell, "International Bullion Flows and the Chinese Economy Circa 1530-1650," *Past & Present*. No. 95, 1982, p. 68-90。

易活动。新崛起的两国与西班牙、葡萄牙的根本不同在于，它们都是基于国王和政府的特权来面向交易对象国组织建立贸易公司，商人在其中充当了海外扩张的主要角色。

此外，荷兰和英格兰两国还有一点不同于西、葡两国——虽然程度上有所差异——即由于大量社会中间阶层的存在，使国民国家的完备度较高。与之相对，伊比利亚两国由于地理位置和宗教方面的原因，曾迅速吸收意大利文艺复兴的成果，并且接受了先进的伊斯兰文明，尤其是航海术、测量术等自然科学知识，成为最早开展海外扩张的国家。但是，其社会结构本身，自古罗马时代以来没有经历过决定性的变革，保持着两极分化的社会结构：一边是少数在政治、经济、文化各方面拥有强大力量的精英阶层，一边是贫困而毫无权力的大众。因此，两国海外扩张取得成功的必要条件是垄断，一旦荷兰和英格兰等竞争对手出现，其弱点马上就显现出来。

三 欧洲与日本

下面将集中探讨欧洲与日本的关系。16世纪后半期，葡萄牙在日本开展传教和贸易活动，发现这是一片大有魅力的土地。当时的日本正处于群雄割据的战国时代。地方领主都在积极强化军事实力，葡萄牙人的火枪受到热烈欢迎。与别的亚洲地区相比，基督教的传教活动在日本进展得也非常顺利。其中有很多原因，比如：日本的宗教信仰中没有可以对抗基督教的一神教；身处战乱时代的民众寻求精神的寄托；日本人的文化程度普遍较高，因此一般民众能够理解教义；气候温和，便于传教士长期在日本传教；领主为了贸易利益，对基督教传教活动比较宽容，等等。最初在日本开展传教活动的耶稣会在得到这些报告反馈后，派遣了很多像方济各·沙勿略一样优秀的传教士，进一步加强在日本的传教力度，以西日本为中心，在各地兴建高级神学院、初级神学院和医院。据说当时有百分之十的人口都接受了洗礼。

但是，葡萄牙在强化与日本之间关系的过程中发现了另外一件事，即日本与一衣带水的中国金银比价不同。16世纪后半期，日本的金银比价为9比1，中国的金银比价为8：1，中国的银价更高。① 当时的中国人和日本人是否知晓这一情况不得而知，但当时两国之间没有正式的外交关系。在欧洲，从新大陆流入的大量贵金属在当时已经引发了金银比价的变动，因此，很容易想象葡萄牙人对此多么敏感。很快，葡萄牙商人就意识到，他们可以在日本购入白银，在中国高价销售，在中国购入生丝和丝绢，在日本高价出售，这种第三方贸易的形式可以获取巨额利润。1577年，葡萄牙将澳门作为对日贸易和布道的根据地，利用日本和中国之间没有外交关系这一点，积极开展第三方贸易。当时的亚洲贸易结算机制中甚至不能使用日本生产的银币。同时，耶稣会也将日本至澳门间的贸易利润作为亚洲传教活动的资金来源。正如16世纪在葡萄牙诞生的世界级诗人卡蒙斯在长篇史诗《卢济塔尼亚人之歌》②中所写的：

    有更多的土地隐藏在那里，
    待到时机来临向你们展现，
    请你可不要忽略那些海岛，
    那里的天性令其声名显耀，

---

① 关于16世纪后半期两国的金银比价，参 Kozo Yamamura and Tetsuo Kamiki, "Silver mines and Sung coins—— A monetary history of medieval and modern Japan in international perspective." In J. F. Richards (ed.), *Precious Metals in the Later Medieval and Early Modern World*. Durham. 1983, p. 329–362, Table 9, 10。

② 卡蒙斯（Luís de Camões），《卢济塔尼亚人之歌》（小林英夫等译），岩波书店，1978，页411。

> 这隐约的海岛与中国遥峙，
> 你们从中国出发把她寻觅，
> 这是盛产精美白银的日本，
> 神圣的宗教为她传遍福音。①

1570年代，葡萄牙与日本之间的关系进入高潮期。进入1580年代后，如前文所述，葡萄牙国王由西班牙国王兼任，西班牙开始殖民菲律宾。而另一方面，日本国内逐渐结束分裂，欧洲国家不得不面对一个统一的日本。1582年耶稣会的天正遣欧使节团就是当时局势下的一次大规模游行活动，日本使节觐见了罗马教宗和腓力二世，在沿途各地受到欢迎，可以说取得了很大成功。但当他们返回日本之际，丰臣秀吉已经主政，甚至连他们的归国之旅都不那么顺利。

不管怎样，这场朝觐活动标志着耶稣会和葡萄牙对日关系的最高峰，是一个划时代事件。就在这些使节从日本出发的同一年，对葡萄牙和耶稣会活动持宽容态度的织田信长在本能寺之变中遇害。丰臣秀吉声讨叛臣明智光秀，成为争夺天下最有利的一方，他将敌对的大名逐一打败或降服，仅用八年时间便统一全国。丰臣秀吉的对外政策在很多方面都朝着制约之前的"自由"的方向发展。

首先是对待基督教的态度。丰臣秀吉在远征九州期间深刻感到了基督教的影响力，特别是基督徒人数之多、信仰之热烈。长崎甚至被当地的天主教大名大村纯忠父子捐献为耶稣会领地。意在一统天下的丰臣秀吉对这些情况绝不能视而不见。1587年，他下达传教士驱逐令，并将长崎置于政府直接管辖之下。这是日本对葡萄牙和

---

① ［译注］中译摘自卡蒙斯，《卢济塔尼亚人之歌》，张维民译，北京：中国文联出版公司，1998，第131章，页453。

基督教在日自由传教活动的首次打压。

另一方面，丰臣秀吉开启的朱印船制度，从国家层面对日本商人的海外贸易提供了保障，同时也是中央政府获取贸易利益的手段。葡萄牙与日本之间的蜜月时代自此结束，葡萄牙在传教和贸易两方面都开始面临巨大的障碍。

然而，丰臣秀吉出于保护贸易利益、获取海外情报以及个人好奇心的原因，还是无法完全驱逐葡萄牙人。尽管有之前颁布的驱逐令，丰臣秀吉此后还是会见了葡萄牙使节并允许传教。丰臣秀吉的反复态度与他重建东北亚新秩序的野心不无关系。为了实现自己的野心，丰臣秀吉需要来自欧洲即此时的葡萄牙的情报和物资。

葡萄牙和耶稣会对这位新的日本统治者感到困惑，并苦苦寻找对策，尽管这位统治者很大程度上正是依赖他们带来的火枪才统一了日本。此外，当时正值葡萄牙处于没有本国国王的状态下，西班牙取代了葡萄牙正在准备向日本扩张。西班牙非常清楚日本是贸易和传教的宝地，因此开始以马尼拉为根据地接近日本。另一方面，罗马教宗则担心发生恶性传教竞争，遂于1585年发布教令，限定只有耶稣会可以在日本传教。但腓力二世统治的西班牙竭力就此事与教廷交涉，最终将教宗的教令做了扩大化解释。西班牙无视约束，向日本派遣了方济各会和多明我会的传教士。从此，丰臣秀吉与西班牙打上了交道。

1591年，丰臣秀吉已经统一日本，正在筹划经过朝鲜向中国大陆出兵，他对马尼拉总督下文催缴向日本的朝贡。马尼拉方面考虑到日本进攻吕宋的现实可能性，一边制定马尼拉海岸防备计划，一边回复书信，并于1592年7月向名护屋[①]派遣使节与丰臣秀吉会谈。

---

① ［译注］今佐贺县唐津市镇西町名护屋。

1594年，方济各会的传教士开始在日本传教。前文提到，西班牙与葡萄牙、耶稣会与其他修会之间对于东半球分界线的理解不一致，这就给方济各会传教士的传教活动提供了正当性。许多派系共同传教带来了非常不幸的后果。

各派传教士相互攻击的言论传到丰臣秀吉耳中，促使原本对基督教就怀有强烈不信任感的秀吉采取了严厉的镇压基督教的政策。标志性事件是1596年发生的"圣菲利普号事件"。当时耶稣会和其他修会的传教士们相互攻击，"圣菲利普号"上的方济各会和多明我会的传教士被污蔑为企图征服日本的西班牙先遣部队，丰臣秀吉大怒，这引发了所谓的"二十六圣人殉教"事件。基督教在日本的传教活动迎来了苦难的时代。

1598年丰臣秀吉去世后不久，非天主教国家荷兰和英格兰以贸易通商为目的接近日本，日本的对外关系顷刻之间变得非常复杂。统治者德川家康似乎希望回到最初与欧洲各国的和平外交关系，通过威廉·亚当斯[①]与英格兰、荷兰建立通商关系，同时企图从西班牙引进开采矿山的技术。1609年，西班牙"圣弗朗西斯科号"在上总国御宿海岸[②]附近遇难，得到日本方面的礼遇与协助，船上从马尼拉去往阿卡普尔科的马尼拉前任代理总督德·比维罗（Rodrigo de Vivero）大为感动。借此契机，日本与吕宋之间的关系出现了大幅改善的迹象。然而，德川家康建立起来的统一日本的国家理念是儒教，这就跟以传播基督教为目的的海外扩张势力之间不可避免地产生冲突。在织丰政权交替的动荡时期，短期内传教活动得以自由发展，但随着德川幕府的建立，很快开始遭到镇压。政府对传教士和基督

[①] ［译注］威廉·亚当斯（William Adams），日文名三浦按针（1564年9月24日–1620年5月16日），英国航海家。1600年来到日本，并成为日本第一位外籍武士。他是第一位来到日本的英国人，曾做过德川家康的外交顾问。

[②] ［译注］今千叶县御宿海岸。

徒的迫害加剧，牺牲人数不断增加。而天主教方面，尤其是后来开始在日本布道的方济各会和多明我会，将殉教视为神圣之举，不断向日本派遣传教士。

1615年，大阪之战结束，从此确定了德川氏的天下。翌年，德川家康去世，日本的对外政策愈发狭隘。1624年，吕宋来到日本的使节请求与日本建立通商关系，遭到拒绝，导致两国断交。从此以后，吕宋岛一直是日本基督徒的流放地。与葡萄牙则在经历数次断交又复交之后，最终随着1639年的"锁国令"，两国之间的外交关系关闭了约一个世纪。

荷兰于1613年在平户①开设商馆，开始与日本贸易往来。英格兰在与荷兰的竞争中落败，1623年撤出日本市场。至此，在日本只剩下荷兰一个欧洲国家，反过来看，也可以说是荷兰代表欧洲势力独占了日本的对外贸易。在加尔各答的荷兰东印度公司，当荷兰人听到日本禁止葡萄牙商船靠岸的消息时，还曾举杯欢庆。②

当然，伊比利亚势力退出日本的根本原因还是欧洲内部势力均衡的变化。伊比利亚两国在亚洲海域的根据地频繁遭到英格兰和荷兰的攻击，商船也被掠夺。日本对葡萄牙和西班牙强烈的拒绝态度也只有在这样的局势中才有可能出现。实际上，荷兰和英格兰插手协助了日本驱逐伊比利亚势力的活动。最典型的例子是"岛原天草之乱"期间，荷兰商船向日本基督教军民开炮的事件。

---

① ［译注］今九州长崎县。
② 永积昭，《荷兰东印度公司》，近藤出版社，1971，页102。

四　腓力二世和丰臣秀吉的一次"遭遇"＊

　　腓力二世和丰臣秀吉在现实中自然从未见过面，但他们应该知道彼此的存在。腓力二世不信任阁僚，但自他亲自主政以来，通过与马尼拉总督的往来信件，他一定有机会得知丰臣秀吉的存在，不管是不是知道后者的具体名字。1584年11月，腓力二世接受天正遣欧使节的觐见，此过程中是否出现过丰臣秀吉的名字具体不得而知，但可能性比较小，因为使节离开日本时秀吉还只不过是织田信长手下的一个将领而已。

　　但是，之后西班牙加强了对亚洲市场的经营，在这一过程中，丰臣秀吉与马尼拉总督之间也开始有公函往来。腓力二世必然会接受马尼拉总督向其汇报丰臣秀吉统一日本的情况。另一方面，丰臣秀吉也必然知道腓力二世的存在。在与马尼拉总督的来往信件中，丰臣秀吉言语间满是他统一日本后即将进军中国明朝等夸大自信之辞，而马尼拉总督则在回信中用很大篇幅强调，腓力二世才是君临天下的王者。对于丰臣秀吉而言，得知"小琉球"吕宋处于如此强大的统治者治下，或许会感受到一丝威胁。不过，当事者本人对对方了解到什么程度并不重要，重要的是二人代表的两股势力之间的冲突与角力。

　　在探讨这一问题之前简单分析一下这两个人，对于思考二人的"遭遇"所带来的影响无疑具有重要意义。比较二人的生平，可以看到很大不同，但也会发现一些类似的方面。腓力二世是哈布斯堡王

　　＊ 关于二人"遭遇"的历史定位研究来自松田毅一教授，其著作《太阁与外交——秀吉晚年的风貌》，桃源社，1966，第182页中收录的"太阁外交关系一览图"清晰地展现了二人的关系。本文在撰写过程中还参考了松田毅一教授的其他大量著作、论文和译著等资料。

朝卡洛斯五世①的儿子，卡洛斯五世是神圣罗马帝国的皇帝，君临天下。但腓力二世并没有继承这种地位，自继承王位以来，他甚至没有离开过伊比利亚半岛。自幼年开始，腓力二世便系统接受了"帝王统治之道"的教育。1556年腓力二世登上王位时，西班牙正处于鼎盛期。来自美洲新大陆的金银财宝源源不断地流入塞维利亚，王室和贵族非常富有，给今天留下了大量壮丽的建筑、雕塑和绘画作品。但是，不同于理想主义者卡洛斯五世，腓力二世是一个实干家。他在埃斯科里亚尔宫殿里从早到晚忙于政务，君临并统治西班牙。②然而，腓力二世的这种"君临"中所包含的卡里斯马程度是值得怀疑的。

与之相对，丰臣秀吉则出身低微，掌握了"帝王统治之道"之后，他很快一统天下。他经常被世人议论的那些充满稚气的行为，正可以通过他的生涯来解释。在那些政治手腕娴熟高雅的贵族公卿看来，秀吉的行为经常野蛮且有悖常识，但他们不得不表面上对秀吉表现得很恭顺。秀吉执着追求宫廷地位，他们就给予其"太政大臣"和"关白"的称号，而且在寻找"丰臣"这一赐姓时表现出极大的热情。秀吉成为日本之主时已经超过五十岁，以当时人们的平均寿命来看，他没有选择安稳地度过余生也并无不可思议之处。丰臣秀吉的政策中体现出现实主义和急功近利的特点，这些都可以从他本人的性格中找到答案，同时也是他面对时局的必然之举。

不管怎样，与腓力二世在位42年相比，丰臣秀吉作为日本之主

---

① ［译注］文章原文中出现为"カルロスV世"，译者译为"卡洛斯五世"。但实际应为腓力二世的父亲，神圣罗马帝国皇帝"查理五世"，作为西班牙国王，其称号是"卡洛斯一世"（西班牙语 Carlos I）。因此，疑似论文作者笔误。

② 参 Geoffrey Parker, *Philip II.*, pp. 31–32。

的时间只有8年,即使从本能寺之变①以后算起,也不过16年时间。二人作为统治者留下的业绩差距很大。但是,二人的共同之处在于,他们都作为一国之主君临天下,并以现实主义姿态应对历史变动时期特有的困难;至少,他们在执政期间都坚守住了自己一手缔造的"天下"。二人的执政都处于前所未有的大变革时期,没有可以借鉴的历史经验,可以信赖的只有自己的力量,因此自信和狂妄无论如何都必不可少。

所谓二人的"遭遇",是指以马德里和大阪为中心的两个"天下"在扩张发展过程中产生了正面冲突。西班牙的海外扩张具有将对方国家天主教化的意图,为此不惜出兵征服,其动机中带有强烈的国家意志。同时,西班牙是一个非常强大的国家,处在鼎盛时期,版图上几乎控制了南欧全境,同时向低地国家派出强大的军队,甚至考虑过进攻英格兰。在美洲新大陆,西班牙对印第安原住民和印加文明进行了人类历史上少有的大规模掠夺和破坏。

因此,当西班牙开始建设马尼拉、准备向亚洲扩张时,感受到最大威胁的是葡萄牙和耶稣会,他们清楚知道西班牙是世界最强大的国家。他们想让罗马和丰臣秀吉知道西班牙的强大,并以此说服他们,日本的传教活动只能由耶稣会来开展。但是,葡萄牙和耶稣会所期待的《萨拉戈萨条约》,在强大的西班牙面前只不过是一张废纸,甚至连罗马教宗那道规定只有耶稣会才可以在日本传教的敕令也没有起到效果。葡萄牙人可能已经通过他们呈献给丰臣秀吉的世

---

① [译注]本能寺之变发生在日本天正十年六月二日(公历1582年6月21日)凌晨,织田信长的得力部下明智光秀在京都的本能寺中起兵谋反,杀害其主君信长。在前线作战的丰臣秀吉得知明智光秀谋反、主君被弑的消息后,立刻和毛利氏讲和,然后率军东上,与信长家臣联合,攻打明智光秀。本能寺之变后,整个日本的格局发生了改变,丰臣秀吉继承织田信长的遗产,开启了属于他的时代。

界地图向日本表明,西班牙并非像葡萄牙一样以"点"为单位,而是以"面"为单位征服世界的。

另一方面,对丰臣秀吉而言,假如西班牙征服世界的进程止步于欧洲或者美洲新大陆,那根本不构成问题,他甚至不会关心。但是,丰臣秀吉成为日本之主时,恰好是西班牙开始进入亚洲、腓力二世兼任西班牙和葡萄牙两国国王的时间点。而且,此时也是日本一改历来在对外关系上的被动状态,积极主动地走向海外的历史转折点。无论出于什么样的理由,总之丰臣秀吉此时已经不满足于统一日本,而是要将整个东北亚打造成为属于自己的"天下"。如同前文所述,1593年,丰臣秀吉在侵朝基地名护屋城会见了吕宋使者。在此之前,他与马尼拉总督之间的往来信件,恰好如同此次"遭遇"的标题,为会见点明了主旨。丰臣秀吉通过这些往来信件,通过与吕宋使者的会见,通过葡萄牙势力以及从耶稣会人士所了解到的东西,很可能已经形成了对西班牙的畏惧感。同时,马尼拉方面也已经意识到,丰臣秀吉所统一的日本不同于西班牙以往征服的国家,是一个军事实力不可小觑的对手。

也许人们总会将日本历史书中经常提到的1597年吕宋使者"纳贡"事件作为例子来讨论。但是,菲律宾方面丝毫不认为当时派遣使者和赠送礼品意味着东洋形式的朝贡。即使不能全面否定丰臣秀吉侵略菲律宾的可能性,即使腓力二世治下的强国西班牙的无敌舰队战败,从而不得不在东亚海域面对强有力的竞争对手,在1597年上半年这个时间点,吕宋也丝毫没有向日本朝贡的理由。此时派遣使者的目的,是为了解决之前的"圣菲利普号事件"。吕宋要求日本解释事件经过并归还死者遗骸,这类似于外交抗议。冒着被杀的风险而来的使者比通常出使时带了更多礼品,在一定意义上也是理所当然。将这视为"纳贡",或许只能理解为丰臣秀吉的自我膨胀。这一事件作为腓力二世与丰臣秀吉为数不多的直接"遭遇"之一被记录下来,而且是最后一次"遭遇"。因为腓力二世在得知事件交涉结果之前便去世了,而几天之后,丰臣秀吉也魂归他界。

对于丰臣秀吉而言,完成统一大业最大的麻烦就是宗教问题;严格来讲,这是指来自特定信仰所支撑的集团与自己的敌对。即使是织田信长在处理棘手的一向一揆时所花费的苦心,也远比对付世俗的军事对手要多得多。这一点丰臣秀吉非常清楚。更何况,面对基督教这种连处理方法都不明确的宗教,一旦发生民众一心的暴乱,好不容易统一的天下和平局面恐就难以持久。这也许正是晚年的秀吉最担心的问题。他对基督教的迫害之所以越来越严酷,也许正是由于耶稣会以外的教派也开始了日本传教,导致他的这种担心与恐惧不断升级吧。

如此看来,腓力二世与丰臣秀吉的"遭遇"绝非友好和平的相遇。但是,值得庆幸的是,二者之间避免了严重的军事冲突。1588年,西班牙无敌舰队败北,丧失了在大西洋上的制海权,荷兰和英格兰成功进入大西洋。1596年,即"圣菲利普号事件"发生的同一年,荷兰船队抵达爪哇岛。马尼拉方面不仅要面对日本,更要在面对这些"新参与者"时做好自我防卫的准备。荷兰船队于1600年进入马尼拉湾,在之后的历史年表中,充斥着代表旧势力的西班牙、葡萄牙与代表新势力的荷兰、英格兰在东南亚争夺地域霸权的激烈冲突。此时的日本正处于丰臣秀吉政权向德川家康政权过渡的时期,因此,这一危机时期与欧洲各国势力相互争斗的时期重合,对于日本而言,这无疑是值得庆幸的。

丰臣秀吉死后,德川幕府诞生,日本的对外政策呈现出短暂的积极化、活跃化倾向。然而,对于德川幕府的阁僚而言,对外关系是他们几乎从未涉猎过的领域。德川家康选择的外交政策幕僚是英国人威廉·亚当斯和京都南山的学问僧金地院崇传①，丰臣政权时期的外交人员全部退出历史舞台，如同关原之战中大阪的晨露一般消散殆尽。

因此，德川幕府的外交政策在初期 20 年左右并不具有连续性，而是体现出一种随机应变、便宜行事的特点。这一时期，欧洲内部势力相互牵制，对日本的接近与扩张虽然整体上在积极展开，但是并非出于征服特定国家的目的，对此日本应感到庆幸。另外，中国大陆正在发生大变动。统一女真族的努尔哈赤于 1616 年登上后金国的王位，1619 年萨尔浒之战打败明军后实力大增。1627 年，努尔哈赤去世后继承皇位的皇太极进兵朝鲜，臣服李氏王朝，1636 年定国号为"清"。1630 年明朝内部发生大规模叛乱，1644 年明朝灭亡，代表中国的清王朝诞生。善于搜集情报的德川幕府很快掌握了这些信息。② 中国大陆这一时期的混乱局面造就了德川日本对外政策的另一个性格，即不与中国大陆王朝建立外交关系。

之后德川幕府的对外政策便可以"锁国"二字来概括。这种带有明确方向性的政策倾向始于 1620 年。巧合的是，庆长遣欧使节团的使节支仓常长③也于 1620 年返回日本（1613 年，靠着与西班牙王室关系密切的方济各会的努力，该使节团实现了欧洲之行）。翻阅年

---

① ［译注］金地院崇传，又名以心崇传，将军足利氏的家臣一色秀胜的次子。他在其父死后出家为僧，是日本安土桃山时代至江户时代临济宗的僧人，以外交僧的身份参与江户幕府，与南光坊天海同为德川家康时代的黑衣宰相。

② Ronald Toby, *State and Diplomacy in Early Modern Japan*. Princeton, 1984, pp. 158–161.

③ ［译注］支仓常长（Hasekura Rokuemon Tsunenaga，欧洲当时译为 Faxikura；1571–1622），日本仙台藩大名伊达政宗的家臣、藩士。支仓六右卫门常长在 1613 年到 1620 年间率领使节团，先到墨西哥，后又转往欧洲，之后回到日本。他是有史以来第一个派往欧洲的日本人。他的出访也是法国与日本关系史上第一次有记录的交流。

表，可以知晓以下史实：

1621年，幕府禁止了武器出口，并且禁止日本人搭乘外国船只。

1622年，平山常陈事件①的判决结果出来，相关者被处以火刑，另外有55名基督徒被处死（"元和大殉教"）。

1623年，德川家光成为德川幕府第三代将军，下令暂时驱逐葡萄牙人。

1624年，日本一方面与西班牙断交，加紧镇压基督徒，另一方面接受朝鲜的正式使节来日。

1628年，暂时与葡萄牙、荷兰断交。

1629年，处死大批不愿改宗的基督徒。日本向朝鲜派遣使节。

通过1620年之后的一连串事件，不难看出幕府的方针在逐渐固化增强，即彻底拒绝基督教，只限于将没有威胁的国家作为日本的外交对象，以及重点在东北亚地区选择缔结外交关系的对象国，并且不与中国大陆的王朝建立外交关系。最终结果是，日本在欧洲选择了荷兰，在东北亚选择了李氏朝鲜和琉球。

但是，此间并非完全没有其他亚洲国家与日本接触。早在1619年，中国浙江的总督就曾有书简通过明朝商团递交给幕府；② 1629

---

① ［译注］平山常陈事件发生在日本元和六年（1620年），有两名天主教传教士搭乘由日本人平山常陈担任船长的朱印船从马尼拉前往日本，却在台湾近海被英国与荷兰的船队拿捕。这件事使德川幕府决定性地形成了对基督教的强烈不信任感，成为"元和大殉教"的导火线。

② 罗纳德·托比，《初期德川外交政策中"锁国"的定位——通过幕府确立正当性的角度考察》，社会经济史学会编，《探求新江户时代的史像——走进其社会经济史》，东洋经济新报社，1977，页21-39。

年，暹罗使节来日。但是，这些接触都是出于各种具体原因，并非国家间外交级别的往来。"日本世界秩序"具有很强的局限性。

进入 1630 年代之后，幕府的方针进一步明确化。1632 年，日本恢复了一度中断的与荷兰的外交关系。1633 年，颁布"第一次锁国令"，禁止国家指定贸易船之外的一切海外渡航。同年，开始实行荷兰商馆长的江户参府制度。1634 年，颁布"第二次锁国令"，规定在长崎修建人工岛出岛，与葡萄牙人的贸易活动只能在此进行；另一方面则规定，从这一年开始，实行琉球庆贺使或恩谢使参拜江户的制度。1635 年，颁布"第三次锁国令"，全面禁止日本人海外渡航，并且禁止在外日本人回国。1636 年颁布"第四次锁国令"，大量驱逐葡萄牙人和葡萄牙混血儿。"柳川一件"① 事件之后，朝鲜通信使第一次正式访日。② 1637 年 10 月，面对岛原天草之乱焦头烂额的幕府进一步强化了镇压基督徒的政策，于 1639 年颁布"第五次锁国令"，最终全面禁止葡萄牙船只进入日本。"锁国"工作彻底完成。③

这一系列对外关系的确立，是以稳定的国内幕府政权为基础并逐步实施的。1622 年江户城主体部分修建完成。幕府与京都朝廷、公卿势力之间的权力争执，以 1629 年后水尾天皇退位告终。大阪之

---

① ［译注］"柳川一件"指江户时代初期日本发生的一起御家骚动事件：对马藩主宗义成与家臣柳川调信之间围绕知行地（领地）和朝鲜外交问题产生了对立，1635 年江户幕府将军德川家光裁决宗义成获胜。"柳川一件"使日本幕藩体制国家进一步得到巩固，同时完善了幕府的外交体制，促成了日本与朝鲜的邦交正常化。

② 关于"柳川一件"，参考田代和生，《被改写的国书　德川与朝鲜外交的舞台背后》，中公新书，1983。

③ 之所以给"锁国"二字打引号，是因为笔者并不认为江户时代的对外关系是封闭的。当然，禁止日本人海外渡航（但是允许与朝鲜和琉球之间的渡航）极大限制了日本人向海外发展，但考虑到"锁国"二字可能带来对这一时代对外关系的误解，笔者认为还是应该打引号使用。

役以后，修订武家诸法度。1635年正式确立参勤交代制度，① 德川大一统时代逐渐形成。

但是，日本德川时代得以形成，其支柱性制度有二，即国内方面的石高制和国际方面被称为"锁国"的"日本世界秩序"。这两个制度都不是德川幕府的独创，而是源自丰臣秀吉时代。石高制并非本文的主要讨论对象，但通过以上考察可以明确，日本"锁国"的外交姿态的基本原型始于丰臣秀吉时代。其基本架构在于：一、彻底排斥基督教的态度；二、脱离中华世界。在丰臣秀吉时代，前者尚未完备成为一项长期政策，还有些许模糊之处。但到了丰臣秀吉晚年时期，对传教士和基督徒的迫害愈演愈烈，假如秀吉活得更久的话，极有可能发展出之后德川氏的"锁国令"政策。虽然程度有所差异，但两个政权对基督教的"拒绝态度"是共通的。关于第二点，不得不承认，通过建构包含菲律宾在内的"日本世界秩序"来实现日本成为中华世界的王者，这一点与通过"锁国令"政策脱离中华世界的做法确实存在矛盾。但这只是脱离方法上的差异，本质上都是要脱离"中华世界秩序"。

腓力二世与丰臣秀吉的"遭遇"，是德川社会诞生的一个催化剂。对于丰臣秀吉而言，西班牙是一个令他不得不感到恐惧的对手，虽然他非常想与对方开展贸易，但随之而来的基督教却是一种无论如

---

① ［译注］参勤交代，亦称为"参觐交代"，是日本江户时代一种控制大名的制度。各藩的大名需要前往江户替幕府将军执行政务一段时间，然后返回自己的领土执行政务。参勤交代起源于镰仓时代，御家人前往镰仓担任官职。战国时代，部分大名在居城外的城下町聚集服从主君的武士。丰臣秀吉掌权后，在大坂城、伏见城、聚乐弟等城堡赐予大名屋敷，由大名的妻子居住，大名则一年需要前往一次。这成为参勤交代的原形。1635年，德川家光修改武家诸法度，至此参勤成为定制。参勤交代既限制了大名的财力，又浪费了大名的时间，还得到了大名的人质（大名的妻子），极大地压制了大名的反心，迫使大名对幕府效忠。这成为德川幕府能够维持二百多年稳定统治的一个重要原因。

何都要拒绝的存在。欧洲国家尚未来到日本之际，一心想开展贸易的丰臣秀吉作出的政策选择在不同时间点有所动摇，但由于对西班牙和以西班牙为后盾的天主教各教派接近日本的恐惧逐渐增大，丰臣秀吉内心愈发向反基督教的方向倾斜。因此，在这一时期，"锁国"的准备事实上已经开始，德川时代对外政策的重要特征在丰臣秀吉时代已经萌发。

两人的"遭遇"戏剧性地结束了。纯属偶然的是，腓力二世于1598年9月13日去世，之后不到五天，庆长三年八月十八日——公历1598年9月18日，丰臣秀吉也跟着去世。

结　语

本文对很多问题未及充分考证，只是将笔者的思考付诸文字。而且，本文还遗留了许多尚未解决的课题，其中最大的课题就是"锁国"如何影响了日本与亚洲各国的关系。将"锁国"限定为日本与欧洲或者日本与天主教的关系来展开研究是否妥当，这一点尚存疑问。"锁国"表面上是幕府如何对待天主教的问题，本质则在于日本如何脱离"中华世界秩序"，这一点非常有必要继续深入探究。

如果一味从内部脉络关联去追寻历史进程，并从这个立场看问题，那么，文中所谓的"遭遇"的历史也许毫无科学性，纯属无稽之谈。但是，历史与社会科学的不同之处正在于此。通过社会科学的研究方法实现对历史内部脉络关联的解析，这是完全可能的，然而，彼此独立活动着的人类集团之间的接触各自如何展开，在什么样的时间点实现，彼此又作出了何种反应等等，这些问题恐怕很难用社会科学的方法去阐释。大体而言，社会科学甚至不会以此作为研究对象来追问。但是，在世界并未发展成一个整体系统来发挥功能的时代,有若干次类似的历史"遭遇",有时这些"遭遇"甚至成为决定历史发展的因素。因此,历史研究没有理由拒绝去探究这样的问题。

对这种"遭遇"历史的看法与研究绝非笔者自身的发明创造,增田四郎教授①曾经在很多场合发表过自己的看法,笔者在与他的探讨中得到了很大启发。通过进一步深入研究,我发现这里面中体现出皮朗②的历史观。众所周知,皮朗在遗作《穆罕默德和查理曼》中分析指出,正是由于伊斯兰势力入侵欧洲导致罗马式的地中海贸易依存型社会解体,并转型为以农业为中心的自给自足经济,才使封建社会由此诞生。这也正是"欧洲社会"的诞生。时至今日,皮朗假说究竟有多少说服力,固然不能一概而论,其中展开的历史却正是笔者在文中谈到的"遭遇"的历史,即使不能说完全是这种历史。

本文分析德川时代日本的形成原因,提出一种假设,即腓力二世与丰臣秀吉的历史性"遭遇"是其中一个重要因素。为了验证这一假设,不仅需要了解日本历史,还要深入通晓世界历史。笔者不觉自己具备这样的能力,但依然将其作为一个挑战性的主题。

在看待这样的历史性"遭遇"时,关键要探明"遭遇"的主体在什么样的时机下形成了彼此之间的相互关联。假如时机相差数年,这种"遭遇"可能会产生完全不同的结果。假如西班牙早十年,在日本完成国家统一之前开始在日本从事布道和贸易活动,抑或欧洲国家内部新旧势力的更替晚十年发生,那么,腓力二世与丰臣秀吉

---

① [译注]增田四郎(1908-1997),日本史学者,一桥大学名誉教授。曾担任一桥大学第五任校长、日本学术振兴会会长。研究方向为西洋史和西洋经济史。

② [译注]皮朗(Henri Pirenne,1862-1935),比利时史学家。代表作有《中世纪的城市》《穆罕默德和查理曼》等,均有中译本。

的"遭遇"一定会以更加清晰明确的形式印刻在历史当中。若充分认知这一点,我们就必须分析更多的历史因素。而一旦考虑到这一点,我们便会发现,历史的"突变论"研究实现起来远比适用于社会科学研究方法的历史研究要困难得多。

16至19世纪日本基督教的接受、被禁与隐伏

大桥幸泰（Yukihiro Ohashi） 撰

暴凤明 译

本文选取基督教初传日本的16世纪中期，到基督教再传日本的19世纪中期为时间范畴，考察这一期间基督教在日本的接受、被禁与隐伏过程。在此基础上，分析并考察异质文化共生的可能性。日本当时围绕基督教的各种举措与动向可视为异质文化交流的实例，是考察异质文化共生条件的绝佳材料。

16世纪中叶基督教传入日本，虽然当时在日本广为接受，但也遭到现有秩序维护者势力的攻击。他们认为基督教与统一战国时代的丰臣秀吉、德川家康建立的国家秩序不相容，因而基督教在此时也遭到严厉镇压。到17世纪中后期，伴随着基督教禁教制度的不断完善，江户时代的宗教秩序已然形成。以这种方式构建的宗教秩序限制了江户时代人们的宗教活动与信仰自由，尽管如此，隐匿的基督徒仍存续至19世纪中叶。在这种受制约的情况下，包括基督教在内的各种宗教共生并存。然而，这必然需要满足一定的条件，即在保持诸宗教表面上的模糊界

限的同时,将人与人之间共通的属性置于第一位。

引 言

21世纪的今天,不会有人相信地球上人类的历史是基于单一文化构成,也绝对没有谁会认为多种文化之间皆彼此独立,没有任何交流。跨文化交流自古以来就存在,对人类生活产生了巨大影响。人类面对不同文化的方式不仅仅是共鸣,异质文化交流也经常伴随着歧视与排斥。公然采取歧视与排斥的态度,抑或以战争等极端的方式对待异质文化,这些现象不仅仅发生在过去,时至今日在很多地方依然大量存在,这是不争的事实。在如此严峻的现实形势下,一个迫切的课题就是认真思考如何实现异质文化的共存共生。

本次研讨会缘于一个契机:几年前,在梵蒂冈图书馆发现了马雷加(Mario Marega)神父当年在日本收集的历史资料。20世纪上半叶,马雷加神父在日本传教过程中收集了大量与16至19世纪日本基督教相关的资料。① 当时围绕基督教的各种社会动向均可视为一种异质文化交流现象,因此,马雷加神父收集的资料,无疑是帮助我们了解异质文化交流的珍贵史料。

众所周知,基督教传入日本的历史最早可以追溯到1549年。第一位来到日本的基督教传教士是沙勿略(St. Francis Xavier)。最初在日本开展传教活动的是天主教修会耶稣会,他们在葡萄牙的保护下向世界传播基督教。1590年之后,在西班牙庇护下的方济各会、多明我

---

① 葡萄牙语Christão音译作"切支丹",它是基督教初传日本时日本人对传教士和基督教的通称。另外,正如本文第二部分"基督教的隐伏——诸宗教的共生"所言,随着江户幕府的禁教政策不断强化,社会上将一切千奇百怪的现象都称为"切支丹"。这种"切支丹"与现实中隐伏基督教徒的概念内涵有很大差异。本文采纳史料用语,即汉字"切支丹",指代江户时代被彻底打压排斥的对象。

会、奥斯定会也开始向日本传教。在此期间与之后，日本传教活动并非一帆风顺，但也出现了两次遣欧使节团访欧这样值得大书特书的历史性事件，即1582–1590年耶稣会天正遣欧使节团（1585年谒见罗马教宗格里高利十三世和西斯笃五世，参考图1），1613–1620年方济各会庆长遣欧使节团（1615年谒见教宗保禄五世）。关于这两次大事件的意义，本文不做详述，但日本能够向罗马教廷派遣使节团并觐见教宗，充分说明了基督教在当时的日本的接受程度之广。

图1 梵蒂冈图书馆壁画中描绘的天正遣欧使节团

然而，日本社会对基督教的反应并不仅仅是共情与接受，也存在反对动向，这一动向最终发展成为禁止基督教发展的宗教政策。在严厉的禁教政策下，有很多信徒陆续改宗弃教，但其中也有很多人是表面上改宗，实际上只是隐藏了自己的真实信仰。

本文以基督教初传日本的16世纪中期，到基督教再传日本的19世纪中期为时间范畴，考察这一期间基督教在日本的接受、被禁与隐伏过程。通过对日本基督教的思考，可以为当今世界提供避免纷争与冲突的思路。笔者相信，这些考察也是对马雷加神父意志的继承。

一　基督教的接受与被禁

基督教的接受

16世纪后期，由于耶稣会的布道活动，基督教在日本迅速渗透。据说17世纪初期日本信徒已经超过30万人。传教士的记录显示有70万人，但其中带有夸张成分，现在研究界的共识大约是这个数字的一半。关于当时的日本人口总数也有很多说法，其中有一种说法是1500万人，如果采用这一数字，那就相当于基督教信徒人数大约占了当时人口总数的2%。

但是，这一数字并不能反映基督徒人数在日本列岛的分布情况。在外来势力进入日本的南方窗口九州地区，基督教信徒的比例可能会更高。值得一提的是，现在日本的基督教信众比例只有1%，因此可以说，当时基督教在日本的发展势头非常迅猛，民众接受度较高。

那么，为什么基督教能够在短短半个世纪里取得如此巨大的发展呢？[①] 一种说法认为，原因在于接受基督教的人们对传教士宣扬的基督教教义产生了共识与同理心。但是，这种共识与同理心的具体内容恐怕各不相同。已有相关研究指出几种不同的可能性：（1）

[①] 这部分内容主要参考了以下研究：五野井隆史，《日本基督教史》（吉川弘文馆，1990）；清水纮一，《织丰政权与基督教》（岩田书院，2001）；川村信三，《基督教信徒组织的诞生与转型》（教文馆，2003）；神田千里，《通过宗教读懂战国时代》（讲谈社，2010）；冈美穗子，《基督教与统一政权》（《岩波讲座　日本历史第10卷　近世1》，岩波新书，2014）。

基督教中的上帝被理解为超越人力的、意味着天的秩序的"天道"概念，而天道的概念广泛渗透于日本文化中；①（2）基督教被理解成佛教的一个派别；②（3）主张来世救济的基督教教义获得了民众的欢迎。③

  第一和第二条理由意味着，日本人自古以来的世界秩序认知促成了对基督教的理解。第三种解释的认知构成，则与基督教传入日本之际日本正处于充满战争、灾害和饥荒的战国时代这一历史背景有关。生活在如此苦难的现世中，人们一定会迫切渴望来世救赎，对他们而言，基督教是一种可以满足他们来世获得拯救的愿望的宗教。

  基督教迅速传播的另一个原因在于集体改宗。接受基督教信仰的封建领主利用基督教作为统治民众的手段，让民众大规模改宗信仰基督教。但是，正如上文所言，即使在带有强制色彩的集体改宗的情况下，也不能说明人们本身缺乏对基督教教理的认同。无论自发接受还是被迫接受，在传教士人数有限的条件下维系信仰，都必须依靠信众组织。正如在下一节内容中即将看到的，从16世纪末开始，进入17世纪以来，在对基督教的镇压越来越严峻的局势下，一般信众结成了象征着信仰共同体的兄弟会组织，集体维护信仰。

---

  ① 参《日译日葡辞书》（岩波书店、1980）第643至647页词条"Ten　テン"（天）、"Tent テンタゥ"（天道）、"Tenno michi"（天の道）。

  ② 沙勿略在最初的传教过程中，将天主教的"上帝"翻译成真言密宗中诸佛与菩萨的本尊"大日"，后在意识到两个概念的区别之后，又恢复了"上帝"的说法。

  ③ 参考海老沢有道校注，《长崎版基督教教义》（岩波书店，1950年版，1991年第7次印刷），页11–12；《契利斯督记》，《续续群书类丛》12（续群书类丛完成会，1970），页637。

基督教被禁

战国社会即将终结的 16 世纪后期至 17 世纪初期,基督教在日本列岛广泛传播。在此期间,日本派出了上文提到的天正遣欧使节团和庆长遣欧使节团,日本基督徒成功朝觐罗马教宗,加深了日本与欧洲的交流。

但是,对异质文化的接受也遭到了对其持有违和感势力的反对。武家政权对基督教最初的管制是天正十五年(1587 年)丰臣秀吉下达的命令,① 但在此之前的永禄八年(1565 年)和永禄十二年(1569 年),正亲町天皇已经下达了驱逐传教士的命令。本身具有较强宗教性格的天皇(朝廷)自始至终都拒绝基督教信仰。因此,丰臣秀吉以及继任者德川家康(江户幕府)对基督教的压制,表明武家政权采取了与天皇(朝廷)的传教士驱逐令步调一致的宗教政策。②

有观点认为,幕府最初对基督教采取默许态度,直到庆长十八年十二月二十三日(1614 年 2 月 1 日)的传教士驱逐令③,才开始转向全面禁教。但其实,幕府的实际禁教行动很早以前就开始了。庆长七年(1602 年),德川家康在给菲律宾总督的朱印状中就表明了禁止基督教传教的态度,之后又多次重申这一立场。④ 之后,幕府于庆长十年(1605 年)在江户、翌年在大阪开展了对基督徒的迫害行径。⑤ 因此,可以肯定,对基督教采取禁教政策是幕府早期以来就一

---

① 清水纮一等编,《近世长崎法制史料集 1》(岩田书院,2014),页 52–53。

② 村井早苗,《天皇与基督教禁制》(雄山阁出版,2000)。

③ 参考《近世长崎法制史料集 1》,前揭,页 100–101。但是,德川家康当时已经把将军的职位让给了秀忠,因此该传教士驱逐令形式上是以德川秀忠的名义发布的。

④ 参考庆长七年(1602)九月德川家康给菲律宾总督的朱印状(罗兰索·贝阿托著,野间一正译,《贝阿托·路易斯·索迪传》,东海大学出版会,1968,页 33)。

⑤ 五野井隆史,《德川初期基督教史研究修订版》(吉川弘文馆,1992)。

直延续的既定路线。无论如何，结束了战国时代的丰臣秀吉和德川家康都拒绝与基督教共存，这一政策一直持续到19世纪中叶江户幕府倒台。

但为什么幕府对基督教如此防范？首先，基督教的传入造成了既定社会关系与秩序的混乱。在此之前的日本，主君与家臣关系的建立，封建领主之间同盟关系的建立，以及其他各种契约关系的建立，都有在神、佛面前宣誓的礼法环节，宣誓文中写着日本神和佛的名字。很显然，以上帝为唯一神的基督教否定了这种宣誓礼法。换言之，承认基督教意味着所有通过向神佛宣誓而确立的社会关系与社会秩序的瓦解。①

其次，封建领主以基督教为精神支柱实施区域统治，与丰臣秀吉和德川家康旨在建立的集权体制背道而驰。②在基督徒大名的领地内，领主大名对民众实施集体改宗，使其皈依基督教，信徒在传教士的怂恿下捣毁寺庙和神社。原本在丰臣秀吉和德川家康的政策方针下，中央政权认可的领主对领地的支配权是临时性的，而非永久性的。大名的行为无疑冲撞了中央政府的权威。封建领主试图独立地统治地方，这对中央政府而言无疑非常不利。

防范基督教还有其他许多原因，比如传教士背后西班牙和葡萄牙两国的军事力量，日本国内爆发宗教起义的可能性，以及对西方文化产生的光怪印象等。在丰臣秀吉和德川家康时期，以上两个原因尤为突出。随着日本与西班牙、葡萄牙断交，17世纪中叶以后，日本的基督徒在表面上消失了，但基督徒的神秘形象被不断放大，禁教政策得以持续。关于基督教如何实现其隐伏，将在本文下一节"基督教的隐伏——诸宗教的共生"中详细讨论。

---

① 参考庆长十七年（1612）六月德川家康给菲律宾总督的朱印状（村上直次郎译注，《增订异国日记抄》，雄松堂书店，1966年复刻版，页65–66）。

② 参考《近世长崎法制史料集1》，前揭，页52–53。

改宗门制度与改宗族制度的成立

17世纪初期，幕府实施全面禁止基督教的政策，在各地迫害基督徒，出现了很多殉道者。[①]当然，幕府的基督教禁教令是包括民众在内的全面禁止令，但针对的主要对象是传教士和基督教的地方领导人。他们领导下的平信徒要么选择叛教，要么隐藏其信仰。

但是，当时幕府下达的只是禁止基督教的指导方针，[②]至于具体发现并清除基督徒的工作，则由各地领主完成。各地领主对基督教的认识依当地基督徒的人数多少而体现出地域差异，因此，各地封建领主的做法各不相同。令所有领主下定决心彻底清除基督教，寻求一劳永逸的政策举措的，是宽永十四年（1637年）至次年爆发的岛原天草大起义。大起义由一个称为"天草四郎"的15岁少年带领，他在岛原、天草地区以基督教为精神纽带，发动了三万多人参加此次武装暴动。毫不夸张地讲，江户时代的统治方针受到这一事件影响很大。[③]

参加武装起义的人数之所以如此巨大，原因有二：一是对基督教的打压，二是封建领主的苛政。由于严格的禁教政策，表面上岛原、天草地区的基督徒从1630年开始已经灭绝了，但那些内心无法放弃信仰的人们只是隐藏了自己的信仰。此时恰逢饥荒，又兼封建领主的苛政使得民不聊生，于是人们甚至后悔起来，认为是自己在口头上背弃了基督教，所以才会陷入如此困境。岛原、天草地区前领主（基督徒大名有马晴信和小西行长）的侍从对人民的悔恨表示

[①] 罗马教宗本笃十六世（2008年）的枢机主教代表出席了2008年11月24日在日本长崎举行的188名殉教者的宣福礼（详见：《彼得岐部司铎与187名殉教者的列福式公开记录集》，天主教中央协议会，2009）。

[②] 参考村井早苗，《基督教禁令的地域性展开》（岩田书院，2007），大桥幸泰，《基督教民众史研究》（东京堂出版，2001）。

[③] 大桥幸泰，《检证岛原天草起义》（吉川弘文馆，2008）。

同情，动员他们发动起义。这些侍从率领岛原、天草地区的人民，煽动人们对领主的不满情绪，策划了暴动起义。

这场起义使所有领主意识到彻底清除领土内基督教的必要性。暴乱发生以前，各地偶有要求民众改宗门的现象，后来这成为一项长期而广泛实施的制度。同时，幕府任命了负责取缔基督教的专职官员，与全国各地领主联系，搜捕藏匿的基督徒。结果，17世纪中期出现了"大村郡举报"（肥前国的大村藩领）、"浓尾举报"（美浓、尾张国的尾张藩领）、"丰后举报"（丰后国的臼杵藩领）等大规模揭发、检举隐秘基督徒的事件。全面彻底禁教的政策制度逐渐确立，即改宗门制度与改宗族制度。前者规定每人每年必须通过寺庙出具的证明文件（僧侣证明该人是寺庙的施主），证明自己的非基督徒身份；后者规定每个家长都有义务监督自己放弃了基督教信仰的子孙，不许他们重回信仰。

改宗门制度在全国范围内建立起来的时间是在宽文年间（1661至1673年），改宗族制度建立于贞享四年（1687年）。马雷加神父收集的资料当中就有很多与改宗族制度相关（参考图2）。期待随着进一步的深入研究，该制度的细节可以更加清晰地展现于世人面前。

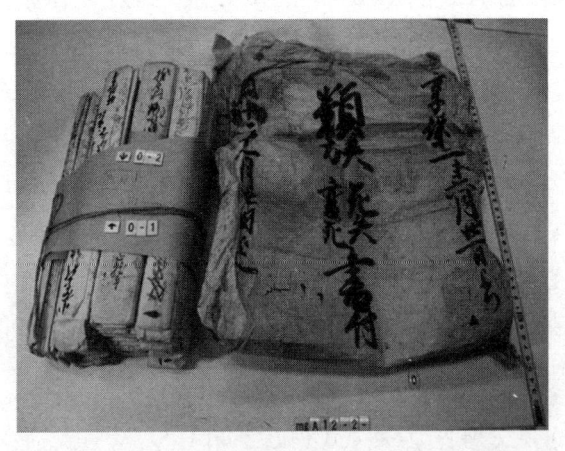

图2 马雷加神父收集的与改宗族制度相关的史料

经过这样的过程后,江户时代的日本人作为一个外部系统与世界分割开来。① 但是,他们并非不知道由创造神建立秩序的世界观。这种世界观不仅由隐藏的基督徒传承下来,传播荒诞不经的"切支丹"形象的"排耶书"(批判"切支丹"的通俗读物)也对基督教的核心——创造神这一概念做了很多说明。江户时代的民众绝非对这种世界观一无所知,只是没有处于积极接受这种世界观的环境中。

二 基督教的隐伏——诸宗教的共生

基督教与神佛信仰的共生

纵观整个江户时代,基督教禁令未曾松动,然而,隐匿在九州各地的基督徒直到19世纪中叶幕府倒台都一直存在。他们在信仰共同体——兄弟会中举行基督教的各种仪式,世世代代传承信仰。②

德川时代末期,为居住在长崎的外国人建造的大浦天主教教堂里的传教士,于元治二年二月二十日(1865年3月17日)在长崎近郊的浦上村山里遇到了隐伏的基督徒。这一事件在基督教历史上被称为"奇迹",从欧洲的角度来看,是基督教的一个发现。在长期隐匿状态中幸存下来的基督徒,因传教士的鼓舞而复活了信仰,这段历史经常在各种传说故事以及文学作品中出现。

当然,隐伏的基督徒能够世代相传地坚守自己的宗教信仰,是因为他们有维持宗教信仰的坚强意志。然而,单单是基督徒坚韧的信心,无法充分解释他们为什么可以成功地长期保持隐伏状态,因为基督徒藏匿的村庄并非仅由虔诚的基督徒构成,他们随时有被检

---

① 清水有子,《近世日本的基督教禁制》(《历史学研究》924,2014)。

② 参考《基督教民众史研究》,前揭;大桥幸泰,《隐伏的基督徒 江户时代的禁教政策与民众》(讲谈社,2014)。

举揭发的危险。当然,有的村庄里村民全部是基督徒,一般而言,在有基督徒隐藏的村落里,基督徒的比例本身都是比较高的。但即使如此,也未必所有村民都是虔诚的基督徒。事实上,即使在基督徒人数比例高达50%至70%的天草地区,在文化二年(1805年)发生的"天草举报"事件中,也出现了这样的证言:

> 听说信了基督教赌博时就能赢钱,所以才信了,但是发现赌博时依然赢不了钱,就不再信了。①

因此,信仰虔诚程度的差异随处可见。

实际上,当时日本人的宗教生活丰富多样。非基督徒,甚至包括虔诚的基督徒在内,都有身份归属的檀那寺(改宗门时证明某人是该寺庙施主的寺院),也都会参加当地固有的神祇信仰和宗教习俗活动。隐伏基督徒的宗教活动与其说是与其他宗教活动混合(syncretism),不如理解为从一开始便与其他诸多宗教活动并行不悖。对他们而言,无论哪种宗教活动都是已经融入日常生活中的东西。②至少在表面上,基督教与神佛信仰、民俗宗教习俗并不存在对立和矛盾。

之前学界的观点认为,在严厉的基督教禁教政策下,隐伏的基督徒为了隐藏身份,被迫参与神佛信仰和各种民俗宗教的活动,将

---

① 《天草古切支丹资料2》(九州史料刊行会,1959),页24。18世纪末至19世纪中叶,陆续在浦上村山里和天草下岛的西海岸四个村庄(大江村、崎津村、今富村、高浜村)出现检举揭发隐匿基督徒的事件。"天草举报"事件就是其中之一。

② 隐伏基督徒的宗教组织和仪式存在地域差异。关于这一点,有学者认为差异并非禁教时代出现的变化,而是自基督教传入之时便有的。详见中园成生,《九州西岸地区的基督徒信仰形态与变化》(《关于长崎县内多样村落形成的文化景观保存调查报告书(论考编)》,长崎县世界遗产登录推进室,2013)。

其作为一种伪装。的确，基督徒在亲人去世后也要接受檀那寺的诵经超度，但之后或者当时，他们往往就在隔壁屋子里进行祛除佛教经文力量的神秘仪式。对于虔诚的基督徒而言，檀那寺的宗教活动意味着一种痛苦，即使没有感到痛苦，他们也不会将基督教以外的宗教活动看得比基督教更重要。

但是，江户时代的人们参加多种宗教活动的现象并非不可思议。许多人在参加檀那寺宗教活动的同时，也会参加村神社和各种神佛信仰相关的宗教仪式。同时，在日常生活中，他们也经常到没有直接关系的寺庙神社去参拜，或者向神佛习合①的宗教人士祈祷、占卜。隐伏的基督徒参与多种宗教活动的行为与非基督徒的宗教活动之间并没有太大差异，都是符合当时社会和生活习惯的做法。虽然重要性的程度有所不同，但不可否认，江户时代的人们拥有多重宗教属性。换言之，江户时代的日本呈现出一个包括被禁止的基督教在内的多种宗教共生的局面。

这种局面的产生与江户时代正法（正统的宗教）的模糊定位不无关系。虽然在丰臣秀吉与德川家康将日本定位为"神国"之后，丰臣秀吉成了"丰国大明神"，德川家康成了"东照大权现神"，但他们都是包含佛教要素的神佛习合的神。江户时代，对祭祀东照大权现的东照宫的布施捐赠不仅来自埋葬德川家康的日光地区，还来自全国各地，但幕府从未强制人们去参拜。与此同时，德川将军家的家庙檀那寺是宽永寺和增上寺，其宗派隶属于天台宗和净土宗，

---

① ［译注］崇拜和祭祀自然万物之灵、天神地祇和祖先神灵是日本原始神道信仰的主要内容。公元6世纪佛教传入，对原始的神道信仰产生了巨大而深刻的影响，促使各地建起神宫、神社，后来还制造出神像，同时也促使了神的观念和神道教义理论的发展。另一方面，佛教作为外来宗教在日本扎根并发展的过程中也吸收和利用了神道信仰。这种神道与佛教互相会通、结合的历史现象，称为"神佛习合"。

但当时社会中佛教并非只有这两个宗派，还有大量其他宗派。此外，社会上经常举行各种各样的宗教活动，但幕府并没有指定其中哪宗哪派是唯一的正法。

与之相对，江户时代的邪法认同倒非常明确，就是"切支丹"，但那并不是隐伏的基督徒们跨越几代人坚守和传承的基督教信仰。这一点将在以下内容中详细说明。

异端宗教活动与多样属性

隐伏的基督徒之所以能够长期存在，有外在和内在两方面原因。

外在原因是指当时隐伏基督徒周边的外在环境。最终而言，他们的宗教活动没有被政府视为"切支丹"。那么，如果不是"切支丹"的话，又是什么呢？答案是"异宗"和"异法"。这两个称呼在18世纪末期至19世纪中期发生的一连串事件中出现，如宽政二年（1790年）"浦上第一次举报"、文化二年（1805年）"天草举报"、天保十三年（1842年）"浦上第二次举报"、安政三年（1856年）"浦上第三次举报"、庆应三年（1867年）"浦上第四次举报"等（年代为事件发生时间，参考下表）。这些事件都是对基督徒嫌疑人的举报揭发，但不同于上一节中提到的17世纪中期发生的大规模举报事件，除了"浦上第四次举报"，其他几次最终都没有使隐伏基督徒被认定为"切支丹"。

隐伏基督徒"异宗"事件表

	发生年	隐伏基督徒的应对	处理结果
浦上第一次举报	宽政二年（1790）	否认"异宗"的存在	无罪
天草举报	文化二年（1805）	承认"异宗"信仰	处以罚金
浦上第二次举报	天保十三年（1842）	不明	不明

续表

	发生年	隐伏基督徒的应对	处理结果
浦上第三次举报	安政三年（1856）	承认"异宗"信仰，但不承认是"切支丹"	入狱数日、处以罚金，有人死于狱中
浦上第四次举报	庆应三年（1867）	声明承认基督教信仰	流放他藩

值得注意的是，"异宗"和"异法"的称呼并非始于这一连串举报事件，而是很早以前就有。在统治者看来，所有怪异的、非正规的宗教活动都是"异宗""异法""怪异之法"。多数情况都是主持开展宗教活动的人不具备正式的神职资格。这样一来，一连串被举报的疑似隐伏基督教的宗教活动，就被视为类似以前信仰怪力乱神的非正规的宗教活动。实际上，19世纪初期的幕府在处理类似宗教活动案件时，参考了这些举报事件的处理结果。例如，文化十一年（1814年）的今泉村一案①中出现了俗家人士进行佛教说法的问题。这一案件参考了18世纪末浦上第一次举报案的判决。万延元年（1860年）关于浦上第三次举报案的判决，参考了19世纪初期天草举报案和今泉村一案的判决。笔者认为，这些都可以列入异端宗教活动的范畴。

统治者们十分警惕异端宗教活动，但它们与要彻底清除的"切支丹"并不一样。对幕府而言，一切可疑、奇怪的人都是"切支丹"，"切支丹"一词代表了贫困化的形象。②"切支丹"形象诞生的背景有

---

① 今泉村是天草上岛的村庄。岛原天草大起义时，该村有大量村民参加，起义失败后，其他地方的大量移民涌入。该村与天草举报案中的村子相距较远，一般不认为该村中有隐伏的基督徒。

② 参考菅野八郎，《子孙心得之事》，收于《日本思想大系58 民众运动的思想》（岩波书店，1970），页122-126。高木庆子，《关于高木仙右卫门的研究——以〈备忘录〉的分析为中心》（思文阁出版，2013），页125-126。

两个。第一，由于宽永十四年（1637年）基督徒发起的武装暴动——岛原天草起义——给社会留下了强烈的印象，导致整个江户时代持续高压的基督教禁令。第二，隐匿于现实中的基督徒，至少表面上对社会世俗秩序表现出了顺从的姿态。对于江户时代的人们而言，"切支丹"是破坏既有秩序的象征，但对于幕府和封建领主而言，揭发"切支丹"反而是一种威胁。他们并不想去强行抓捕一个模范地遵守并服从现实世俗秩序的隐伏的基督徒，置之不理才是统治者维持社会秩序的上策。因此，很多举报事件的处理，都以结论认为不存在"切支丹"而告终，这说明统治者在有意回避被举报者的责任问题。除此之外，也有迹象表明统治者有意掩盖对隐伏基督徒的举报。无论如何，贫困化的"切支丹"形象与现实中隐伏的基督徒之间的差异，是使基督徒隐匿于世成为可能的外在原因。

另一方面，基督徒能够长期隐藏的内在原因，是江户时代的乡村管理制度"村请制"。"村请制"类似一种承包责任制，在这种制度中，领主要求村落上交的年贡赋税是以村庄为集体对象，而不是针对村庄里个人的责任，即要求村民承担连带责任。这种制度便于领主行使统治权力，对村民而言，这种组织形式则要求他们共同决定村事务并承担责任。实际上，江户时代每个村庄都有自己的法律规定，即所谓的"村规"，以仪式活动为代表的节假日等日常生活作息也以村庄自治的形式决定。

正是由于这种"村请制"的存在，村民们可以互助合作，维持共同生活。村里交不上年贡赋税时，村民们会一起想办法，甚至普遍存在向其他村庄求助以共渡难关的情况。而当经济形势严峻时，村民们也会一同举行请愿活动，请求政府提供被称为"御救"的援助金。①

---

① 比如浦上村山里的情况，森永种夫编写的《长崎代官记录集》记录了村向长崎奉行所申请为贫困者提供援助大米的例子（犯科账研究会，1968，页5-6、33）。

简言之，这一制度起到了安全网的作用，保护了那些无法生存下去的村民个人或家庭。正因为如此，村落作为一个生活共同体对村民具也有一定的约束力，限制了个人自由。

值得注意的是，隐伏的基督徒也生活在江户时代的这种村落共同体社会中。一说起隐伏的基督徒，很容易将他们所有的行动都归结于基督教信仰的立场，但他们并非只拥有基督教信仰者这一唯一的宗教属性。为了全面理解他们的生活，必须承认基督教信仰者立场是他们的重要属性，但也不能通过这一属性去寻找所有问题的答案。除了基督徒之外，他们还有很多其他的社会属性，笔者最关注他们作为江户时代村落社会共同体中一员的属性。因为对他们而言，要想在当时的社会中生存下去，就必须依赖于通过"村请制"来运营的村落组织。如此一来，隐伏的基督徒若想在现世中生存下去，恐怕优先要考虑的就是作为村落共同体一员的社会属性，而不是作为基督徒的宗教属性。

优先表明作为村落社会共同体一员属性的态度，在非基督徒和信仰薄弱的基督徒身上是共通的。基督徒存在于村落社会中的事实不言自明，[1]但如果因举报基督徒而使村落受到处罚，整个村落社会也将完全崩溃。这对于非基督徒来说也是至关重要的问题。因此，无论是基督徒还是非基督徒，村民这一共同的社会属性都是第一位的。因此，即使有奖励揭发举报的制度存在，基督徒依然能够隐匿在社会中。

---

[1] 参考 Martin Nogueira Ramos，《幕末、明治初期基督徒民众社会的地域构造考察》(《日本史研究》36，2012)，其中指出当时有隐伏的基督徒与不同村落的基督徒结成婚姻关系的例子，这说明村落社会中的人们已经形成了基督教信徒与非基督教信徒的区别。但是，天草地区隐伏的基督徒中也存在基督徒与非基督徒之间的通婚。不管怎样，在有隐伏基督徒存在的村落社会中，信徒与非信徒混杂的情况是当时众所周知的事实。

综上所述，直到 19 世纪中叶的江户时代，隐伏的基督徒都在表面宗教界限模糊的环境中实践着多元宗教活动，并过着以村落社会共同体一员的身份属性为优先的日常生活。关于后者，非基督徒也同样如此。

但是，在之后的时代中，日常生活发生了很大变化。随着基督教禁令的终结，基督教传教活动再次兴起。明治二十二年（1889 年）颁布的明治宪法中明确规定了"信教自由"，但村落社会中反而因此形成了严重的宗教对立与冲突。基督徒存在的地区形成了泾渭分明的三种人：因基督教重新传播而加入教会组织的人，继承以前祖先流传下来的基督教信仰的人，以及侧重神佛信仰的人。他们经常彼此批判，强调自身具有真理的唯一性。明治时代以来，地域社会中发生的宗教对立数不胜数，可以说，反倒是在贯彻基督教禁令的江户时代，才实现了表面上的诸宗教共生。

结　语

16 世纪中期传入日本的基督教受到当时日本人的广泛接受，但也遭到了维持现有秩序的势力的攻击。基督教被认为与统一战国时代的丰臣秀吉、德川家康建立的国家秩序不相容，因而遭到严厉镇压。到 17 世纪中后期，伴随着基督教禁教制度的不断完善，江户时代的宗教秩序已然形成。虽然以这种方式构建的宗教秩序限制了江户时代人们的宗教活动与信仰自由，但是隐匿的基督徒仍可以存续至 19 世纪中叶。包括基督教在内的各种宗教在制约之下共生并存。然而，这必须满足一定的条件，即在保持诸宗教表面上的模糊界限的同时，将人与人之间共通的属性置于第一位。

当然，幕府的禁教令是一种拒绝接受异质文化的政策，在思考异质文化的共生条件时，如何避免这样的政策是首要课题。另外，在传教士唆使下发生了破坏神社和寺庙的行为，这些也是导致基督教遭到打压的一个原因，此亦为不争的事实。众所周知，在异质文化的传播过程中，对待作为接受方的既存本土文化的做法，可能成为阻碍异质文化共生的主要原因。

另一方面，多数情况下，对于被统治者而言，来自统治者的政策制约了自身的行为，但这并不意味着不能实现异质文化的共生。笔者相信，尽管有各种各样的制约，靠着被统治者的智慧，仍可以实现异质文化的共存共生。通过对近世日本基督徒活动的考察可以发现，在淡化不同文化和种族的差异性的基础上，优先强调多元化群体的共通属性，也许正是使异质文化共生成为可能的关键。笔者仅以此结束本文的探讨。

古典作品研究

塞涅卡《特洛伊妇女》中的死亡与视角

拉沃尔（Gilbert Lawall） 撰

董文鑫 译 隋昕 校

死亡的主题贯穿塞涅卡的《特洛伊妇女》（*Troades*）始终。[①]特洛伊陷落并遭到劫掠，一个伟大的城市便如此灭亡。特洛伊的保卫者赫克托耳（Hector）和国王普里阿摩斯（Priamus）已然死去，而皇室最后的血脉，作为城邦未来唯一希望的阿斯提阿那克斯（Astyanax）和波吕克塞娜（Polyxena），却在剧中一起被捕并走向死亡。特洛伊城的毁灭和其民众的丧生都指向同一个问题：死亡是最终的毁灭——可视为卢克莱修（Lucretius）的观点，还是城邦走向重生、灵魂转入来世的一次痛苦涅槃——维吉尔的观点。歌队吟唱

[①] Steven Alan Childress（"Supernatural Influence upon Hector and Astyanax in Seneca's *Troades*," *The Classical Bulletin* [57]，1981: 73 - 76）在其文章中提醒人们关注剧中的"行动发展线"，从赫克托耳的死亡到特洛伊的毁灭，直至最终阿斯提阿那克斯的死亡。此文试图寻求更全面地理解这部剧，作者解释了波吕克赛娜和阿斯提阿那克斯两人故事线的平衡交替，还对被俘妇女以及歌队的作用进行了分类。作者很感激匿名评论者所提出的一些建议，它们使此文得以改进。

的死亡颂歌（行 371－408）是戏剧结构的关键之处。它强调了卢克莱修对灵魂能在死后存在（umbras corporibus vivere conditis）这一观念的反对，主张死后尽归虚无。维吉尔笔下的鬼魂形象以及剧中随处可见的对极乐之境（Elysium）的来世信仰的自信断言，都与此公然对立。通观整部剧，关于毁灭还是不朽的问题仍然没有解决，正如塞涅卡在其散文写作中也没能真正处理此问题。（死后）将被带往维吉尔笔下极乐之境的想法并未得到证实，但剧中角色都是基于此而行动的——波吕克塞娜勇敢地接受了牺牲自我的命运；而卢克莱修却坚信，死亡就是终点，根本没有来生。

　　赫卡柏（Hecuba）完整描绘了特洛伊的陷落（行 1－163）。城邦的保卫者赫克托耳死了，整个城邦陷于一片火海之中。特洛伊的国王普里阿摩斯也已经死了，据认为他要么被埋在整片国土之下，要么作为一具无头的尸体躺在海岸边（行 141）。普里阿摩斯已然日渐枯朽，身上的血液渐渐干涸，而他断头的尸身更象征着特洛伊的衰败和如今群龙无首的王权。在另一个版本中，他葬身于国土之下，整个王国由此而成为墓穴，什么都没有给未来统治者留下。城邦在被劫掠者们贪婪的双手和目光所觊觎之前就已经陷于绝望，而被俘的妇女们还要被分配给这些胜利者。随之，整个王国彻底土崩瓦解，它的垂死挣扎宣告终结。赫卡柏适时地敦促并带领歌队为这死去的城邦（唱起）一段正式的挽歌：为特洛伊尽礼吧（行 65）。①

　　特洛伊如此彻底地毁灭了，似乎不必再担心还有更大的不幸，

---

　　① 对于赫卡柏来说，这是特洛伊陷落的象征，参 William H. Owen, "The Excerpta Thuanea and the Form of Senaca's *Troades* 67－164," *Hermes* (98), 1970: 367－368.［译按］《特洛伊妇女》译文参考杨周翰的中译本，《埃涅阿斯纪　特洛亚妇女》，上海：世纪文景/上海人民出版社，2016.

也不必再期待时至今日还能有什么好事发生。①赫卡柏并未提及阿斯提阿那克斯和波吕克赛娜，她唯一预见到的情节就是俘虏们将被敌人瓜分。然而，她在第 17 行提到了"阿萨拉库斯的宫殿"，这也许是向潜在观众（读者）暗示，特洛伊的陷落并不像赫卡柏描绘的那样彻底走向了终结，这个城邦可能还存有一线生机。伊拉斯（Ilus）和阿萨拉库斯（Assaraus）都是特洛斯（Tros）的儿子，是特洛伊的建国者，而普里阿摩斯和阿斯提阿那克斯是伊拉斯的后代，埃涅阿斯（Aeneas）则是阿萨拉库斯（Assaracus）的后代。在《埃涅阿斯纪》(Aeneid) 第一卷著名的一段里，朱庇特（Jupiter）为了让维纳斯（Venus）安心，说起了未来的罗马城和由阿萨拉库斯与埃涅阿斯沿袭的朱利安（Julian）一脉：

> 将有这么一天来到，特洛亚的家族将臣服弗蒂亚和声名显赫的米刻奈，君临被征服的阿尔戈斯。（行 283 - 285）

然而，《特洛伊妇女》的情节并没有沿《埃涅阿斯纪》继续展开。整个阿萨拉库斯宫殿烟气弥漫（行 17），埃涅阿斯在《特洛伊妇女》中也根本没有被提及。潜在的观众（读者）可能被暗示特洛伊将在罗马重生，但对于此剧中的角色而言这份慰藉并不存在。

不过，特洛伊或许会因普里阿摩斯的血脉而幸存，这也是此剧起初的情节走向。首先，阿伽门农（Agamemnon）想要营救普里阿摩斯的女儿波吕克赛娜（行 250 - 370），接着，安德洛玛刻（Andromache）则试图救下普里阿摩斯的孙子阿斯提阿那克斯（行 409 - 813）。阿伽门农本不想如赫卡柏在序言（行 14 - 15）中的描述

---

① 对比歌队在提起将死之人时所说，"贪心的人，放下希望吧；忧愁的人，放下顾虑吧"（行 399）。

那样，将特洛伊夷为平地（行 278-279），他如今想保留特洛伊的这些残余（行 285-286）。这也是他反对祭献波吕克赛娜的原因之一。戏剧的高潮和悬念随着他与皮拉斯（Pyrrhus）的争执逐渐展开：如若阿伽门农赢了，特洛伊的皇室血脉或许能通过波吕克赛娜而延续，城邦的最终命运可能就会因此而不同。若是利用埃涅阿斯的传奇，这出剧本可能走向一个更美好的未来。然而，这潜在的走向被卡尔卡斯（Calchas）阻断了，他宣称波吕克赛娜和阿斯提阿那克斯的死都是命定的（行 360-370）。阿伽门农默默地屈从了；他想要拯救特洛伊遗孤的努力落空，他在剧中也再未起到任何作用。

在双线情节以及征服者与被征服者的对应关系中，又一轮行动和悬念随之展开。比如安德洛玛刻，被出现在梦中的赫克托耳提醒（这令人想起《埃涅阿斯纪》卷二中赫克托耳向埃涅阿斯显形的事），而竭力想要救下阿斯提阿那克斯（行 462）。这样一来，也许这个孩子能使特洛伊重生，向希腊开战，为他死去的父亲报仇雪恨，以他的方式完成《埃涅阿斯纪》卷一中朱庇特对维纳斯的承诺。然而，当阿斯提阿那克斯从他藏身的赫克托耳的墓穴（这是整部戏剧死亡主题的一个重要象征）中被带出，并由尤利西斯（Ulysses）（行 705-813）领走时，就否定了对未来的这种期待。情节再次停滞，戏剧重回核心的死亡问题。两个孩子都将被处死，而当第二个赴死的波吕克赛娜同阿喀琉斯（Achilles）的骨灰举行不会有子嗣的冥婚（marriage-in-death）时，希腊观众会很高兴看到"他们敌人的血脉被切断"（行 1127-1128）。①

墓穴之外仅剩的事便是特洛伊城的重生了。当赫卡柏随歌队将要唱完悲歌时，她宣称死去的普里阿摩斯并不值得悲怜，相反，在黄泉

---

① 参 J. David Bishop, "Seneca's *Troades*: Dissolution of a Way of Life," *Rheinisches Museum* 115(1972), 332. "……她（波吕克赛娜）将要作为阿喀琉斯的新娘被献祭……这意味着，她为特洛伊人创造新血脉的能力被剥夺了。"

之下的他幸福而自由，因为他逃过了受奴役的屈辱和胜利者的列队带来的堕落境况（行142-156）。歌队重复了赫卡柏激动高呼的"幸福的普里阿摩斯"，还进一步解释了普里阿摩斯的幸福（行157-163）。他"离开"这个世界时（注意excedens这个委婉说法），将他的王国也一同带走了（行158）。如今他在极乐之境的树林中，在宁静的树荫间闲步，快乐地在那些虔诚的灵魂中寻觅赫克托耳。

> 如今他在乐土的山林里，
> 在安全的树荫之间闲步着，
> 快乐地在那些虔诚的灵魂中寻觅他的赫克托耳。（行159-161）

后来，当安德洛玛刻意识到她无法保护阿斯提阿那克斯，好让特洛伊在世上重生时，她便将他送去墓穴另一端的特洛伊。这呼应了赫卡柏和歌队悲歌的结尾部分："你的特洛亚在等待你；去吧，趁你还自由，去看望自由的同胞吧。"（行790-791）就如普里阿摩斯被形容为正在寻找着赫克托耳一样，此处的安德洛玛刻也把阿斯提阿那克斯送去与其父亲相见（行801）。祖父、父亲和儿子都将在那个转至阴间的特洛伊王国中重聚。安德洛玛刻令阿斯提阿那克斯把几绺头发、眼泪和吻都带给赫克托耳：

> 重新拿起这绺头发，再接受母亲的眼泪吧，这些东西是你父亲死后我所仅有的了；再吻你一次，把我这吻带给你的父亲。（行806-809）[①]

[①] O. Regenbogen 曾讨论过此段落及其悲情意味，参 "Schmerz und Tod in den Tragödien Senecas," *Kleine Schrifen*, ed. F. Dirlmeier (Munich, 1961), pp. 432-433。

当阿斯提阿那克斯在戏剧结尾处走向他自己的死亡之时,安德洛玛刻对来生毫不怀疑的信仰给他注入了新的信心。他纵身跃下的那座塔楼,正是当年普里阿摩斯将他抱在臂弯中亲抚的地方,他曾从这儿注视着父亲在城下的平原上无比英勇地作战(行 1068 - 1074)。当阿斯提阿那克斯登上塔楼时,这些关于赫克托耳和普里阿摩斯的回忆增强了安德洛玛刻言辞的效果,给了他更坚定的信心,使他毫不踌躇地走向高大的城墙(行 1090)。当他到达最高处时,他向另一边投下狠狠的一瞥,"心中毫不畏惧"(行 1093)。早先他还在剧中可怜地哀求母亲,"母亲啊,可怜可怜我吧"(行 792),现在他已经转变成一个凶猛而令人胆寒的幼兽(行 1093 - 1096),而不再是此前那个瑟瑟发抖、充满恐惧的小牛犊(行 794 - 799)。他没有哭泣,也没有等尤利西斯将他推下高塔,由此否定了早先那个比喻的暗示,即他不过是这头凶猛狮子坐以待毙的受害者。安德洛玛刻坚信墓穴之上的特洛伊城中定有来生,这令阿斯提阿那克斯受到鼓舞。承载着安德洛玛刻与极乐之境的赫克托耳交流[的希望],他纵身跃下,"落在普里阿摩斯的国土中央"(行 1102 - 1103)。信使最后以如诗般的言辞描绘了如今在大地上已遭毁灭的王国,但是有心的观众(读者)将体会到对这欢乐王国的隐射:普里阿摩斯已将其带去了极乐之境。

然而,在卡尔卡斯宣告波吕克赛娜和阿斯提阿那克斯必死的命运后,歌队的死亡颂歌却在质疑灵魂是否真的拥有来生,并断然宣称答案是否定的(行 371 - 408)。歌队在此表达了卢克莱修的观点,① 阿斯提阿那克斯从塔楼一跃而下后,只剩他那下落时撞击在岩石上

---

① R. M. Haywood, "The Poetry of the Choruses of Seneca's *Troades*," *Hommagas à Marcel Renard*, Vol. I, ed., Jacqueline Bibaww (Latomus, Brussels, 1969), pp. 418 - 419, 有关该颂歌中卢克莱修的回应,可参见此文。

的"变形了的尸体"(行 1110-1117),他去往极乐之境与父亲和祖父团聚的愿景纯粹是空想。

与阿斯提阿那克斯相反,波吕克赛娜则以行动表明,她认同歌队将死亡视作一种毁灭或者遗忘的观点。她第一次出场是被俘之后:头发凌乱,形容悲痛(行 883-885)。或许她的悲伤和绝望因得知自己要嫁给皮拉斯的假消息而愈发浓烈,或许她在反抗海伦(Helen)为她穿上嫁衣并为她梳妆的企图。之后实情暴露,她明白了自己是要被杀死并嫁给在极乐之境化为灰烬的阿喀琉斯,这时她反而"无比愉悦"地接受了她"幸福"的命运,欣然梳妆打扮(行 945-947)。对于她来说,与皮拉斯结婚的恐惧完全能够相比常人对死亡的恐惧,而她对待眼前的死亡却如常人看待婚姻一般喜悦(行 948)。显然,她重新喜悦起来并不是因为相信真能与极乐之境的阿喀琉斯结婚,而是因为她相信死亡就是终点,不会再有来生,这样一场同阿喀琉斯在墓穴上的婚礼只是纯粹的幻想。她像歌队一样相信死亡是一种遗忘,相信接受死亡就能够从此摆脱悲惨的命运。在这部剧的结尾,她嘲弄了与阿喀琉斯的"婚礼",带着愤怒坠落在阿喀琉斯的墓穴上,使他身上的土地更为沉重(行 1158-1159)。与阿喀琉斯在极乐之境的婚礼没有了,有的只是她的身体在这个世界向坟墓发出的重重一击。紧接着是一段骇人的描述,讲到荒凉的墓穴如何吮尽波吕克赛娜周身流出的鲜血(行 1163-1164)。

塞涅卡的《特洛伊妇女》中呈现的此类死亡观也曾在他的散文作品中出现。[①] 在《致玛西娅的告慰书》(*De Consolatione*)中,塞涅卡宣称死亡会将万事都化为虚无,此段落与《特洛伊妇女》中的歌

---

① 参见 Fr. Pierre Benoit, O. P., "Les idées de Sénèque sur l'au-delà," *Revue des Sciences Philosophiques et Théologiques* 32 (1984): 38-51, 以及 Anna Lydia Motto, "Senca on Death and Immortality," *The Classical Journal* 50 (1954-1955), 187-189。塞内卡在论辩方面得到的全面训练使其能够对任何问题从两方面进行探讨。

队颂诗有不少异曲同工之处：

> 你要想到，死后就再也没有了厄运的折磨，那使得下界在我们看来十分可怕的传闻不过只是谎言，对死者而言，并没有什么黑暗、监狱、烈焰、忘川在那儿等着，哪里也不会有什么审判席、囚犯，在那种无限的自由中也不会再度出现什么暴君。一切的一切不过是诗人的想象，他们用毫无根据的恐怖事物让我们苦恼。死亡是一切痛苦的解脱，它是我们的不幸的界限——它让我们回复出生之前所处的平和状态。如果有人要怜悯死者的话，那他也必得怜悯那些尚未出生的人。死亡既非善亦非恶；因为惟有那些是个事物的东西才能成善或成恶。而那些本身就是虚无并将一切事物归于虚无的东西，并不能将我们交付于好运与厄运之域。(19.4-5)[①]

歌队和波吕克赛娜的死亡观正是如此。但在同一部作品的下文中，塞涅卡又展示了安德洛玛刻和阿斯提阿那克斯所怀的另一种完全不同的死亡观。他如此描述玛西娅（Marcia）之子的灵魂：

> 他是完整的——没有将他自己的任何东西留下，他已经消逝，整个地脱离了这尘世；当他净化自己、脱除因他在俗世的存在而黏附于他身上的一切瑕疵污秽时，他曾短暂地滞留在我们的上空，而后他就高飞而起，迅速地加入到那些神圣灵魂中去。一群圣洁的人热情地接纳了他——斯基皮奥们，加图们，

---

① ［译按］《致玛西娅的告慰书》中译文参见塞涅卡，《哲学的治疗——塞涅卡伦理文选之二》，吴欲波译，包利民校，北京：中国社会科学出版社，2007，页104。

以及与那些蔑视生命、通过服毒找到自由的人，也就是你的父亲，玛西娅。尽管在那里，一切相互亲近，你父亲仍会将他的外孙留于身讫，而你的儿子则会欣喜于新找到的光芒，你的父亲教导你儿子邻近星体运动的知识，快乐地激发他去探索自然的奥秘，不是通过推测，而是经由经验获得对所有这些事物的真知，恰如一位异乡人对引导他游览一个不熟悉的城市的向导心存感激。(25.1-2)①

塞涅卡在此明显依托于西塞罗（Cicero）在《论共和国》(De Republica)中提及的斯基皮奥（Scipio）之梦。

回到塞涅卡的《特洛伊妇女》。虽然两个孩子对死亡持有完全相反的信念，但他们都以高贵的姿态死去（"高贵的精神"，行1064）。他们坚定地接受了自己无法抗拒的命运，这种行为尽管高贵和值得赞颂，却不足以吸引我们的全部注意，相反，它由好奇看客们的注目和悲泣所建构，并且成为一场更宏大、更复杂的精彩表演的一部分。最终，垂死之城的宏大场景构建了这场属于孩子们的更盛大的临终表演，它与聚焦在他们身上的目光都至关重要。

在整部剧中，歌队始终都保持一定的距离，远远观望着特洛伊的陷落悲剧。在早先的剧情中，歌队在赫卡柏的敦促和严格引导下，参与了对城邦的公开悲悼（行63-163）。此处的歌队并不像赫卡柏本人那样，有绵长得不可抑制的悲痛。相反，歌队在第371-408行的颂歌是以死亡为主题的个体的、私人化的沉思，只与此前的情节有间接关联。虽然卡尔卡斯宣布的波吕克赛娜和阿斯提阿那克斯必须赴死的消息令人胆寒，歌队却未直接对此做出反应，而是让自己与这些情节保持一定距离，避免直接提及周遭世界上的人物、场

---

① ［译按］《致玛西娅的告慰书》，前揭，页114-115。

景、事件。颂歌太私人化、太抽象，自成一体，以至于哪怕将其从整部戏剧中抽脱出来，作为一首独立的诗也立得住脚。但是，其发散性的死亡沉思却在整体上与剧中关于城邦灭亡的意象和主题紧紧关联。比如，歌队用浓烟和乌云的画面来表现灵魂在死亡面前的消散和彻底毁灭（行 392‑395），① 这些词在剧中仅被用在开头和结尾处，描述浓烟像云一般弥漫在这座废墟之城的高空（行 19‑21，1053‑1054）。此外，如我们所知，经歌队深思过的不同观念——死亡是通向来生的过渡或死亡就是毁灭——分别给了阿斯提阿那克斯和波吕克赛娜勇气。这种针对死亡的发散性沉思，为我们将整部剧的构思、情节、主题、意象作为一个整体来理解提供了关键信息。

歌队的下一支颂歌（行 814‑860）同样也与前一幕在情节上仅仅间接相关。阿斯提阿那克斯已经被尤利西斯拐走，安德洛玛刻想要特洛伊重生的希望已被粉碎，但歌队在这首颂歌中对这些只字未提。歌队再一次沉浸在本质上很私人化的想法中，忽略了安德洛玛刻和阿斯提阿那克斯，而仅仅思考着自身的命运以及被希腊掠夺者们俘虏的妇女们将被带到何方。歌队再次在两个方面都保持了距离：在时间上展望着他们将抵达的目的地，在空间上将注意力从特洛伊转移到数量众多的希腊城邦和岛屿。甚至阿喀琉斯、海伦、梅涅劳斯（Menelaus）、阿伽门农和尤利西斯这些人物，也都因种种精奥的地理典故而被疏远（行 830‑835，851‑857）。

歌队最后的颂歌（行 1009‑1055）并未以前一幕中发生的事件（波吕克赛娜被绑走和俘虏们将被瓜分）开篇。这支颂歌纯粹是对"不幸总是常伴左右"这一主题的个人性沉思。对不幸的相对性的考察是高度抽象的，同时，被引入来阐释论点的四个小故事一闪而过

---

① 正如 J. David Bishop 所观察到的，浓烟与乌云的画面取材于卢克莱修，参见 "Seneca's *Troades*: Dissolution of a Way of Life"，前揭，页 333。

(行 1026-1041)，故事的主体内容如此丰富，以至于让人无法抓住焦点。这又是一种有意拉开距离、转移对特洛伊临终命运的恐惧的方式。显然，歌队试图通过客观的视角，以"哲学的方式"忍受命运，从而平息悲痛。在颂歌的最后部分，俘虏们在船上，即将出海向希腊航行，他们与那陷落后冒着滚滚浓烟的城邦之间有着实在的距离，这将悲惨和哀伤转化为了一种近乎欢愉的乡愁：

> 整片陆地都将缩小，
> 瀛海扩张，
> 峥嵘的依达山将在天际渐渐消失。
> 那时候，我们这些可怜人的心情又将如何呢？
> 儿子向母亲，母亲向儿子，
> 指着化成一片瓦砾的特洛伊的所在，
> 远远地用手指着，将会说道：
> "那就是伊利昂啊！
> 只剩下浓烟蜿蜒升入高空，和一团乌黑的云气了。"
> 这将是特洛伊人辨认祖国的唯一标帜了！（行 1047-1055）

悲伤和泪水已被抛在脑后，伊利昂已经在遥远的地平线上缩成一个奇妙的烟圈。母子间的亲密关系使这一幕显得更加平静肃穆。特洛伊已不存在，再也不会重生，母子得以幸存，面对特洛伊的厄运，只能共同承受此时的乡愁。戏剧情节行至此处，歌队已经从它原初沉浸于城邦毁灭时的悲痛与感伤中抽身，寻求从哲学的、情感的以及物理上的距离和视角来看待特洛伊和人类的命运。但这是一种很脆弱的距离感，暂时获得的宁静很快便被信使那刺耳的言辞残忍地打碎了，他赶来宣告了阿斯提阿那克斯和波吕克赛娜的死讯："真是残酷、无情、可怜又令人害怕的结局！"（行 1056）

观众（读者）以一种更复杂的方式与剧中的这些场景保持了距离，相应地，他也能够以更整全的视角理解剧中的角色和事件。最终，罗马的观众（读者）被引导着从这个传奇的世界中意识到，他自己的世界也不过是一个不断衰退的循环，从而对这部剧和其自身都产生了新的认识。

观众（读者）的视角正因这特别的戏剧结构而被拉开。整部剧没有任何一个主角贯穿始终。以赫卡柏为例，她从第163行离开，直到第861行才回归。面对一系列成对出现的角色，观众（读者）的反应被碎片化且被分散了：赫卡柏和安德洛玛刻（两个主要的特洛伊女性角色），阿伽门农和安德洛玛刻（尽管分别是胜利者和战败者，却因试图拯救波吕克赛娜和阿斯提阿那克扮演对应的角色），皮拉斯和尤利西斯（分别在针对阿伽门农和安德洛玛刻时承担了对应的任务），尤利西斯和海伦（在面对阿伽门农和安德洛玛刻时也扮演了对应的角色，一个直接实施诱拐，一个辅助诱拐行动的进行），阿斯提阿那克斯和安德洛玛刻（两个受害者），赫克托耳和阿斯提阿那克斯（一个是特洛伊曾经的护卫者，一个是特洛伊未来可能的护卫者），阿喀琉斯和皮拉斯（一个是特洛伊曾经的摧毁者，一个是特洛伊如今的摧毁者），阿喀琉斯与赫克托耳（都曾以鬼魂的形象回来），等等。试图拯救生命的人和已死的人都是成对出现的。剧幕的中间部分，焦点从波吕克赛娜和阿斯提阿那克斯身上转移了，分散到不少于九个其他角色身上。该剧结尾处，剧院的场景设置和旁观者病态的反应得到了细致描绘，这使我们甚至不能全神贯注于阿斯提阿那克斯与波吕克赛娜的高贵赴死。我们被打散的注意力令我们与悲剧故事保持了一定的距离，因而不至于将戏剧当做整个社会、整个世界（包括特洛伊人的和希腊人的）或者人类自己的悲剧。

胜利者和战败者都要在世上受苦。对于赫卡柏和海伦来说，生命都是不可忍受的不幸，她们唯一的愿望便是从死亡中获得解脱；

皮拉斯盲目、自私又残忍地为家族争取荣誉；阿伽门农和尤利西斯为求自保而狠心地行事（前者有多么徒劳，后者就有多成功）；安德洛玛刻争取保全特洛伊的王室成员和民族未来的努力终告失败，在道德上也立不住脚，无论对于胜利者还是战败者来说，这都算不得喜悦。整个戏剧被飘忽不定的机运（fortune）、残酷的神灵，诡异的先兆和不可预见的命运（fate）笼罩。无数死亡的样态以及城邦居民所遭遇的痛苦，令一切变得荒凉阴郁，所有人都是他们自身命运绝望而可怜的奴隶。在这个世界，人仅仅在死亡那一刻才能获得自由和幸福；在这个世界，人唯有依靠对幻觉的信仰（安德洛玛刻和阿斯提阿那克斯）、对遗忘的期待（歌队、波吕克赛娜），或是在精神或情感上对世上的恐惧保持距离，才能够强忍着活下去。歌队设想着未来通往希腊的回乡之旅（行 1047-1055），正是这样才让自己暂时与这个世界保持距离；观众（读者）则可以通过被打散的种种视角，把整部剧作当作一个复杂连贯的艺术作品，从而同样实现这种疏离。

　　信使在最后一幕讲述了阿斯提阿那克斯和波吕克赛娜死时的情景，这使观众（读者）终于能够从城邦的悲剧命运中解脱出来。塞涅卡没有要我们直接或孤立地去体验死亡。向他们报告消息的信使全盘托出事件发生的地点和在场者的反应。在这一切的影响下，死亡仅仅成为关于自尽、谋杀和临死状态的演出。作为演出，它们只有一半是真实的，并且在时间和地点上通过信使的言辞得到了消解。阿斯提阿那克斯在"圆形露天剧场"中自杀，波吕克赛娜在"剧场"中被害，对于读者来说这不仅拉近了距离，也引起了他们一系列复杂的情感反应。其中包含着对受害者的钦佩和怜悯，对他们自己行为的恐惧，而对那些只顾毫不动情地享受演出以及那些因舞台表演之盛大而兴奋的观众，读者则投以憎恶和反感。希腊观众们粗鲁的注视和细微的情绪主义，与特洛伊人的哀怜与恐惧之间的谨慎区分，引出了更深远的复杂意蕴。这恐惧已把目睹过城邦在最后一幕中的毁灭的特洛伊人紧紧攫住。这些事件本身被间隔开，阻止我们去审视其复杂的整体性，我们的注意力甚至无法完全主要集中在孩子们、他们的行为本身或是旁观者身上。我们仅能获得鸟瞰的机会，而非整全的视野。①

  观众（读者）有距离的视角到底比歌队的视角更为复杂。观众（读者）此后在人类历史逐渐衰败的循环中对这部剧做出了回应。循环且衰败的历史概念在剧中不断重现；过往常常被重提，并以一种更可怕或是更堕落的形式重现并缠绕着现时。②这是第二次特洛伊战争，也是赫拉克勒斯的剑第二次飞向这座城邦——比第一次更加糟糕，因为特洛伊这次被彻底毁灭了。鬼魂阿喀琉斯归来，不仅想要回那个在《伊利亚特》中本该属于他的被俘的女孩，还导致了吕克赛娜的死亡。阿喀琉斯堕落为皮拉斯。赫克托耳也回来了，但他的回归悲伤又绝望，并不像功业顶峰时那个能够穿过熊熊烈火的战士那般强大。船队重归平静，仿佛刚从奥立斯港（Aulis）出发，③但结局却加倍地糟糕：这一次必须牺牲两个孩子。阿斯提阿那克斯的死亡仿佛是赫克托耳可怜的死亡命运的重演；皮拉斯在本剧最后对波吕克赛娜的谋杀，也以更残忍无情的方式重现了本剧开头所描述的他杀害普里阿摩斯的情景。阿伽门农担心特洛伊的毁灭会缠绕他一辈子，他自己的命运已经得到预言。赫卡柏的威胁预示着希腊舰队

---

  ① 为做比较，见 William H.Owen, "Time and Event in Seneca's *Troades*," *Winer Srudien*, 4 (1970), pp.134－135。

  ② 见 Willy Schetter, "Sulla Struttura *della Troiane* di Seneca," *Rivista di Filologia e di Istruzione Classica* 93（1965）, p.407。

  ③ ［译按］奥立斯，希腊中东部维奥蒂亚（Boeotia）的一个古老港口。据传说，在特洛伊战争期间它是古希腊船队的出发点。彼时，为了希腊军队能够顺利出发，阿伽门农听从卡尔卡斯的建议祭献了自己的女儿伊菲革涅亚。

在归程中会发生几近彻底的毁灭。赫拉克勒斯曾经对特洛伊手下留情，如今阿伽门农也试图再次放过这座城邦，但他最终失败了，因为尤利西斯出于对未来结局的担心，拒绝留阿斯提阿那克斯一条性命。完全由命运所掌控的不断衰败的人类历史的循环，与从来不会发生改变的自然循环形成尖锐的对立——潮汐、星辰、明月都出现在歌队关于死亡的颂歌中（行382-389）。

特洛伊的故事结束了，人类历史的循环却不会终止，而是继续在戏剧创作的那个世界上演。有些角色，如皮拉斯、阿伽门农、尤利西斯、安德洛玛刻以及海伦，若是处在塞涅卡本人所处时代那些无情的政治斗争和残酷的权力政治中，会觉得一切都是那么熟悉。无论是阿斯提阿那克斯的自尽，还是波吕克赛娜勇敢地顺从被杀的命运，在尼禄（Nero）的时代都有其对应，正如塞涅卡哲学作品中展现的两种相互对立的死亡观在尼禄的时代也有其对应一样。这些连同对阿斯提阿那克斯与波吕克赛娜死亡场景的罗马化改编（"圆形剧场"和"剧院"），迫使观众（读者）不仅将这部剧当做一部文学作品，更当作一面搅得人内心深处不安的镜子，镜中映照出观众（读者）本人所处的社会以及他本人对这个社会中诸多罪行的参与。心有勇气的人们只有在死亡的那一刻才最终胜过这些罪行，得到自由和幸福。

思想史发微

阿提卡瓶画与前苏格拉底哲学

拉波特（Paul M. Laporte） 撰
曹博 译 林凡 校

> 眼睛和耳朵是人们糟糕的见证者，
> 如果他们的灵魂不能理解他们的语言。
> ——赫拉克利特

> 宇宙经久而恭顺地为我们的想法作答。
> ——梭罗

某种程度上，以艺术的演化论来解释艺术，总是与它的美学诠释相悖。如果我们坚持旧的关于艺术作品的美学理念，即认为艺术作品是一个有机体，认定其自身是一个完整而完美的微观世界，那么，艺术作品就必然内含世界的一切可能面相。另一方面，唯有设想作品的思想内容，即作品对自然各个层面的认知和关注，处于不断的变动之中，人们才能观察到其中的演化。虽然演化过程中焦点一直在变化，但人们绝不至于看不到单个艺术品在直觉上和审美上的整体性。

不过，既然艺术品的美学层面总是同既定时代的艺术思想问题互为补充，那么，我们在审视艺术的历史演变时，就不必纠缠于艺术的美学层面问题。只要通过年代的比较，人们就能了解这些与美学相关的难题。于是，各种审美价值之间绝然的差异就会被历史解读的相对性所取代。

如果通过历史比较求得艺术与哲学之间的公分母，我们就一定不会遗漏一个事实：艺术与哲学的表达方式完全不同。对艺术和哲学这两种人类努力作比较毕竟是可能的——假如比较不止步于它们各自的内容，而是深入到它们的基本问题领域。艺术和哲学为了使各自的目的得到理解，自然各有具体的方式，但是，这些方式问题的重要性必然是第二位的；思考的唯一关注点必须是这个问题：它们试图解决哪些本质性的难题？

为了比较阿提卡瓶画与前苏格拉底哲学的演进，有必要描述瓶画发展过程中的主要阶段。公元前10世纪至前8世纪，几何图形风格的特征在于适应了新石器时代的构图元素，从而形成了一种新的全图案式样（all-over pattern）（图一）。这个变化主要是由于个别主题与陶瓶尺寸的新比例关系。在阿提卡的迪普隆（Dipylon）瓶上，相对较小的设计单元不断重现。个别主题之所以丧失了其相对独立性，是由于一种铺展的整体设计风格，这种风格甚至会在整个陶器上平均分配"色彩"。新增的表现（representational）特征之中，可以发现未来发展的主要前景，比如在几何图形式样中点缀的墓葬场景。但是，构成这些表现形态的元素，与几何图形主题的元素非常类似，尺寸也几乎相同。由于避免了尺寸对比和明暗对比，就在彼此各异的新增元素基础上形成了某种统一的效果。①

---

① M. H. Swindler, *Ancient Painting*, New Haven, 1929, fig. 199, 247.

图一　　　　　　图二

图一：几何形瓶画，公元前 8 世纪至前 7 世纪（大都会博物馆）
图二：黑绘双耳细颈椭圆瓶，公元前 7 世纪晚期或前 6 世纪早期
（大都会博物馆）

公元前 7 世纪的东方化风格引入了许多新元素。首先，曲线比直线更为重要。其次，在尺寸以及"色彩"上引入了对比性元素。构图的象征性部分呈现出新的重要性，因为它所表现的尺寸常常更大，不但大于其他的设计，甚至也大于作为整体的瓶器。此外，同一个陶瓶上的不同区域的宽度也经常变化。多种尺寸的带状图案兼之大小不同的设计单元彼此对立，产生了"色彩"或色调上的多样性。但是，甚至单个区域内也能看到色调的变化；在较大动物之间的空白处填入更小的设计图形。这在任何一个区域内都带来了色调的变化。虽然这样引入了对比元素，但是在东方化时期，装饰式样的总体性还是最重要的特征（同上注，fig. 253，258）。

重要的变化发生于公元前 7 世纪和 8 世纪之交。所谓的黑绘（black-figured）风格替代了流行于前一个世纪的轮廓与填补空间相结合的风格。这种变化并不排斥多种色彩的使用，而是提升了单一图案的简洁和独立性。表现（Representation）现在得到了它应有的地位。人的形象越来越成为主导，陶瓶上讲述了关于人的全部故事。虽然图形间的填充性修饰只有逐渐消失，但是，对自然尤其是对裸体的观察兴趣越来越浓烈，与这种兴趣密切相关的便是对黑彩风格的采用。带状装饰没有完全被废弃（图三），同时，这个时期的一些佳品已经采取正面构图（metopic composition），即通过装饰分界线而突出画面（图二）。精细黑釉覆盖着瓶器的其余部分，这就强调了正面的图景。这个时期的特征在于，对技术手段的限制越来越多，而整体性的外观则变得简化。但是，在放弃技术的多样性的同时，装饰的均衡对比和内部设计却愈加精巧。①

图三　　　　　　　　　　图四

图三：黑绘凹瓶，约公元前 550—前 540 年（大都会博物馆）
图四：红绘双耳细颈椭圆瓶，约公元前 490 年

---

① G. Richter and M. Milne, *Shapes and Names of Athenian Vases*, New York, 1935, fig. 69, 91。我们应该注意，这个时期的阿提卡是当时的制造中心。

技艺的突变大约发生于公元前 540 年。此前，在陶瓶较淡的底色上以黑色绘制图形，而图形的内部构图则由尖锐的器具在背景上刻出；现在则以单一的黑色背景凸显出浅色的图案。极其精美的凸纹画法完成了淡色图案的内部构图。在这个世纪的下半叶，总趋势是不同图形之间的生硬组合，或者至少在安排这些图形时，均匀填满可供使用的空间；换言之，尽可能不留背景。但是，现在构图常常倾向于分离图案与背景，即，给图案周围留出更大的空间（Richter and Milne，前揭，fig. 95，82）。于是，图形完全主导了装饰的方案。正面构图让装饰的具象部分有类似油画版面的效果，公元前 5 世纪初，出现了放弃画面装饰边缘的倾向（图四）。在四周的黑色空间里，图形的构图可能完全自由，装饰效果仅仅取决于亮区、暗区和瓶体外形三个因素的恰当平衡（Richter and Milne，前揭，fig. 5）。

图形的解放或许可视为发展的顶点，但同时也播下了衰败的种子。现在，艺术家的注意力完全被吸引到图形上，甚至图形自身成为目的，并由此失去与瓶体表面的联系。公元前 6 世纪，瓶器凸起的球面真正成为有意识设计的用武之地。陶瓶的立体表面上的每个变化都增加了它的可塑性，各种图形由此而大展其用。瓶体的外形一定不能破坏对图画场景的有效辨识。如果采取带状装饰的构图，那么，要测知图形的尺寸，观众就不得不旋转画面；如果采取画板的形式，构图就会一目了然。陶瓶的球面造型会出现线条的轻微透视缩减，但这并不会让人感觉不舒服；相反，这会增加图案的立体感（图三）（Richter and Milne，前揭，fig. 43，44，55）。公元前 5 世纪前 30 年伊始，艺术家明显无意面对陶瓶体积骤然扩大的现象。结果不仅减弱了图案的辨识度，而且常常导致各种图形丑陋的扭曲形态（图四）。有时，瓶器表面的正面构图拉得过长，使它们不再一目了然。正面构图的目的因此受挫，而且，观众不得不忍受更多扭曲的构图。我们只有假设这个时期的艺术家更关注他的图形而非装饰性设计，设计与陶器之间关系的变化才能得到解释。实际上，设计与陶瓶之间的分离过程就从这个时候开始，直至公元前5世纪末结束；至少在美学意义上讲，这标志着这个领域中希腊创造力的终结（Richter and Milne，前揭，fig. 20；Swindler，前揭，fig. 298）。

然而，公元前5世纪出现了另外一种陶器类型，所谓白底陶器。白底色在公元前6世纪已经出现，但直到公元前5世纪才发展出白底与轮廓素描的典型结合。公元前5世纪上半叶的作品表明，设计的不同部分填充了不同的色彩。大约在公元前5世纪中叶，白底的长颈瓶（lekythi）数量众多，但艺术家常常只关注轮廓素描，仅仅添加一些应景的色彩而已。他们彻底抛弃了黑绘和红绘时期具有立体感的设计特点而转变为以抽象为特征，这样的风格显然具有难以琢磨而又纯粹的美学品质（图五）（Swindler，前揭，fig. 334，335）。

图五：白底彩绘盖瓶，大约公元前460年（大都会博物馆）

瓶画发展的最后转折与哲学史紧密契合。伊奥尼亚学派（Ionic

school）及其继承者早期埃利亚学派（Eleatics）将形体存在等同于实在，这种朴素的一元论在公元前 5 世纪中叶被抛弃。恩培多克勒（约公元前 500－前 440 年）以四元素理论开启了一场哲学运动。阿那克萨戈拉（约公元前 500－前 428 年）提出了世界秩序灵魂观念，从而建立了物质与精神世界的二元论。普罗塔戈拉（约公元前 490－前 420 年）提出的主观主义开启了通向智术师和苏格拉底的"人类学"进路。看来，由于智术师普罗塔戈拉的缘故，阿那克萨戈拉的世界秩序灵魂被还原为人乃"万物尺度"的见解。现在，一切事物皆凭感觉；不再有绝对的"实在"，而只是种种关联。瓶画上亦如是。黑绘和红绘风格中立体感的、有形的平面，消失在白底长颈瓶的线条素描中；线条的抽象关联占据了具象的平面。随着这种新瓶画技艺的引入，真实"客观的"陈述也转向了抒情和"主观的"情调。从万物有生说的一元论到"灵魂学"二元论的哲学转变，表明了发生于这个时期并同等影响了哲学和艺术的概念的根本变化。

在如此界定了我们所思考的这个时期的终点之后，我们现在开始描述它的起点，在科学的哲学思考产生之前，我们一定能够观察到这个起点。在这个早期阶段，诗歌已脱离了宗教，但依然隐秘地掌控着哲学思考的脉络。如果不考虑伊奥尼亚人的殖民活动，小亚细亚没有发生大陆所经历的文化中断，这一事实解释了公元前 8 世纪荷马的伊奥尼亚诗歌与同时代的迪普隆陶器之间为何具有时代不协的显著特征。如果比较公元前 8 世纪末的瓶画与波厄提亚人赫西俄德的诗歌，我们就会发现，这个时期的文学明显比视觉艺术更具表现力。即便如此，赫西俄德的宇宙起源说的肌理与同时期瓶画的结构在手法上仍有同构的关系。看起来，似乎艺术与文学各有完全不同的起点，但二者的演化却趋向于汇聚到同一个方向。

但是，公元前 7 世纪，世俗的、抒情的伊奥尼亚诗歌与大陆的俄耳甫斯诗歌并存，后者是宗教性的，用于说教的目的。我们对俄耳甫斯诗歌所知不多，但可以确定它受到了东方宗教的强烈影响。当时这一发展与希腊瓶画的东方化阶段契合。有趣的是，早期宇宙起源论者认为"至高至善者并非初始的存在，而是时间上的后成者，即渐进的产物"，但早期哲人"则把最完美的东西视为时间上的开端"。①

我们一定要注意，贯穿公元前 8 世纪和前 7 世纪的表现设计有一个摆脱束缚的过程，而这个缓慢的过程与同时期必定发生于思想领域的运动何其相似。图形逐步主导了陶器的整体装饰结构，直至公元前 6 世纪，它已经占据某些表达空间，真正达到繁盛期。唯到此时，瓶画才可能将对自然的直接观察融入其装饰方案。同样，直到"质料第一原理"的概念打开了哲学自由追问之路，早期宇宙起源论才逐渐脱离了对神话传统的依附。

根据亚里士多德的断言，泰勒斯（约公元前 630－前 550 年）这位最早的伊奥尼亚哲人认为万物皆为诸神所充斥，②那么，我们似乎可以确定，泰勒斯至少在质料性的第一因与推动力（the moving power）之间作了区分。他以"水"为第一因，这标志着米利都学派的物理学方式的开端，然而，大量"神明"的存在依旧表明了对神话的重复和附加模式（additive patterns）的强烈依附，公元前 8 世纪和 7 世纪的瓶画也体现了这种依附。

阿那克西曼德否认"无定"（Boundless）是一种具有自然品质的"元素"，而泰勒斯则［将存在］归因于这种"元素"；但是他采用的术语即"第一原理"比他的前辈要更准确、更一致（同上，页 53）。如果公元前 570 年的确是阿那克西曼德的"盛年"，那么，这个时间几乎与最早的阿提卡陶瓶属同一时期，而这时的阿提卡瓶画上，图

---

① F. Ueberweg, *History of Philosophy*, New York, 1873, Vol. I, p. 25.
② J. Burnet, *Early Greek Philosophy*, 4th ed. London, 1930, p. 48.

案之间的装饰已经全部消失。① 在这种关联中，我们还要注意，阿那克西曼德曾设想，将个体事物从第一原理中分离出来是一种不正义，因为这些事物必然会对这种分离满意。② 这个想法未必具备道德意义，但它无疑具有道德暗示，而且它证实了一种强烈的情感内涵，早期哲人正是凭借这种情感内涵才会指出他最大胆的结论。另一方面，这个概念尽管不甚清晰，却第一次暗示了毕达哥拉斯所称的"协调"（attunement）。实际上，它标志了"和谐"这一希腊理念的开端，希腊的哲学沉思就像公元前 6 世纪末至公元前 4 世纪的艺术努力一样，具有其重要性与独特性。

从此，追求将一切存在化简为第一原理，成了公元前 6 世纪伊奥尼亚哲学的特色。一元论被称为万物有生的理论，因为它假定源自质料因的活力（运动）的不可分割性。这种哲学方法具有物理意义，因为它的结论来自物理观察和实验，同时需要物理观察和实验加以验证。

在伊奥尼亚哲学的最初概念中，下面几个因素尤为显著。首先，倾向于简化和统一；同样的倾向表现于瓶画的黑绘风格。其次，观察之重要；可以与此对比的，是这一时期瓶画对解剖学（anatomy）愈发关注。第三，在瓶画中，物质与运动的统一，能够有力地解释

---

① Richter and Milne, *Shapes and Names of Athenian Vases*, fig. 152。然而，不可忽视的是，这一时期的阿提卡绘画在很大程度上落后于科林斯的作品。科林斯式图形的表现形式完全取消了填充装饰，这种做法显然可以追溯到公元前 7 世纪末。那么，似乎在这一时期，希腊瓶画的概念性原则整体上领先于同时代的哲学。鉴于哲学起步较晚，这一点也可以理解。如果考虑到希腊文明的整体样式，公元前 8 世纪和前 7 世纪时可以观察到的趋同发展尚无定论。尽管现在领先的是绘画而非文学或哲学，但这就是事实。最后的同步点出现于公元前 6 世纪下半叶，当时伊奥尼亚人从小亚细亚逃亡到希腊其他地区，哲人们移民到泛希腊地区，艺术家们被雅典吸纳。

② ［校按］这里指阿那克西曼德箴言的残篇："……根据必然性；因为它们为其不正义而相互惩罚并且互相补偿。"

图形"形体"的轮廓。只有比较了下面将讨论的从黑绘到红绘风格的转变,我们才能理解最后这一观察的含义。

对于这些观察,人们也许会进一步说,阿那克西曼德或费勒西底斯(Pherecydes,盛年约公元前 560 年)在其著作中第一次使用了散文体。放弃韵文体表明了理性思考而非诗意解释(poetic interpretation)的真诚意图。同样的节制亦可以在当时的雅典瓶画中发现,这些瓶画试图删除多余的细节,使表达尽量简明。但是,这种趋势既没有在哲学中也没有在瓶画中形成风气。在第一代哲人之后,只有帕默尼德和恩培多克勒——大约公元前 5 世纪上半叶——在他们的哲学著述中重启诗体。在瓶画中,老传统与新特色融合,并在后来的时代延续或重拾余绪。

因此,在公元前 6 世纪这个时期,从古老偏见中得到解放也使难题得以澄清,并开发出可能解决这些难题的方法。这么说不仅适用于伊奥尼亚哲学,也同样适用于阿提卡瓶画,后者在这个时期取代了科林斯艺术的主导权。在这个世纪的后半叶,一些显著的变化正在发生。大约公元前 540 年,阿提卡瓶画有了突然发展,从黑绘转变到红绘风格。在这个世纪末,哲学中心从米利都转移到埃利亚,埃利亚哲学运动开创了哲学发展的全新篇章。伊奥尼亚哲学后期,这个变化的酝酿已初见端倪,这正是我们的关注所在。

布斯考尔(Buschor)说:

> 这种技术的突变如何发生?使图形素描随意置于黑色背景的对比,而不是在陶制底子上绘制轮廓,这个念头如何浮现的呢?这些都还没有解释。①

---

① E. Buschor, *Greek Vase-Painting*, New York, n.d. p. 111.

可以确定，在这个时期之前，偶然会发现暗色背景上的浅色图案。但是，从工艺和风格的角度讲，这些作品与纯粹红绘风格的关联只是偶然现象。布斯考尔指出，科拉佐美尼亚（Klazomaenian）石棺代表了阿提卡红绘陶器的早期阶段。另一方面，普福尔（Pfuhl）则倾向于认为，科拉佐美尼亚石棺中的红绘图案画反映了源自阿提卡地区的影响。但是，人们也许注意到一个重要现象，早在公元前8世纪，所谓黑色迪普隆陶器中就大面积使用了黑色。而感觉上更接近红绘构图的，是公元前7世纪末和公元前6世纪初阿提卡陶瓶中的一类，这些瓶画中，会有一两个正面图画在其他纯黑的陶器中显得特别醒目（图二）。但是，从黑绘到红绘的突变之谜，只能通过图形与背景关系的概念变化来理解。

从几何图形时期紧凑的网状图形，到公元前6世纪中期成熟的黑绘风格，这种发展被视为图形解放的过程。很明显，在这个时期，唯有所用色彩这个积极性元素，才被视为整个设计中发挥作用的要素。浅色"背景"是"积极"图式中不可避免的消极属性。但在公元前8世纪和公元前7世纪，艺术家运用的所有技巧都拒绝接受这种背景的存在。艺术家用图案填充所有小的空白。至少在这个方面，艺术家的概念完全与同时代的神话或宇宙起源论"实在"保持一致，即有形之物产生于"空无"（void）、产生于无（nothing）。于是，在我们世界的诞生过程中，有形之物替代了"空无"，并竭力证明"空无"已不复"存在"。①

然而，图形得到最终解放之后，其本身结果又被一个巨大的"背景"区域所包围，即被某种其实被艺术家和类似的哲人所否认的事物

---

① Burnet, *Early Greek Philosophy*, pp. 7 f："所有这些宇宙论的普遍特征，是试图到达缝隙（Gap）的背后……"缝隙一词的含义，当然等同于本文所言的"空无"，另参 Th. Gomperz, *Greek Thinkers*, New York, 1901, Vol. 1. pp.41 f.。

包围，而且，由于图形本身要求一个构图方案或逻辑解释，这就令艺术家和哲人在场了。从早期诗化的宇宙起源论到亚里士多德认为的真正哲学开始之前的时期内，非哲理性的宇宙论一直在如下条件下发展（F. Ueberweg，前揭，页25）：早期宇宙起源论以"空无"开始，从中发展出"至高和至善者"，即时间顺序上的后来者；后来的宇宙论者则信仰第一原则是开端。阿那克西曼德的"无定"尽管以质料第一因的符号为外衣，大概也仅仅是旧神话中的"空无"。但是，当阿那克西曼德谈论"对立物从无定中被分离出来"时，他已经意识到第一因与现实事物之间关系的成问题的本质。不过，最早对这个难题作出系统解答的，是他的追随者锡罗斯的费勒西底斯（生于公元前600年）和米利都的阿那克西米尼（公元前590－前525年）。

阿那克西米尼赞同阿那克西曼德，

> 认为自然的本体（substance）是"一"和"无定"；但他不赞同阿那克西曼德的看法，即它是不确定的，因为他曾说过它是空气。①

阿那克西曼德认为"无定"是不确定的观点，恰好是将他的概念与早期宇宙起源论者的概念联系起来的要素。它没能解决一个问题：确定的、有形体的事物是如何从不确定（即宇宙起源论的"空无"）之中发展而来。阿那克西米尼以"空气"的确定本体替代了阿那克西曼德的不确定的无定，这样，他就规避了"有物"生于"无物"的困难。

这个变化中重要的一点在于，阿那克西米尼首先提出这个明确的理念：第一原则就是物质本身。如果物体从这个质料因中分离出

---

① C. Bakewell, *Source Book in Ancient Philosophy*, rev. ed. New York, 1939, p. 7.

来，质料因依然是物质，或者从中生成的对立物分享同一个本体。阿那克西米尼说有形之物通过"稀释和凝聚"而产生，便是这个意思。阿那克西曼德的另一位追随者费勒西底斯在公元前 6 世纪中叶生活在雅典的庇西斯特拉图斯（Peisistratus）的宫中，很有可能是他把这个新概念带到了雅典。

公元前 6 世纪中叶，瓶画的境况与哲学的境况相同。图形如今从陶器"无定的"空间中"分离出来"；图形之间不再有更多的修饰。绘画自身、带状装饰或正面的画域要胜过在陶瓶上的余留空间；如果有不止一个绘画区域，更小的带状装饰常常通过明显的尺度变化而服从于一个更大的区域。但是，艺术家其实没有直接面对图案周围"空白的"空间。很明显，有些人的尝试通常很成功：把"空白的空间"当作一个积极价值来看待。但是，"空白的空间"的原则还没有被视为积极的价值。流行的趋势仍然是以尽可能不留下"空白的空间"的方式构成画面（Richter and Milne，前揭，fig. 12，3）。

阿那克西曼德已经认识到，要通过相互对立但仍旧属于"一"的东西来解释真实的有形世界。阿那克西米尼的稀释和凝聚概念仅仅调整了对立这个理念。但是，阿那克西米尼的对立的物理对应物，像热和冷、湿与干等，是一个量上连续的刻度的两端，而不是严格意义上的对立；简言之，它们是定量的而非定性的。第一个真正一致地透析了定性的对立理论的人，还是要等到萨摩斯的毕达哥拉斯。

毕达哥拉斯生活于公元前 570 年至前 485 年，与大多数早期哲人不同，他的学说在许多方面都是间接流传的。他本人和他的学派为神秘色彩所包围，因此我们很难区分他的个人贡献和他的学派所附加的内容。但是，我们可以确定，毕达哥拉斯派的基本观点由大师本人所建立，后续的变化只是细节的外延和修正，而非基本原理的变动。就本文而言，我们把后期著述中的毕达哥拉斯的主要观念归于他本人的时代，也无不妥。

毕达哥拉斯主义最重要的观点是对立概念，这与本文的研究密切相关。没有必要列举毕达哥拉斯所说的所有对立，但其中的两对尤其适合我们的目的：有限与无限（Unlimited）、明与暗。这些对立无疑相互依存。它们在质性上相反，而不是如阿那克西米尼的对立那样只在量上相对。它们相互依存，例如，无限由有限所确定，光明只通过它的对立物而显明，等等。

"无定"或"无限"是质料实体，这个说法出现在阿那克西米尼以"空气"为无限的证明之中。但是，一面是"无限"，另一面是"对立"，阿那克西米尼那里依然缺乏二者的整合原则。毕达哥拉斯不是在谈论一种第一原则（如果他的"数"的概念不作如是观），尽管他的"无限"显然脱胎于早期的"无定"概念。确定毕达哥拉斯的"无限"的，不是它自身的任何定性特征，而是由它与对立者之间相互依存的关系。虽然阿那克西曼德已将主动而有形的质性归因于"无定"，但只有毕达哥拉斯的"有限"与"无限"之间的功能性对立，才把理论性命题发展成一个实践概念。根据毕达哥拉斯的看法，光的"有限"确定了暗的"无限"。而且，"有限"是万物的属性，而"无限"则是反过来确定它们的黑暗的"空无"。这的确是我们在红绘瓶画中发现的关系。"无限的"黑色空间包围着"有限的"浅色图形，二者之间具有功能性的关系。由于这个原因，毕达哥拉斯达到"盛年"的公元前540年与瓶画的红绘风格的开端在年代上重合，就绝非偶然。同时，这个真正的巧合也排除了哲学与瓶画在任何时期都是纯粹的因果关系的理论，在这里年代巧合是如此之准确。不过，我们似乎可以确定，前文所言的哲学与瓶画的汇聚发展，在公元前540年至公元前530年的十年间走向了终局。

毕达哥拉斯哲学与阿提卡瓶画之间还有其他一些关联。这种关联与毕达哥拉斯关于"数"和"中项"的重要理念有关。对于毕达哥拉斯的信徒而言：

> 数不是算数的和，而是图形和尺度，1是点，2是线段，3是三角形，4是四面体；数是事物的因，因为数是界定它们的范围或条件，就如点决定了图形。①

这些数和图形的关联点"通常被称为'界石'，而它们所标志的空间就是'域'"（Burnet，前揭，页104）。如前所述，早期瓶画以黑绘风格的轮廓展现物质的性质。在这个时期，周围空间或多或少是不确定的。现在，对于毕达哥拉斯来说，"界石"是有限与无限的功能关系的媒介。在从黑绘到红绘瓶画的转化中，注意力和意识已从有形之物的轮廓转移到"明亮区"与"无限黑暗"之间的空间关系。黑绘风格基本上是在"不确定"的背景上运用黑彩，相反，红绘风格则在明亮区域与暗色背景之间建立了紧密的相互关系。黑绘与它的背景之间是一种完全的对立，而红绘与其背景的关系则是互补的、功能性的。

此外，对于毕达哥拉斯而言，

> 质料的性质远没有在空间中呈现的形式重要……，我们可以……使有形之物抽象化……认为平面和线是自在之物。……正如亚里士多德明白告诉我们的，这些抽象观念与毕达哥拉斯信徒的观念一致，它们不仅是完全的实在，而且比它们从中所派生的实际客体更高的实在。他们认为平面是物体存在的条件，但是，没有物体，平面也可自身存在……它是一个用于外延的范围而非外延本身的抽象观念……那么，对于他们来说，数似

---

① L. Robin, *Greek Thought*, New York, 1928, p. 58. 104.

乎是一种基本原则，客观世界不仅在这个基本原则中为思想所消融，而且从这个基本原则中产生。（Gomperz，前揭，页104）

毕达哥拉斯当然没有说过这些思想，但是，这里涉及的基本概念无疑来自大师本人。他关于抽象功能的概念引人关注。同样，红绘瓶画中明暗的相互作用表明，其中的抽象要远甚于黑绘风格。"正是有限赋予'无限'以形式。"[①] 从技艺上讲，就红绘瓶画而言，这个说法应该颠倒过来。但是，这里没有真正的差异，因为，两种对立彼此相互作用。在黑绘瓶画中，质料明晰而形式晦暗；在红绘瓶画中，形式明晰而质料晦暗。哲学中能够找到本质上相同的发展：

> 米利都人已达到我们所谓的"质料"概念；毕达哥拉斯信徒的工作是用"形式"这一相关概念来作补充。（同上，页44）

哲学和瓶画的日益抽象化是这个时期的特色。

> 毕达哥拉斯信徒，或他们中的某些人认定，空气就是"空无"。这是个开端，仅仅是抽象空间或外延的开端，如我们所知，毕达哥拉斯信徒的主要关注的问题是，它如何成为有限以致呈现所知世界面相。（同上，页51）

一位画家积极运用色彩设计他的图形，另一位则在背景上用色，以凸显图形，仅仅使用线条进行勾画，这两位画家的问题迥然不同。前者是黑绘画家，他关心图案的有限扩展，后者是红绘

[①] J. Burnet, *Greek Philosophy: Thales to Plato*, London, 1932, p. 44.

画家,他的兴趣在于空间的无限扩展,图形得以从中浮现,即以一种"非有形之物"的方式浮现。红绘画家处理的是界限而非其图形的扩展。无限背景因图形而有限,两者共同"呈现了所知世界的面相"。

另一方面,毕达哥拉斯主义表示出对关系和形式而非对物体和质料的兴趣。与无限相对的,

> 是有限或形式的原则,运用这种原则,就可以将"无限"区分或者划分为诸多不同类型的东西。我们可以设想,这个原则是所划分出的事物的某种图形或轮廓。因此,将一两种事物与其他事物相区别的,就是"无限"的量(the amount of the unlimited),它使用这些量充实了相关的图形;或以算术方法论之,它就是包含在它的轮廓中的"无限"的单位的数……总之,多亏了数的作用,我们有幸从无限中划分出一个平衡而和谐的宇宙,在这个宇宙中,每个事物都在无限中获得应有的份额……①

毕达哥拉斯在声音和音乐研究中的重大发现是中项(Mean)。中项意味着对古老的米利都的对立问题的新答案。我们知道,阿那克西曼德认为一个对立者对其他事物的侵犯是"非正义的",因此,他必然认为存在一个对两者都公平的点。但是,他没有确定的手段。中项的发现意味着,将会在对立之物的"交融"中发现这种手段……希腊的会饮传统令这一理念对他们而言是自然而然的。会饮的主人过去常常调节葡萄酒和水的比例,并注入调制的杯中……这就是柏拉图《蒂迈欧》中造物主使用调制杯的原因(Burnet,前揭,页48)。

中项理念如何与"多种区域的平衡"理念发生关联?这个问题

---

① B. A. G. Fuller, *A History of Philosophy*, New York, 1938, pp. 18 f.

在著名的毕达哥拉斯直角三角形的命题中可以找到答案。正是多种区域的平衡或和谐，让公元前 6 世纪末和 5 世纪初的构图努力与它们之前的任何一种得以区别。这个新的构图概念在传统的带状装饰和正面构图中并不明显，直到在这个时期成为主导的两种构图类型中才变得极为显著，即酒杯的环形内饰和无缘的黑陶瓶图饰。早期偶尔也有圆形图案的装饰，但一般来说，它们或起到填充式装饰的效果，或由于类似于带状装饰或正面构图而易于辨认（Buschor，前揭，前言，页 XLV，LI）。但是现在，这些构图类型数量众多，而且，艺术家致力于明暗区域的完美平衡的特殊用心也不容忽视。一般而言，这些图形的构成方式是，如果去除它们的圆形边界，它们看起来就完全不平衡，然而通过这种方式，它们看上去又完全和谐而自然（Swindler，前揭，fig. 290，284）。同样重要的问题是，让陶瓶面上没有边缘的图形凸显出一个绘画的区域。图形，或无需附加装饰细节的图形，让大面积的黑色显得很有活力（Richter and Milne，前揭，fig. 10）。

  作为一种和谐，世界有其开端，它的生成必然与数的和谐的形成相似，即一个不确定的空间的确定。由于世界由无限的空气和空无的某种渴望形成……从那时起分离了万物……对于这种渴望和随后产生的决心来说，它们的中介是一簇神秘的中心之火，即毕达哥拉斯信徒所谓的……"连接点"和自然的"尺度单元"。（Robin，前揭，页 62）

  这个和谐的宇宙"之产生，是由于无限之上的有限和尺度原则的活动"（Fuller，前揭，页 19）。这一概念极大地影响了柏拉图，并通过他而成为毕达哥拉斯主义对后世哲学最伟大的贡献之一。这正是希腊整个"古典时期"的艺术的和谐原则，它在公元前 530 年和 460 年之间的阿提卡瓶画上表现得尤为显著。

影响现代共济会象征体系的古代秘仪与秘密团体

哈尔（Manly P. Hall） 撰
肖羽彤 译

　　智慧之人在遇到涉及使用推理能力的问题时，他们会沉着自若，倚靠问题达至事实，试图找到解决之道。相反，那些心智不成熟的人在遇到相似问题时则不知所措。前者可能被赋予了解开自身命运之谜的品质，后者却似须受引导的羊群，只能以简单的话语去教导。他们只能完全依赖牧羊人的看护。使徒保罗说须以奶喂养软弱者，而肉乃强壮者的食物。欠虑几乎与幼稚同义，而熟虑则是成熟的象征。

　　然而，世上只有少数成熟的头脑；为满足智识不同的两大类人的需求——一类是哲学的，余下是无法洞悉生活深层奥秘的——异教的哲学-宗教教义分化成了两类。对于少数有洞见的人，教义是隐微的（esoteric）或精神层面的，呈现为教诲，而对于多数欠缺品质的人，教义仅是字面上或显白的（exoteric），呈现为解释。为了简化自然伟大的真理以及自然规律的抽象法则，宇宙的重要动力人格化为古代神话中的诸神。当无知的众人向普里阿普斯神（Priapus）

与潘神（Pan；象征生殖力的神）的祭坛献上祭品时，智慧之人就意识到，这些大理石像只是以象征凝结了伟大而抽象的真理。

在古代所有城市中，庙宇满足了崇拜神与献祭的公共需求。每一团体中还有哲人与潜修者，他们精通关于自然的知识。这些人通常联合起来，创立隐秘的哲学或宗教派别。这些组织更经常因秘仪（Mysteries）而著名。古代世界许多伟大的心灵因奇怪而神秘的仪式获得秘密同好，其中一些仪式甚至极端残忍。怀尔德（Alexander Wilder）将秘仪定义为"于特定时期上演的神圣戏剧。最常举行的是伊西斯神（Isis）、萨巴兹俄斯神（Sabazius）、库贝莉神（Cybele）以及厄琉西斯神（Eleusis）的仪式"。被接受入会后，新会员被传授以流传数个时代的神秘智慧。作为一个神圣团体的会员，柏拉图备受诟病，因为他的写作向公众揭示了秘仪中许多秘密的哲学信条。

每一异教国家的曾经和现在不仅有国教，还有另一个唯有哲人能登堂入室的宗教。这些古代崇拜中有许多还不曾展露其秘密便从地球上消逝了，但仍有少数经历了时代的试验而幸存，它们的神秘象征亦存留至今。在共济会成员被交托以智慧之秘前，古代祭司要对他们加以试炼，共济会的仪式主义便是基于此。

只有少数人意识到古代的秘密学派在多大程度上影响了当时的智识，并经由这些智识人影响后世。马可伊（Robert Macoy）在他的《共济会简史》（General History of Freemasonry）以大量笔墨书写了古代神秘仪式在人类文化发展上的巨大建树。他说，在某种程度上，

> 古人所有的文明完善，所有的哲学、科学以及艺术进步都归因于这些学派，在神秘的面纱之下，它们试图描绘出宗教、道义和德性的最崇高真理，以此感化信徒的心灵。它们的主要目标是教授唯一真神的教义、人类重返永生以及人类灵魂的高贵，并引领人们在宇宙的美丽、壮阔和恢弘中看见

神的阴影。

真理的衰落是历史上每一国家毁灭的先兆，随之而来的还有神秘仪式的败坏。巫术取代了高贵的魔法。难以启齿的习俗（如酒神节）被引入，异常的情形占据了统治地位；因为组织的性质恰由参与其中的成员所决定。绝望之下，忠诚的少数人试图拯救秘密教义于毁灭。他们有的成功了，但更多则是奥秘遗失，只留下神秘仪式的一具空壳。

泰勒（Thomas Taylor）曾写道："人天生是一种宗教动物。"在人的意识似朝阳最初升起时，在人实际上还未能发现什么时，人已崇拜并敬畏一些事物（things）了，他们将这些事物视作那些不可见、无处不在、无法言说的存在物（Things）。拥有神秘仪式的异教在基督教兴起的最初几个世纪反对基督徒，宣称新信仰（基督教）并不要求以德性和正直作为得救的必需。克尔苏斯（Celsus）就此以尖刻的话语发表了他的意见：

> 然而，我并不会比真理更严厉地苛责基督徒，从这一点或许可以猜测，劝告人们信奉其他秘仪的布道者会这样宣称："让他追随双手洁净的人，言语明智的人。"同样地，其他布道者会这样宣称："让他追随远离一切罪恶的纯洁的人，灵魂不为邪恶所动的人，生活正直诚实的人。"发誓从过错中涤罪的人都要作此宣告。我们现在来听听劝告人们信奉基督教仪式的布道者的说辞：有罪的人、不明智的人和愚蠢的人，总之，无论何人若处于痛苦之中，上帝之国便向他敞开。因此，你不就是劝说有罪的人、不正直的人、小偷、窃贼、巫师、亵渎之人和盗墓人皈依了吗？布道者还会选召其他什么人呢？他是不是也要把强盗们一起选召呢？

克尔苏斯攻击的并非早期基督教潜修者的虔诚信仰，而是那些直至他的时代仍悄悄混入信仰的虚伪形式。早期基督教的理念基于异教秘仪的高道德标准，最初的基督徒在罗马城下会面，他们以太阳神的地下神庙作为自己的仪式场所，现代教堂的圣职制度很大程度也由他们从这些异教习俗中借鉴得来。

古代哲人相信，若没有关于自然及其法则的坚实知识，人就不可能过上明智的生活。人首先得理解，然后才遵行，这些仪式正是用以教诲人神圣法则在地上的运行。实际上，虽然早期异教的象征可能会让人误解，以为它们崇拜人格化的神，但只有少数会崇拜人格化的神。与其说它们是宗教学、神学的，还不如说它们是道学的、哲学的。它们教人运天资以明智之法，恃忍耐于窘困之途，持勇气于危难之时，保本心于诱惑之境；最重要的是，把相称的生活当作神所悦纳的祭献，把他的身体当作神的圣坛。

太阳崇拜在几乎所有的异教神秘仪式中都扮演了重要的角色。这昭示了它们可能来源于亚特兰蒂斯，因为亚特兰蒂斯人是太阳的崇拜者。太阳神常人格化为一个俊美青年，他长长的金发象征着太阳的光辉。这位金色的太阳之神为宇宙之恶化身的暴徒所害，借助某些仪式、典礼，即涤罪与重生的象征，这位伟岸的至善之神复活为信众的救主。他复生所依凭的秘密进程象征了一种文化，借助这些秘密进程，人可以克服他卑下的本性，制服他的欲望，展露自身天性中更高的一面。困境中的人类灵魂内沉睡着精神力量，它们被欲望和堕落的火焰之环围困，神秘仪式正是为此而设，以帮助人类唤醒沉睡的精神力量。换言之，一条道路呈现在人的面前，由此他得以重获曾经遗失的产业（参瓦格纳［Wagner］的《齐格弗里德》［*Siegfried*]）。

影响现代共济会象征体系的古代秘仪与秘密团体　183

秘仪中的女祭司
出自蒙福孔（Montfaucon）的《古物》（*Antiquities*）

这幅插图是一尊雕像，展现了库贝莉神身着祭司的衣袍，在此她被称作叙利亚女神。这尊雕像的下落不得而知，蒙福孔据利戈奥（Pirro Ligorio）的画作描绘了女神的形象。蒙福孔描绘说：

> 她头戴主教冠，冠的底层缀以塔楼与尖塔；一道新月置于城门之上，城墙之下环绕一圈光之皇冠。女神身穿一袭白袍，正像祭司或主教的白色罩衣；其上覆以短袍，垂至腿部；最上覆以主教大圆衣，边镶精制十二宫符号。她两侧各踞一狮，她左手持一手鼓、一叉铃、一纺车、一手杖及另一器具。她以右

手中指执一道雷电，同一手上还有动物和昆虫，据我们猜测，还有鲜花、水果、一把弓、一支箭、一个火把和一把镰刀。

　　古代世界中，几乎所有的秘密团体都具有哲学与宗教性质，中世纪时则主要是宗教性与政治性的，虽然当时仍存有少数的哲学学派。到了现代，西方国家的秘密团体大部分是政治及同好性质的，虽然在其中少数如共济会中，古老的宗教与哲学准则皆得以幸存。

　　由于史料几乎空白，我们不可能详细讨论秘密学派。这些古代异教也确有成就，它们的派系遍布东西方世界。有如毕达哥拉斯学派与赫耳墨斯主义者无疑受到了东方异教的影响，炼金术士则自称从阿拉伯的神秘仪式中获益良多。虽然秘仪的学派常与文明社会联系在一起，但有证据表明，即便是前历史时期最不文明的人对它们也有所知。许多处于最低野蛮状态的荒岛原住民也有神秘仪式和秘密活动，它们虽然原始，无疑也有些许共济会的色彩。

普罗提诺论凝视的自我

刘露 撰

古代希腊哲学家大都关心自我问题,无论苏格拉底、柏拉图、亚里士多德、伊壁鸠鲁还是廊下派,他们都在"美好生活"或"幸福"(εὐδαιμονία)这个主题下展开有关自我的实践哲学讨论。

首先的问题就是探究人的真实本质究竟是什么:是认知、欲望、道德选择,还是品格?例如,亚里士多德对自愿行为的含混描述,使得他对人的本质的理解同样含混:在较弱的意义上,亚里士多德承认人的自愿行为可以不涉及理性决策,在这种包容性的自我概念之下,"根据理性行动"只是人"自愿行动"的一个子集;①然而在较强的意义上,亚里士多德明确否定了由欲望和怒气引起的行为是自愿的,这种排他性的行动概念表明,只有通过理性决定的行动才可称为自愿行为。②

---

① 亚里士多德,《尼各马可伦理学》1111b5 – 10,廖申白译,北京:商务印书馆,2014,页65。
② 亚里士多德,《优台谟伦理学》1224a29,徐开来译,收于《亚里士多德全集》第八卷,北京:中国人民大学出版社,1994,页372;亚里士多德,《尼各马可伦理学》1111a25 – 1111b4,前揭,页65。

可以说，亚里士多德同时采用了排他性和包容性的两种自我观念，排他性的自我概念表明人的本质是按理性行动，包容性的自我概念则表明，在人的能力中的行动与理性无关。廊下派——尤其是晚期廊下派——的真实自我的概念变得更为内化，自我的本质活动被严格限制在人类灵魂的特定活动中，即通过理性正确运用表象的能力。①

其次，朗（Anthony Long）将古代哲学有关自我的讨论概括为"如何成为自己"，②表明古代哲学从描述性和规范性两方面提出了自我的问题，不仅关注自我是什么，还强调自我塑造、自我提升等规范性问题。普罗提诺有关自我的讨论既立足于此前的这些思想传统，同时也蕴含了哲学发展的新维度。不过，普罗提诺自己认为他只是柏拉图哲学的忠实阐释者，他的讨论并不是全新的，不是现时才有的，而是对柏拉图思想的解释，柏拉图的著作足以表明这些观点都是自古有之。③ 普罗提诺对自我的许多看法，的确明确地或隐含地在柏拉图的学说中，例如柏拉图也非常强调理智（νοῦς），强调人对智慧的追求。但正如我们将要看到的，普罗提诺的观点有时比柏拉图更加激进，他实际上是以某种方式重写了柏拉图的思想。

亚里士多德去世后，古代世界的哲学中心由雅典转向亚历山大里亚和罗马，希腊化思想家其实深受东方思想影响。普罗提诺思想

---

① 爱比克泰德，《爱比克泰德论说集》I.1.7，王文华译，北京：商务印书馆，2009，页9。

② A. A. Long, , "Ancient philosophy's hardest question: what to make of oneself ?" *Representations* 74 (2001): 19–36.

③ *Enneads* V.1.8，希腊文本依据 Armstrong 校勘的 Loeb 丛书希英对照本，英译本参考 *Enneads*, trans. A. H. Armstrong, Harvard University Press, 1966–1988；*The Enneads*, trans. Stephen Mackenna & B. S. Page, Penguin Books, 1991；*The Enneads*, ed. Lloyd P. Gerson, Cambridge University Press, 2018。中译本参考《九章集》，石敏敏译，北京：中国社会科学出版社，2009。文中翻译参考以上英译本和中译本并略作改动，《九章集》原文引用后文只注出简写 *Enn.*。

中的神秘主义来源就一直存在争论，不少学者追溯到印度哲学，指出普罗提诺哲学与瑜伽行唯识学派之间引人注目的相似性，包括三本体与三自性、万物复归论、泛神论与整体主义等。[①] 当时亚历山大里亚确实与印度交流频繁，[②] 根据坡菲利的记载，普罗提诺甚至为了学习印度人和波斯人的哲学，而在公元 243 年加入罗马皇帝戈尔迪安三世（Gordian III）组织的东征，不过这个计划因戈尔迪安死于兵变而流产。[③]

当然，也有学者指出，普罗提诺思想中的神秘主义不过是在传统希腊哲学的观念上添加了东方的装饰而已。[④] 尽管理性主义是希腊哲学的主流，但非理性与神秘主义并未完全消失，两种思想的张力一直存在，其源头可追溯到赫拉克利特、毕达哥拉斯学派以及廊下派。然而毋庸置疑，在亚里士多德和普罗提诺之间的五百多年里，对世界和人类的理解，对身体的本性、行动与自我的关系的理解都经历了重大的发展。

一　凝视与太一

形而上学在古代哲学中占据核心地位，是所有哲学探究的基础，大多数古代哲学家都将对自我的讨论奠基于形而上学体系中，本体

[①] Brehier, *The Philosophy of Plotinus*, University of Chicago Press, 1958; T. McEvilley, "Plotinus and Vijñānavāda Buddhism," *Philosophy East and West*, University of Hawai'i Press, Vol. 30, No. 2 (1980): 181–193.

[②] M. P. Charlesworth, *Trade-routes And Commerce of The Roman Empire*, Cambridge University Press, 1924.

[③] 坡菲利，《普罗提诺的生平和著作顺序》，石敏敏译，收于《九章集》，北京：中国社会科学出版社，2009，页 4。

[④] A. H. Armstrong, "Plotinus and India," *The Classical Quarterly*, Cambridge University Press, Vol. 30, No.1 (1936): 22–28.

论问题与认识论和伦理学相互交织。新柏拉图主义的形而上学揭示出人的基本特征，即个人存在于从时间和质料的感知觉领域到灵魂、理智和太一所在的可理知领域的所有层面，并表明具身的个体活动在感知觉领域存在的同时也与更高存在直接相关。这解释了个体活动的多样性，人的活动包括推论理性（λογιζόμενον）、欲望（ἐπιθυμία）、感知觉（αἴσθησις）、生长性（φυτικός），更重要的是人也能进行理智思考（νόησις），凝视（θεωρία）太一。每个人的存在都与太一紧密相关，严格说来，太一并没有被理解为人性的一部分，但可以解释人的存在状态，比如自我的同一性以及人性中向善的动力。人所具有的这些层次使我们有可能专注于这些活动中的一个或多个，从而获得具有不同结构和现象特征的经验，而对人性的完整描述和解释必然包括所有这些层面。

英奇（Inge）将自我描述为一个"流浪者"，[1]因为对于自我的理解并非固定不变，而是会随着不同的主体经历而改变。普罗提诺指出，每一个本体都与特定的主体活动关联，太一、理智和灵魂的相异不是基于空间的距离和时间的相继，其本体性秩序基于三本体之间的依赖关系[2]以及不同程度和层次的主体意识活动。灵魂回归太一的"上升之路"就伴随着主体自主性和统一性的增加，真实的自我存在于与太一相关联的意识和理性活动中。

普罗提诺将完美和不朽的内在自我描述为理智凝视太一的活动，而凝视活动与太一的流溢活动直接相关。为表明流溢活动不会减损太一的完满性，普罗提诺指出：

---

[1] W. R. Inge, *The Philosophy of Plotinus*, vol.1, London, 1929, p. 203.

[2] N. Joseph Torchia, *Plotinus, Tolma, and the Descent of Being*, Peter Lang Publishing, 1993, p. 41.

在任何事物中都有本质的（τῆς οὐσίας）活动和源于本质（ἐκ τῆς οὐσίας）的活动；本质的活动就是实现了的事物本身（ἐνέργεια ἕκαστον），而第二种活动必然源于第一种活动，必是本质活动的结果，不同于事物本身。(*Enn.* V.4.2)

本质活动即保守自身的内部活动，源于本质的活动则是外部活动，每个内部活动都伴随某种外部活动，就此而言外部活动并不构成内部活动的本质。[①] 流溢活动是太一凝视自身的结果，附随于太一的完满性，其自身不包含目的性。普罗提诺经常用"太阳喻"说明太一的流溢活动，太阳的光源源不断，太阳自身却始终不变，发光是太阳保持自身活动的附随，不会减损太阳本体。普罗提诺还诉诸"泉水满溢""火发热""雪生出冷"和"香料向外弥漫香气"等比喻，用以描述太一超然的存在如何关联于下级事物。

普罗提诺三本体间的"流溢"关系还体现了他哲学的宗教性。流溢是一种绵延的关系，指太一完全地在理智和灵魂中，普罗提诺在此可能是受到了东方生机论的影响，他强调整个宇宙是一个生命有机体。这种整体主义的思想强调生命整体在概念之前已经存在，即使是廊下派的借助正确运用概念以达到正确的判断，也无力塑造我们自身美好的世界。普罗提诺哲学的宗教性表明了概念的有限性，理性无法阐释三本体之间的关系，更无法规定太一。作为最高本体的太一存在于思想之前，太一的超越性决定了太一不可能通过概念或感知觉被认识。

由此，普罗提诺以凝视（θεωρία）作为接近太一的唯一途径。太一流溢（ἐκπόρευσις）的产物将太一作为凝视的目标，这由太一流溢而生并凝视太一的存在就是理智。流溢活动的非目的性意味着凝视

---

① E. Kjalar Eilsson, *Plotinus on Intellect*, Oxford University Press, 2007, p. 22–68.

活动不是太一安排（*παρασκευάσαντα*）的结果，太一之光不期而来，它是从至善而来的恩典（*χάρις*），理智只能静静等待（*ἡσυχῇ μένειν*）它的显现，做好凝视它的准备（*Enn.* V.5.8）。普罗提诺认为，理智对太一的意识并非产生于自身，而是那超越于理智不受其控制的力量在它里面显现，理智只是被动接受，因此凝视活动似乎是一种幸运的恩典。但是如果试图用凝视活动把握太一，就会造成凝视者与被凝视者的区分，从而产生多；而由于太一纯粹的单一性，任何规定都是对太一本质的减损。

因此，普罗提诺总是用否定的方式谈论太一。虽然凝视活动无法获得有关太一的知识，但正如后文将要表明的，理智一旦试图在凝视活动中把握住什么，它获得的其实就是关于自身的知识。因此普罗提诺把理智对于太一的凝视看作一种"接触"（*θιγγάνοντος*）（*Enn.* V.3.10），即"毫无语言或思想的前思想"，这时在理智中既没有与自身的区别，也没有与他物的区别，它忘记了外物，也忘记了自身，回归到第一本体。此时主体与客体、看者与被看者的区分消失了。但这并不意味着在更高的实现活动中失去自我，当灵魂回归太一时，它就被善和美充满，从而获得自我更新，成为"更丰满的存在"（*Enn.* VI.9.9）。① 在普罗提诺看来，与太一合一乃是最高的自我意识：

> 正如那些心里有神的人（*οἱ ἐνθουσιῶντες καὶ κάτοχοι γενόμενοι*）至少清楚地知道在他们心里拥有某种更伟大的事物，虽然不知道那究竟是什么，但从他们被感动的方式、从他们所谈论的不同于神的事物中，总能对感动他们的神获得一定的意识。（*Enn.* V.3.14）

---

① G. P. J. O'Daly, *Plotinus' Philosophy of the Self*, Shannon, 1973, Chapter 4.

阿姆斯特朗（Armstrong）指出，关于太一的意识是一种知识——尽管不是对太一本身的知识，诗人的迷狂就很适合比喻这种意识活动，因为最高的意识活动是对理性的否定并有神秘力量的介入。[①]普罗提诺认为通过这种神秘经验，自我获得了绝对的自我认同和统一。将自我处在太一的权能（δύναμις）之下，是重视自我同一性传统的强烈表达。但是，这并不意味着这种神秘经验会彻底消除我们日常认识的自我。普罗提诺同时也指出，人类思维很难接近太一，因为太一超越形式和界限，而人类思维的本性是通过概念和定义，即通过理性或理智活动来把握事物（*Enn.* VI.9.3）。就像宗教狂喜一样，与太一的联合并不具有持久性，而是一种极为脆弱的活动。根据坡菲利的记载，普罗提诺一生也只有四次与太一合一的经历。具身的个人可能拥有回归太一的短暂体验，这种体验将增强我们的理性能力，"唤醒自身中的美德"，并培养我们对正确的生活方式的直觉（*Enn.* VI.9.11）。

与太一的相连超越了文字和概念的复杂性，将回归太一作为自我的最高存在状态，表明普罗提诺的自我完善是一种神秘主义的内在启示。对于具体的人来说，内在凝视创造了一个内在的领域，在这个领域中主体既审查又构建了自己的本性。与自我作为一个时间中的存在的现代叙事相反，对于普罗提诺来说，只有通向至善与美的过程才算真正的自我构建。作为灵魂和身体的复合体，具体的人即经验自我必然是一个处在时间中的实体，一个在连续性上具有统一性的实体，这种对个人同一性的解释为低级自我的变化和发展留下了空间。然而，普罗提诺极力主张，人应该提升自己以活动在高级自我的层面，真正的自我超越了时间的特征，是处在太一权能之

---

① Plotinus, *Enneads*, Vol.V, trans. A. H. Armstrong, Harvard University Press, 1966, p. 121.

下的永恒的灵魂或理智（*Enn.* IV.3.8）。

当灵魂不再将身体的活动作为它的实现活动，当经验的自我消失后，呈现出的就是不可分割、没有边界的理智自我。这种"自我神化"与"超脱尘世"①的观念最终把普罗提诺对自我的讨论引向对自我规训问题的关注：如果人能够以理想的方式正确认识自己，他就会成为一种完全不同的存在。在这一点上，可以说普罗提诺的哲学像是一种宗教：自我由不同程度的主体活动所界定，以及太一潜在地存在于每一个个体身上，都表明具身自我在本性上始终倾向于朝向理智和美德，这是我们实现自身的终身规训。哲学训练的最高阶段就在于用高级自我取代低级自我，我们要离开作为经验性的自我、作为理性的自我，甚至作为理智的自我，最终达到向着太一运动、依赖于它并转向它（ἀλλ' ἔζη μὲν πρὸς αὐτὸ καὶ ἀνήρτητο αὐτοῦ καὶ ἐπέστραπτο πρὸς αὑτό）（*Enn.* VI.7.16）。

二 理智的凝视

理智的凝视活动包含向两个维度的展开。一种是"直接意识和接受的能力"，即理智凝视太一的直观活动，理智借此看到超越于自身的事物。另一种是"思考能力"，即自我反思，理智通过这种能力看到自身所包含的事物（*Enn.* VI.7.35）。理智直观是"融汇性"的直观，它并不在于界分对象和自我，是理智作为"一"的活动；反思则是理智作为"多"的活动，但"多"不是实体意义上而是活动意义上的，理智的"多"并不是理智作为实体被分离，而是作为活动显示出其所是。直观和反思这两个维度在理智层面同时展开并从未分离，理

---

① J. M. Dillon, "An ethic for the late antique sage," *The Cambridge Companion to Plotinus*, ed. Lloyd P. Gerson (Cambridge University Press, 2006), p. 315.

智本身始终完整地拥有自己的思想，并且保持思想所不能企及的活动，就是以另外的方式凝视神。

凝视活动首先是理智凝视太一的活动，由于太一不可描述，理智在凝视太一的活动中实际上获得了关于自身的知识。普罗提诺使用亚里士多德学派的"可理知质料"（νοητή ὕλη）或新毕达哥拉斯学派的"不定的二"（δυάδος），来称呼流溢活动阶段，即理智还未成形之前由太一流溢所生的产物，并将之看作纯粹的潜能（δύναμις）。"不定的二"是处在潜能状态时还未看见对象的视力（ὡς ὄψις οὔτω ἰδοῦσα），只有通过凝视太一才能获得自身的限定性，并由此获得自身实体性的存在。普罗提诺将理智通过凝视太一获得自身实体性存在的过程，诗意地描述为至善之光给事物加上颜色，之后事物就苏醒了（Enn. VI.7.22）。

《九章集》经常使用视觉来类比理智的凝视活动，以说明理智实体与活动之间的关系。眼睛为了能够看见，就需要视觉对象以及借以看见视觉对象的媒介（光），视觉对象和光同时被眼睛看见，光却不能提供关于自身的清晰感觉，因为眼睛指向了被照亮的对象（Enn. V.5.7）。凝视活动也是如此，太一之光将理智照亮，但理智的看被引向了呈现出的自身，无法提供有关太一的清晰表达。正如光是视觉对象被看见的原因，也是看者（视觉）的原因，照样，太一既不是理智凝视的对象，也不是看者（理智活动），而是二者的原因（Enn. VI.8.13）。由于理智总是试图在自身中呈现凝视的对象，区分凝视者与被凝视者，所以理智也就没有能力在凝视活动中保持太一的绝对性，太一纯粹的单一性由此显现为理智活动上的多。理智凝视的对象既是太一本身，又是用理智所规定的太一，[1]就像一面棱镜，理智

---

[1] D. Majumard, *Plotinus on the Appearance of Time and the World of Sense*, Ashgate, 1956, p. 84.

打碎了来自太一的光,将一种力量变为"多"后按部分拥有这种力量（ἵν' οὕτω δύναιτο κατὰ μέρος φέρειν）(*Enn.* VI.7.15)。

通过凝视"是'一'的事物",流溢出的产物因自身的软弱将这种单一性理解为多,由此,太一的单一性转变为了凝视主体的有限性、边界和形式。普罗提诺用比喻性的语言描述说,理智一看见神,就怀胎生育（γεννήματα, *Enn.* VI.7.35）。可见理智实体就是理智凝视太一的活动,理智既是凝视活动的结果,同时也是凝视活动的主体和对象。凝视活动看似指向太一,其实是通过太一指向理智并以太一统摄理智自身的活动。作为理智回看其源头的活动,凝视是扩张并趋于统一的,理智借由至高存在介入自身从而形成更高统一的自我。在普罗提诺看来,凝视活动的本质直接与太一相关,理智的凝视活动不是指向自身,而是指向太一,然而理智在凝视太一时反而看到了自己,因此凝视活动除了凝视在先存在的对象外,也凝视自身,即自我凝视或反思。

因此,理智凝视自身的活动,即反思活动,就是凝视活动的另一维度。普罗提诺从理智的反思活动中得出了"是、同、动、静、异"五个原初的范畴作为思维活动的必要条件,并从是、动和静开始,通过对前三者的反思得出同一性和差异性。

> 如果理智分别（χωρὶς）思考这三者（是、运动、静止）,那我们必须断定它们是三者。如果理智思考它们,那就必然知道它们,并同时断定了它们;如果它们已经被思（εἴπερ νενόηται）,那它们就必然存在（καὶ ἔστιν）。……在它的思中,有活动和运动（ἡ ἐνέργεια καὶ ἡ κίνησις）,在它的思本身中,有实体和是（ἡ ἐνέργεια καὶ ἡ κίνησις）;就存在来说,它认为自身是存在的,就"是"而言,可以说,它建立在"是"上（ὄν）。(*Enn.* VI.2.8)

反思活动的"异"表现为作为主体的理智与作为客体的理智的区分,理智在此有一个面向自己之所是的自我认识。借助纳喀索斯(Narcissus)神话,镜喻被作为描述自我知识的核心,显示自我知识所包含的他者,是从他者而来的反思,但普罗提诺进一步指出,思想的主体只有在同时作为思想的客体时,才可能有真正的自我知识。最初的思被描述为 νόησις νοήσεως,即理智自身同时就是它思想的对象,最高的自我知识正是基于思想活动和思想对象的同一。普罗提诺论述如下:

> 思想原理当其作思考时,必然一分为二,或者两部分彼此不同,或者两部分同一,而思必然存在于异(ἑτερότητι)中,同时也必然在同(ταὐτότητι)中。思的对象必然与理智既是同一的,又是相异的。并且,每一个被思的事物自身中都有同和异(καὶ πάλιν αὖ ἕκαστον τῶν νοουμένων συνεκφέρει τὴν ταὐτότητα ταύτην καὶ τὴν ἑτερότητα)。……如果绝对单一的事物必须得谈论自己,那么首先它必然说它不是什么,这样一来,为了成为一,首先得是多。(Enn. V.3.10)

理智的反思是一种自我认识活动。认识自己首先就要将自身设立为他者,被看作对象的自身不同于作为思考者的自身,思的活动存在于"异"里面;但由于它又在自身中,这一思想思考的仍然是它自己。由于二者都是理智本身,思又存在于"同"里面,理智自身存在双重化过程。雷米斯(Remes)指出,普罗提诺对思考主体的看法很奇怪,好像客观化了它,或者说他对思考的对象产生了奇怪的看法,使它们主观化了。[1] 主体与客体的区分产生"多",是因

---

[1] P. Remes, *Plotinus on Self*, Cambridge University Press, 2007.

为理智内部本身就包含多，所以理智才能进行自我认识获得自我知识。如果没有"同"和"异"这两个范畴，思者不可能展开思的活动：因为若没有"异"，理智就不可能通过"异"与自身的关系把自己与对象区分开来；若没有"同"，理智也不能完全认识自身。普罗提诺认为当我们说"我是这个"时，"这个"确实等同于"我"，否则这个命题就是假的；但若"这个"与"我"没有丝毫区分，那么这个命题无异等同于"是是""我我"，由于没能说出丝毫关于"我"的内容而空洞无物。

所有类型的认识活动和思考活动都涉及"多"，而太一作为绝对的同一，超越了认识者与被认识者的区分，因此既无法被思考，也不能被描述和理解。与太一的绝对单一性相比，理智被描述为"一－多"，理智内部存在认识者与认识对象的二元性，尽管这种二元性在某种意义上是同一的。布萨尼奇（Bussanich）将理智的思考描述为对纯粹存在的无中介的和绝对的意识，其中认识者与认识对象是同一的。[1] 理智在其心灵中产生了可辨别的认知对象，即"全部实在，全部相的美和可理知的神"（*Enn.* V.1.7），这种自我构建的行为使理智成为其自身的对象。[2]

一方面，理智的内容可以各自具有自己的形式，彼此之间存在差异，这是将它和太一区分开来的标志。理智是思想的内容，思想是一种必然包含各种差异化对象的活动，理智的认识对象必须是多

---

[1] J. Bussanich, "Non-discursive thought in Plotinus and Proclus," *Documenti e studi sulla tradizione filosofica medievale* 8 (1997): 191–210.

[2] Cf. I. Crystal, *Self-Intellection and its Epistemological Origins in Ancient Greek Thought*, Aldershot, 2002, p. 185; F. Schroeder, "Synousia, synaisthesis and synesis: presence and dependence in the Plotinian philosophy of consciousness," *ANRW* 36.1, eds. W. Haase and H. Temporini (Berlin and New York, 1987), pp. 678–699; G. P. J. O'Daly, *Plotinus' Philosophy of the Self*, Shannon, 1973, Chapter 4.

种多样的才能被认为是"可表达的",因此理智本身就是由可分离的部分构成（*Enn.* IV.3.4）。另一方面,普罗提诺认为只有凝视者与被凝视者同一,即理智与可理知对象同一,才会有真理（*Enn.* V.3.5）。真理不是关于别的事物的定义,不是与任何别的事物一致,而是其自身一致性,它所说就是它所是。理智反思活动中的自我认识是理智内部范畴的展开,思者所思的对象必然与自身有所区别却又保持同一,反思不是分裂为二,而是保守自身的认识活动。然而问题在于自我同一的反思如何可能？普罗提诺这样回答：

> 这样一种原初的最高的思想活动必然就是首要的理智（πρώτως νοῦς）,这种理智不是潜在的（δυνάμει）,不是与它的思维活动相分离的,否则它的实体性（οὐσιῶδες）就会成为潜在性（δυνάμει）。既然它是现实的（ἐνέργεια）,它的实体是现实的,那它就是与自己的现实性同一的。而我们知道,是与可理知者也是与现实性同一的。于是,理智（νοῦς）、理智活动（νόησις）、可理知者（τὸ νοητόν）,全部都是同一的。（*Enn.* V.3.5）

普罗提诺试图通过指出理智和理智对象在实体上同一而在活动状态上不同,来解决理智既同一又有相分的难题。思想活动是思的对象和思的主体产生的原因,然而理智与可理知者并不从思想活动中分离出来,[①]可理知者、理智、思想活动三者同一。既然理智既是思考者又是思考的对象,可以说,它是以其本质的必然性来进行反身思考。但普罗提诺不仅取消了主体与客体之间的本体论区分,使理智成为一种特殊的自我意识,而且提出了一些更有趣的东西：理

[①] P. Sara, "Self-knowledge and subjectivity in the *Enneads*," *The Cambridge Companion to Plotinus*, ed. Lloyd P. Gerson, Cambridge University Press, 1996, p. 263.

智的自我反思不仅仅是认识者与认识对象的同一，即理智自我意识不仅涉及对其内容的认识，而且涉及对活动本身的认识。理智活动主体与客体的区分不是人为的外在划分，而是理智自身活动的实现。正如舞者是一回事，舞蹈是另一回事，但只要舞蹈活动持续，舞者与舞蹈就是同一的。普罗提诺指出理智不是静止的形式而是实现活动，他用动力性本体描述自我知识。

借用亚里士多德哲学里作为潜能的 δύναμις [能力] 和作为现实的 ἐνέργεια [活动]，① 普罗提诺指出，理智的思想活动并不包含潜能，而是纯粹的现实活动，是一种不包含任何遮蔽的自我呈现，是完全基于自身的理解活动。理智活动本身的特性是对象的完整呈现，若把一方看成认识者而把一方看成被认识者，就设定了二者的差异性，使得自我认识活动只是自我知识的一部分而不能达到完全。如果认识的主体具有真正的自我认识，它就应该知道自己是认识的主体。如果认识者仅知道认识对象与自身相同，但不知道自己就是认识者，那么它的自我认知就存在严重缺陷，会错过正在认识的事物的本质。普罗提诺坚持认为，真实的自我认识和自我知识不仅应该揭示自我的对象，还需要揭示认识活动的主体自身。

普罗提诺转变了参与活动的主体的存在方式，思考者不是其他思考主体的对象，而是思考活动本身，因此真正的知识必然是一种直接的自我把握。② 理智被描述为互相渗透、互相包含的主体意识，其中部分与整体同一，认识者、被认识者与认识活动同一。既然思者与被思者都是现实活动中的理智，理智就是它所认识和包含的每个部分，它的部分也必然拥有整体的一切。这充分显示了普罗提诺

---

① 亚里士多德，《形而上学》第九卷，1048a25 – 1051a35，苗力田译，北京：中国人民大学出版社，2003，页 180–190。

② W. R. Inge, "The Philosophy of Mysticism," *Philosophy*, Vol. 13 (1938): 387–405.

的整体主义观念。理智的"多"不是复合物意义上彼此分离的多，而是统一在理智之思中的活动上的多，它的对象不再有内外之分，它与对象的关系是一种自我关系，理智认识对象就是认识自身。

可见，自我同一的认识活动出现在理智的反思层面，它具有以下三个特征。首先，理智反思的能力来自对太一的凝视，同一的自我知识始终处在与太一的相关性中。其次，理智反思是通过范畴演化将自身完全地呈现出来，不仅以自身为对象，还包括对其自身行为的直接理解，是认识者对认识活动的直接认识。最后，理智反思不寻求自身之外的事物，它脱离了一切外部性。理智活动被看作自我知识的典范，理智作为活跃现实性（$\textit{ἐνέργεια}$）的动力性本体，始终是自我同一的意识活动的主体，动力性的本体使得自我知识概念成为关于自我的理解活动。自我知识与理智活动的论证，启发了西方思想家对思想作为存在本体的更清晰的理解，此后，尤其是近代西方思想把自明性原则奠基在自我之思基础上，不能不说与普罗提诺存在密切关系。

三 低级的自我

真正的自我认识指向永恒的内在自我，然而普罗提诺指出，出于形而上学的必要性，灵魂下降进入感知觉世界并赋予其秩序和美，这个有序的世界揭示了可理知世界的力量和善。因此，人作为活动在可理知领域和感知觉领域的存在，具有理智的自我和具身的自我两个不同维度。自我的双重性有着悠久的历史。一方面，个人生活在身体之中，他的意识中充满了将他与周围世界联系起来的感知觉和欲望，具身自我通过身体延伸其在感知觉和质料世界中的活动，他的身体本性与世界遭遇所产生的需求、欲望和快乐，使他更进一步受到这个世界的影响。另一方面，除了感知觉和经验之外，人同时拥有理性以及完美的理智，这种智慧独立于感知觉世界，只考虑纯粹的本体论真理，它的意识不与感知混合在一起。普罗提诺区分了个体的高级自我与低级自我两种活动状态，由此，人可以通过两种方式认识自己，即在时间中存在的灵魂的推论理性（λογιζόμενον）以及永恒的智慧——理智（νοῦς）。因此普罗提诺在描述灵魂的活动时指出：

> 当它（灵魂）凝视（βλέπουσα）在它之上的事物时，它就运用它的智性（νοεῖ）；当它凝视自己时，就把在它之后出现的事物排列有序（οσμεῖ），并引导（διοικεῖ）治理（ἄρχει）它们。（Enn. IV.8.3）

不同于理智借由太一的权能认识自身从而保持"同"和"异"之间的平衡，灵魂是一种"永不宁静的力量"（φυχῆς ἦν τις δύναμις οὐχ ἥσυχος）（Enn. II.7.11），即灵魂向上凝视理智的活动与灵魂关照自身的活动是分离的。普罗提诺认为灵魂与理智分离的根本原因在于 τόλμα [大胆]，《九章集》中多次使用 τόλμα 来说明灵魂的自主活动，这种大胆将灵魂与太一分离，灵魂在主体活动上和太一、理智表现出相异，他有创造自身世界的冲动。灵魂创造出多样性的感性世界并将其统一为和谐的整体；灵魂观察自身之外的事物，因而其活动具有多样性。

低级自我的认识活动表现为灵魂的推论活动，是一种指向"多"的活动。与高级自我刚好相反，呈现在理智层面的认识活动是试图透过把"多"理解为"一"，从而实现对于自我的认识。推论理性的"多"的产生包含三方面的原因。首先，低级的自我活动在感知觉领域，感知觉领域存在于时间和质料之中，处在生成和变化的过程之中。因此低级自我是时间性的存在，其存在在时间上延伸，存在于过去和未来的视野之下；感知觉世界的统一性是一种时间上的连续性，即由部分组成的统一体，因此在其中很难把握到自身的同一性。感知觉使人处于特定的情境之中，外部的变化导致的不连续性和秩序的缺乏妨碍了推论理性的一致性。时间性不仅使我们自己的身体，而且使我们所感知的周围对象变得流动和不可靠。普罗提诺还指出，周围世界的变化使长期关注同一个问题变得不可能，因此不能够获得真正的知识。感知觉的对象是非常模糊的认知对象，其存在在本体论上不真实，因此在认识论上存在问题。它们没有真正的实质性存在，只是通过延长时间来追求完整性，而推论理性因为涉及生成变化的经验对象，这使得它很难把握到真理。

其次，低级自我与外部性相关。自我的外部性在于它的身体性，而所谓身体性就是感知觉参与到了推论活动中，由此，表象作为一种观念活动参与到认识活动中。表象都是对外部对象的描述，因此灵魂层面的自我知识包含着奠基于外部性的知识内容，它的对象是与自身不同的事物。表象使认识者与认识对象之间产生了差距，也正是在这个层面上，错误发生了，因为表象的能力与身体和外部世界的紧密联系并不在我们的掌控之中，所以它所产生的信念只是偶然地发生。普罗提诺把推论理性看作外部视觉，因为推论理性是对感知觉印象的判断。由于对象外在于理性且内含经验要素，推论理性的确定性并非来源于自身，它是通过假设构成判断，进而构造自我。相反，理智则是一种内部视觉，它观察内在于它的事物，敞开理智活动，使自身无所遮蔽，因此真实的自我知识存在于理智层面。[1]

最后，推论活动将概念的推演作为思的环节，而概念活动总是

---

[1] M. Reuter, *Plotinus on the role of nous in self-knowledge*, University of Toronto, 1994, pp. 71–86.

从一个事物推论到另一事物。不同于理智直接把握整体的思考活动，推论理性始终通过各个环节构造它自身，因此它所关注的自身是部分性的。推论理性更多指向外部描述而不是事物本身，比如说"公正是美的"，在这里，公正与美有区别，美只是对公正某个方面的外部描述。推论理性在用语言和判断表达真理时抓住的只是事物的某个部分。普罗提诺将专注于思考表象所呈现的属性的推论理性称为"描述法"（*Enn.* V.3.17），区别于不需要在外部加以运用命题和概念的理智活动。他指出，埃及的智者也凭借科学知识或本能直觉明白这一点，他们若想用智慧表明某物，不会采取任何语言形式，而是画出形象，在庙宇里刻上各种事物的雕像，以此表明理智世界是不可论证的（*Enn.* V.8.6）。简而言之，推论性的认识与理智活动的根本区别在于，理智的反思是非时间性的、直觉的，而推论理性总是借助于经验抽象，借助于假设的运用和演绎，对外部搜集到的材料形成判断，不断地活动在可能性里面，所产生的主要是关于对象的意见和想象。

借用佩里（Perry）的例子，我们可以更好地表明普罗提诺对包含外部经验的推论性的自我知识的态度：

> 林根斯（Rudolf Lingens）是一个失忆的人，迷失在斯坦福的图书馆里，他在图书馆里读了很多资料，包括自己的传记和图书馆的详细介绍。但无论他收集了多少知识，他仍旧不知道自己是谁，此刻身在何处。直到某一刻，他终于能够说出"这里是斯坦福图书馆的六楼，我是鲁道夫·林根斯"。[①]

[①] J. Perry, "Frege on Demonstratives," *The Philosophical Review* (1977): 474–497.

林根斯一定缺乏某种知识，这是他不知道自己是谁的原因。仅仅阅读关于他自己的传记，这样积累的外部知识无法保证他能将那本书里提到的属性归于自身。那么，在他进行反思并清楚地说出自己是林根斯的那一刻，他是否获得了关于自身的真正认识？普罗提诺指出，即使在后一种情况下，林根斯也只是获得了有关自身的外部性知识，并对这些外部性知识进行了包含假设的推论。而由于推论过程包含错误的可能性，因而林根斯还是不能真正认识自己。

普罗提诺认为，这是因为理智的认识活动与经验性的认识活动存在根本差别。他强调了意识到内在理智的重要性。我们对周围环境的意识并不是纯粹思想活动的必要部分，并非所有的反思都对自我认识有所帮助。比如反思我为什么要带伞，得出的原因是外面正在下雨。这个短暂的思考尽管有反身意义，但并不构成真正的自我关系，并没有对回答"我是谁"的问题有所帮助，不能指导我们过上美好而有意义的人生。再比如，当我专心于阅读并沉浸其中时，我完全不会意识到自身，而如果我停止阅读，反思刚才的活动，我才能意识到我的活动。可见，正在阅读的自我与反思的自我是分离的，阅读活动并不会成为自我知识的一部分。在经验性的意识中，直观与反思有很明显的内外之分，我们可以借此重申普罗提诺对以外部活动的方式把握自我的批评。对自我的理解应内在于理智活动中，因为在理智层面凝视的两个维度，即直观与反思是同一的。在这种对整体自我的直接把握中，理智对对象的认识事实上丰富了对自身的理解。

四 自我的边界

针对普罗提诺的自我哲学，不少人会表达一种对丧失自我的担忧。理智凝视太一的这种神秘体验危及个体的存在和经验。在理智的凝视中,自我抛弃了所有世俗的关注、身体以及所有个人的特征,这些即使不是彻头彻尾的阻碍,也被视为微不足道,具有个人记忆和倾向的具体身份只被赋予了非常有限的价值。当自我提升到与太一合一的层面时,自我就失去了与其他存在的一切差别,即失去了自我的有限性。这些都是对现代性所理解的自我的威胁,因为后者认为,对于自我,限制是必不可少的。没有限制就没有任何可定义或可描述的要素,比如,如果没有肉体的确定性和限制,谈论自我就没有意义。而理智的自我同样不会为日常生活提供解释,这意味着在理智的自我与日常生活的自我之间存在断裂,这种断裂奠基于认识论中对普遍性的把握或"凝视"。

对内在形式的知识与来自外部经验的知识之间的区分,在新柏拉图主义那里达到了顶峰,具身的、虚弱的人类思维只能用于印象或表象,形式本身则存在于永恒的可理知领域,只能通过理智去把握。根据前提和假设处理经验对象的推论理性,与无中介的直接把握的理智有根本的差别。甚至对新柏拉图主义者来说,最高的自我同一状态只有通过启示和神秘经验才能感受到,超越了理智层面文字和概念的可描述性。

这种完美和不朽的高级自我可能并不是一个活生生的个体。普罗提诺所提出的自我概念是否对凡人有吸引力,是否足以帮助人在此生得到想要追寻的幸福?获得理智的自我知识与我们实际生活的世界有多大关系?为了达到新柏拉图式的形而上学的顶峰,自我必须努力失去个体性?普罗提诺是否否定个体自我存在的价值?确实,普罗提诺寻求的不是具有世俗关系和个人特征的个体,而是自主的、不受物质领域限制和约束的普遍自我。在这一点上他遵循柏拉图的传统,同时也受到希腊化时期关于日常快乐的脆弱性讨论的影响。普罗提诺也许可以从三点来回应上述质疑。

首先,因为认识到外部关系性的个体的脆弱性,即人类生活很容易遭受厄运或偶然性的影响，人就有了一种追求自主的愿望。他倾向于将自己视为具有内在同一的存在，反对根据特定的社会或环境定义自我，以抵抗外部生成变化的物质世界，而理性通常被视为实现人格稳定性和一致性的手段。一致性和理性也保证了人的自主性，确保了行动者在规划生活和做出决定时不会依赖外部环境和未经检验的信念。古代哲学对外部世界及其环境与人的内部世界的划分是根深蒂固的。[1] 身体只作为真实自我的世俗工具具有重要意义，它不是真实自我的一部分，在理想的情况下，自我与变化的外部物质世界是分离的。与太一的合一强化了自我的另一维度，即统一和自主，虽然这意味着个体需要牺牲自己受限制的主观性。

其次，高级自我确实不是特殊的或个体的人，理智的自我知识不会产生任何个人的信息。但这种自我阐明了自我的真实本质和可理知世界的秩序。理智的认识活动除了揭示知识的对象，还向我们展现了知识的主体，理智自身的活动从内部揭示了它的"我"，即它在思考中的主体性；对上述主体性质的客观分析阐明了理智主体性的一般结构。正如奥达利（O'Daly）所暗示的，理智对其对象的自我认知可以理解为是对自己的增加，而不是一种损失。[2]

通过对可理知世界的把握，人获得了在自然秩序中的尊贵地位，我们的思维越来越准确地反映出可理解的世界秩序。比如将宇宙看作一幅画，具体的个人根据自身的特定经验、以特定的视角，只能看见这幅画的很小一部分。那么，这时他就只能看见一堆混乱的色块而已，毫无美感和技巧可言。只有当他上升到理智层面并从正确的视角去看这张画时，他才会意识到这其实是一幅杰作，而那些混

---

[1] C. Taylor 首先将这种区分归给奥古斯丁，而奥古斯丁一般被认为受到了普罗提诺和廊下派很深的影响，参见 C. Taylor, *Sources of the Self. The Making of Modern Identity*, Cambridge, 1989。

[2] G. P. J. O'Daly, *Plotinus' Philosophy of the Self*, Shannon, 1973, pp. 61-62.

乱的色块则是构成这幅杰作的一部分，于是充满理性和秩序的世界再次变得令人着迷。理智活动使我们逐渐获得内在的连贯性、秩序性和美感。自我从混乱状态、内部不和谐和分裂状态中转变为神圣统一和自足的理性行动者。①

最后，普罗提诺会认为，正是自我界限的明确存在，才使世界和他者与我截然不同，这是导致个体孤独和疏离的原因。与其说神秘主义者抛弃了个体的观点，不如说他们扩大了个体存在的边界。普罗提诺由此指出，我们甚至不再说自己"我正是这么多"，拒斥"这么多"，于是我们变成了大全（ἀλλ' ὅτι καὶ ἄλλο τι προσῆν σοι μετὰ τὸ "πᾶς"），个体甚至在此之前原本就是大全（*Enn.* VI.5.12）。普罗提诺的整体主义思想也体现在这里，自我告别孤立的状态成为整体，意味着取消我与他人之间的对立。② 个体在其他事物中看见自己（*Enn.* V.8.4），将对他人的关心纳入对自我的关心之中。

结　语

普罗提诺的自我哲学有三点转变值得注意。首先，在某种程度上，与现代性价值对特殊个体的无限珍视相同，普罗提诺并没有忽视个体的存在。他关注的是具有身体的个人中高级自我与低级自我的区别，而无论哪一种自我，都在时间中作为确定的存在而存在于一个身体中。两种自我的区别只是主体活动状态的不同。个体和有缺陷指向活动在经验世界中的具身自我，善和追求智慧指向理智的自我。正如普罗提诺所说，每个人的主体活动都是双重的，一方面，它是活动在感知觉领域中的低级自我，另一方面，它是内在的和理

---

① 对理性自足的讨论在柏拉图那里更为明显，参 M. M. McCabe, *Plato and his Predecessors. The Dramatisation of Reason*, Cambridge, 2000, Chapter 8.

② E. K. Emilsson, *Plotinus*, New York: Routledge, 2017, pp. 340–341.

智层面的高级自我。

其次，普罗提诺的"一元三层"①本体论层次也对自我的理解提供了更为丰富的解释。普罗提诺不再以客观的方式去追寻自我，自我被理解为一种关联于太一、理智及感知觉对象的主体活动。普罗提诺通过主体的意识活动，在认识论而非本体论意义上讨论三本体，并依据本体学说揭示了与自我相关的三个层面，即在直观活动中处于太一权能之下的同一自我、理智层次上与自身关联的自我，以及灵魂层面与现象界关联的自我，从而细致地呈现了自我的意识形式。由此，普罗提诺以自我意识也就是以主体性为本体论内容，把本体描述为活动（$δύναμις$）而不是实体，又把活动描述为主体性存在并用以诠释善之于人的内在力量，揭示出古典希腊实体性本体论向主体性本体论的转变。这种本体论思想的改变是从静止的形而上学本体转变为运动的本体，显示了新柏拉图主义有关主体性本体的思想内涵的转向。

第三，普罗提诺的自我哲学更关注主体的意识活动。真实稳定的自我被理解为可知领域的理智活动，主体的活动不仅是人的属性，也是人参与形而上学等级的表现，这使得个人同时也是普遍的。关于内在自我本质的讨论，普罗提诺先于圣奥古斯丁、笛卡尔或洛克等人。然而，对于普罗提诺而言，内在领域并不是封闭的、私人的，向内转向的活动赋予人类理性和反思以及探寻应该如何生活的能力，并最终将揭示绝对可靠的知识；内在自我其实是普遍的自我。普罗提诺坚持认为真正的自我是运用理智的自我，其原因除了他遵循古代哲学的一般趋势，看到了追求欲望的自我的脆弱性，从而将人的繁盛与"成为像神一样"的雄心相连之外，也是由于普罗提诺所处的时代常年战争，社会动荡。生活在变乱频仍年代的人们感受

---

① 包利民等著，《希腊哲学史》卷四下，北京：人民出版社，2010，页1173。

到在宇宙中的孤独和有限性，因此将目光投向遥远的彼岸世界，普罗提诺寻求内在的、普遍的自我，更多是出自他对那个时代孤独的个体命运的思考。他的神秘主义思想表明，无论自我是奠基于哪一层级的主体活动，太一和理智都完整地但可能是作为潜能地作为自我的根源。由此，他扩大了个体存在的边界，试图取消人在宇宙中的孤立和有限性。这体现了普罗提诺对孤独的个体命运的深切关怀。

作者单位：杭州电子科技大学马克思主义学院哲学研究所　浙江大学哲学系

本雅明与康托洛维茨
——《德意志悲苦剧的起源》与《国王的两个身体》对观 *

法贝尔（Richard Faber） 著

黄超然 译

一 本雅明与格奥尔格圈子的对弈

一战失利后，格奥尔格圈子（George-Kreis）的成员将一个花环献在帕雷莫大教堂里弗里德里希二世（Friedrich Ⅱ）的斑岩石棺前，他们将自己视作"秘密德意志"的成员。花环的飘带上写有这一行字：①"献给秘密德意志（das geheime Deutschland）的皇帝与英雄。"格奥尔格具有弥赛亚式的"精英"气质，他期待"新帝国"，也怀念

---

* 本雅明的作品引自 Walter Benjamin, *Gesammelte Schriften*, Frankfurt a. M., 1974 ff.。下文引用时将于括号中用罗马数字标出对应的卷数，用阿拉伯数字标出页码。康托洛维茨的作品则引自 Ernst H. Kantorowicz, *Die zwei Körper des Königs. Eine Studie zur politischen Theologie des Mittelalters*, München, 1990。下文引用时将于括号中标注 K 和相应页码。

① E. H. Kantorowicz, *Kaiser Friedrich der Zweite*, Berlin, 1931, p.7.

这位霍亨斯陶芬家族①最后的皇帝。这位皇帝去世后开启了一个空位期，一个"可怕的、没有皇帝的时代"。

对于格奥尔格的追随者来说，很显然，不仅魏玛共和国是又一个"空位期"（Interregnum），在他们眼中，甚至弗里德里希二世死后的统治都是"空位期"。追溯根源，弗里德里希二世的名号与基弗霍伊泽传奇（Kyffhäuser-Legende）②一脉相承。因此，他们以弗里德里希二世之名祈求一位"君权神授的领袖"，即教宗加冕的德意志神圣罗马帝国皇帝能够再次出现，以拯救"帝国"——或者更好的话，以"持续千年的""第三帝国"重现旧日的壮丽，甚至超越曾有的荣光。

我们这里所谈的是一个多重混合概念：这位中世纪的皇帝集不同形象的特点于一身，其中包含了罗马帝国的皇帝奥古斯丁大帝、日耳曼血统的国王、拜占庭帝国的皇帝、犹太人的大卫王以及万有之主耶稣基督。他既是神授皇权的君王，也是救世主，其身份部分源自犹太教和基督教，部分源自古罗马的"西彼拉占语集"（Sibyllinische Bücher）和维吉尔（Vergil）的史诗。此外，他也是古希腊罗马的英雄，为文艺复兴时期雇佣兵队长的出现埋下了伏笔。

作为当时格奥尔格的追随者，康托洛维茨（Ernst H. Kantorowicz）在其《弗里德里希二世大帝》（*Kaiser Friedrich der Zweite*）中赞美弗里德里希二世为"无名英雄"。③本书首版于1927年，我们由此得知

---

① ［译按］霍亨斯陶芬家族发源于德意志的斯陶芬城堡，德语原文中的"霍亨"（hohen-）可视为表示"尊贵"的前缀。

② ［译按］基弗霍伊泽传奇：根据民间传说，去世后尸骨下落不明的红胡子大帝弗里德里希一世安眠在基弗霍伊泽山上的洞穴中，并将在未来某日苏醒，拯救帝国，恢复其荣光。亦有人将传说的主角替换为弗里德里希二世，口耳相传。

③ E. H. Kantorowicz, *Kaiser Friedrich der Zweite*, p.612.

飘带上那句题词"献给秘密德意志的皇帝与英雄"就由此而来。尼采称这位霍亨斯陶芬家族的弗里德里希二世为"德意志皇帝中的天才",①这一表述带有"超人"内涵,符合19和20世纪典型的表达方式。从制度上来说,弗里德里希二世是"那位"皇帝,从个人角度来看,他则是个天才。他是"皇帝与英雄":既是德意志皇帝,又是德意志英雄;是一位 Arminius redivivus[重生的阿米尼乌斯],②或谓"德意志天才"。

关于这一点此处不再赘述,③我只想提醒读者,20世纪之初的威

---

① F. R. Nietzsche, *Der Antichrist, Werke*, K. Schlechta ed., 1965, vol.2, p.1233.
② [译按]阿米尼乌斯(或称阿尔米尼乌斯)(公元前18 - 公元21年),罗马帝国初期著名的日耳曼政治家、军事家及民族英雄。生为日耳曼部落切鲁西人酋长之子,他自小被送到罗马作人质,长大后被授予骑士头衔。公元9年,他暗中策划日耳曼起义,并在条顿堡森林战役中全歼三个罗马军团。塔西佗在《编年史》中称其为"日耳曼人的解放者"。
③ 参见 R. Faber, "Heros und Heroismus," *Hephaistos. Kritische Zeitschrift zu Theorie und Praxis der Archäologie und angrenzender Gebtete* 11/12,1992/1993,pp.171-186。需要补充的是,与恩内斯特不同,我完全不认为,考虑或强调德语中的古罗马元素就能够解释康托洛维茨与其他"保守革命"及形形色色的法西斯主义之间的任何区别。后者或多或少都是以古罗马为中心,并且受到了希特勒这个狂热的古罗马爱好者的影响。参见 Wolfgang Ernst, "Die Widerborstigkeit der Dokumente. Zum 100. Geburtstag des Historikers Ernst H. Kantorowicz," *Der Tagesspiegel*, 2. 5., 1995, p.21; 比较 R. Faber, *Roma aeterno. Zur Kritik der „Konservativen Revolution"*, Würzburg, 1981; 以及笔者的两篇专论, "Carl Schmitt, der Römer," *Die eigentlich katholische Verschärfung ... Konfession, Theologie und Politik im Werk Carl Schmitts*, Bernd Wacker ed., München, 1994, pp.257-278; "Humanistische und faschistische Welt. Über Ludwig Curtius (1874-1954)," *Hephaistos. Kritische Zeitschrift zu Theorie und Praxis der Archäologie und angrenzender Gebiete*, 13/1995, pp.137-186。后一篇论文是研究康托洛维茨的重要参考,因为库尔提乌斯(Ludwig Curtius)曾是康托洛维茨的密友,他们的友情一直持续到1933年以后。

廉二世（Wilhelm Ⅱ）虽然有反古罗马的情绪，但他本人也醉心于霍亨斯陶芬王朝的幻想，而他"最大的"幻梦便是成为又一个弗里德里希二世。他将东普鲁士授予条顿骑士团，这样，便如纳粹史学家威斯特法尔（Otto Westphal）所说，他不仅将国家，还将帝国观念所涉及的区域"抛向了"北方。① 威廉二世流亡多伦（Doorn）时曾表示：

> 意大利南部大教堂里的人们［……］用歌声迎接他的到来，而这些歌曲在霍亨斯陶芬家族结束统治后一度无人吟唱。②

威廉二世很早以前就认为，他的祖父威廉大帝（Wilhelm der Große）如果生于中世纪，肯定会被"宣为圣徒"。这尤为值得注意，因为在中世纪只有一位皇帝被封为圣徒，即亨利二世（Heinrich Ⅱ）。另一方面，至今最具代表性的天主教圣徒传奇合集也被命名为《英雄与圣徒》。③

沃尔特（Friedrich Wolter）的《格奥尔格与艺术杂志：1890年以来的德国思想史》④受到格奥尔格肯定，贡多尔夫（Friedrich Gundolf）则称该书是"圣徒史和教会史"：一部"不可靠的，神话化、风格化、过分修饰和渲染的"教会史，与尤西比乌斯（Eusebius）所写的第一部教会史相差无几。⑤ 考虑到其中的英雄就更是如此。格奥尔格对于沃尔特的意义，就像"如耶稣使徒一般的"君士坦丁大帝对于尤西

---

① O. Westphal, *Das Reich. Aufgang und Vollendung*, vol.1, Stuttgart/Berlin, 1941, p.442.

② R. Schneider, *Verhüllter Tag. Bekenntnis eines Lebens*, Freiburg, 1961, p.88.

③ Hans Hümmeler, *Helden und Heilige*, 1979（579. bis 583. Tausend）.

④ Friedrich Wolter, *Stefan George und die Blätter für die Kunst. Deutsche Geistesgeschichte seit 1890*, Berlin, 1930.

⑤ S. George / F. Gundolf, *Briefwechsel*, 1962, p.388.

比乌斯的意义。

贡多尔夫曾经通过格奥尔格"圈子","引领性地"参与到对德国魏玛古典主义"政治家角度的发现"活动中,科默雷尔(Max Kommerell)提出的"德国魏玛古典主义时期作家的引领地位"可为佐证(Ⅲ,253/4)。即便如贡多尔夫这般始终拥护"格奥尔格的英雄理论",在沃尔特的圣徒传奇理论出现后,也不得不反对其中把格奥尔格当做 Poeta Vates [诗之父] 和 Vates Imperator [统帅之父] 亦即 Vates Deus[父神]的宗教般狂热崇拜。格奥尔格也曾将歌德英雄化,本雅明(Walter Benjamin)也反对这一点,这比贡多尔夫的批评还早十年:

> 所有道德领域的代理人都拥有神话式的天性,从爱国者的"我为人人"到救世主的以身殉道都是如此——而英雄人物代理人的典型特征则在其任务观念中达到极致。二者的存在及其明显的象征意义区分了超人与普通人的生活。此处的代表人物有去到地府的俄耳甫斯(Orpheus),其重要性并不亚于完成了十二项任务的赫拉克勒斯(Herakles):神话中的吟游诗人与神话中的英雄同样重要。(Ⅰ,157/158)

此处本雅明将"吟游诗人"和"英雄"相提并论,与他对科默雷尔猜测性的批判一样,这也是基于对(后)威廉二世时代的德国与格奥尔格("新帝国")同时有着充分的认识。本雅明认为,"秘密"德意志"对于官方来说始终只是个军械库,那里的钢盔边上挂着隐身帽"(Ⅲ,259)。

在我看来,这几乎不带夸张色彩,反倒与本雅明采用的寄喻的写作手法契合。这里的"钢盔"(也)可以视作自由军团战士康托洛维茨的钢盔。① 无论如何，我都能肯定，本雅明对科默雷尔的清算（于1930年8月15日）以及对格奥尔格的清算（于1933年7月12日；Ⅲ，392-399），② 本身就包含了他对康托洛维茨的清算。同样，本雅明下面这段在1933年6月16日写给索勒姆（Gershom Scholem）信中的文字，也会让人联想到这位《弗里德里希二世大帝》的作者：

> 如果上帝曾经通过实现预言家的预言来惩罚过预言家，那么，格奥尔格身上发生的事便是其中一桩。③

二 本雅明与晚年康托洛维茨共同的反法西斯主义思想

本雅明认为，格奥尔格和他的圈子对德意志最终的不幸负有共同责任，因此也在德意志悲苦剧的起源中有着特殊作用：德意志"不

---

① 赛特（Walter Seitter）认为，自由军团恰恰是在极右翼的威尔斯（Bernard Willms）的帮助下得到了"评价"，也就是说得以减轻罪责（W. Seitter, "Die Hartnäckigkeit des Politischen. Glossen zu Kantorowicz," *Tumult. Schriften zur Verkehrswissenschaft*, 16, p.119）。对威尔斯的批评参见拙文（很遗憾排版非常糟糕）: "Von Hobbes zu Schmitt oder: Dialektik der Aufklärung," *Thomas Hobbes. Le ragioni del Moderno tra teologia e politica*, G. Borrelli ed., Napoli, 1990, pp.293-329。

② 关于本人对格奥尔格及其所在圈子的批评，参 *Männerrunde mit Gräfin. Die ‚Kosmiker' Ludwig Derleth, Stefan George, Ludwig Klages, Alfred Schuler, Karl Wolfskehl und Franziska Gräfin zu Reventlow*, Frankfurt, 1995。

③ W. Benjamin/G Scholem, *Briefwechsel 1933-1940*, G Scholem ed., Frankfurt a. M., 1980, p.78.

幸"的起源。① 本雅明自己毫不怀疑，他那"失败的"教授资格论文的标题从寄喻的角度或从真实历史的角度都可以理解。他这样写道："悲苦剧"一词在17世纪"正如当代'悲剧性'的说法一样[……]——甚至更可以认为是——对戏剧和历史事件都同样"适用（Ⅰ，244）。

> [巴洛克时期]摒弃了宗教剧中的终末论（Eschatologie），这是整个欧洲新戏剧的标志；尽管如此，不假思索地逃入未蒙神恩的自然依然是德意志所特有的。（Ⅰ，260）

本雅明在这段文字之后的几页强调了这一点，或者说，"特别做了具体说明"。这样逃入自然之举带有的"德意志"特征所涉及的内容，为本雅明一般化了（这种一般化仿佛是世界史意义上的）。正如他（1922年）对歌德和贡多尔夫（或者说格奥尔格）的批评文字一样，本雅明原本还可以提及"对自然的盲目崇拜"。当我们（仅仅翻过八页）看到他对歌德着意称之为"悲苦剧"的《自然的女儿》（*Natürliche Tochter*）的评论时，这一点更是无可辩驳，他写道：

> 如果歌德从国家政治事件中只感受到一种恐惧，一种对如自然力量那样不时兴起的毁灭意志所产生的恐惧，那么，他对这些素材的态度便与17世纪的诗人无异。（Ⅰ，268）

---

① 本章节也包含了对赛特的批评。赛特称赞（引文见前揭）康托洛维茨"没有回到德国"，"来从事伟大的反法西斯活动"。康托洛维茨"将战后德国与其（从阿多诺[Adorno]到昂纳克[Honecker]的）反法西斯共识保留在了自己的左翼思想中"。对于赛特的详尽批判，参见 D. Diederichsen, "Der Anarch, der Solitär und die Revolte. Rechte Poststrukturalismus–Rezeption in der BRD," *Rechtsextremismus - Ideologie und Gewalt*, R. Faber / H. Funke / G. Schoenberner ed., Berlin, 1995, pp.241-258。

《自然的女儿》中的"国家政治"事件即法国大革命。本雅明在前一页的评论中就对此做了说明——不仅是从巴洛克悲苦剧的角度：

> 君主僵硬地保持着基督教受难者（Märtyrer）的姿势。在他面对的无数叛乱中，任何一处都找不到丝毫革命信念的气息。不满——这是那些叛乱的典型动机。道德尊严的光辉只出现在君主身上，而且仅仅属于完全与历史相隔绝的廊下派（Stoiker）。因为在巴洛克戏剧的主角身上时时流露的正是这种姿态，而非基督教信仰英雄对救赎的期待。（Ⅰ, 267）

这里回到了德意志悲苦剧中消散的终末论和因此造成的革命情绪的消解。首先需要认识到，本雅明写下《德意志悲苦剧的起源》，这是当代回到巴洛克的一次"虎跃"（Ⅰ, 701）。如果将其杰作仅仅读成"本雅明当下境况的寄喻"，而忽略其"每一项对于深入认识17世纪这一时期的价值"，那就大大曲解了作者的意图。这样的诋毁屡见不鲜，正如已经提到的伽尔伯（Klaus Garber）谈到本雅明的历史哲学思想时所说：

> 现代起源的问题的研究［……］必须扎根于中世纪后和现代早期欧洲历史哲学的重建之中。若只是将其限定在19世纪，包含的范围就太小了。在拱廊街之书（Passagenbuch）和关于波德莱尔（Baudelaire）的文章中，本雅明不断提到这本巴洛克之书。这里面的关联不是他的一时之念，而是本质性的。

伽尔伯的看法正确，他的话中也特别提到了与巴洛克并行的力量代表——拿破仑三世（Napoleon Ⅲ）。①

此外，伽尔伯还撰写了一部"恺撒"传记，其中自然提到贡多尔夫的《19世纪的恺撒》。②这本书也是布莱希特（Bertolt Brecht）"恺撒"长篇小说的蓝本，并且与本雅明的《"历史概念"论纲》（*Thesen „Über den Begriff der Geschichte "*）受到类似的条件限制或影响。此处不再赘述，③虽然康托洛维茨的《弗里德里希二世大帝》同样也是一本（含蓄的）恺撒之书。此处，我们仅（用伽尔伯的另外一句话）强调一点：本雅明对于"悲苦剧"之书的兴趣，"既是历史性的、具有时代特征的，也是系统性的历史哲学的"。④需要作出必要修正的是，对于康托洛维茨的最后一本书《国王的两个身体》来说，同样如此。书中虽然模糊但始终表示要收回对"弗里德里希"的恭维，⑤主要因为这个原因，该书也可以（从某种程度上）与本雅明的许多早期作品相比较。

---

① K. Garber, "Benjamins Theorie des Ursprungs der Moderne," *Studi germanici*, 29, 1991, p.175, p.181.

② F. Gundolf, *Caesar im 19. Jahrhundert*, Berlin, 1926.

③ Cf. R. Faber, "Cäsarismus – Bonapartismus – Faschismus. Zur Rekonstruktion des Brechtschen„ Cäsar "–Romans," *Gegenwart der Antike. Zur Kritik bürgerlicher Auffassungen von Natur und Gesellschaft*, L. Hieber、R. W. Müller ed., Frankfurt a. M., 1982, pp.64–104；R. Faber, "Paris, das Rom des XIX. Jahrhunderts. Eine Metacollage," *Antike und Moderne. Zu Walter Benjamins „Passagen"*, N. W. Bolz / R. F. ed., Würzburg, 1986, pp.53–96.

④ K. Garber, "Benjamins Theorie des Ursprungs der Moderne," p.192.

⑤ 本人对于康托洛维茨《弗里德里希大帝》评论的批评，见"Der kaiserlich–päpstliche Dualismus im Hochmittelalter. Zur Entstehung des neuzeitlichen Staates," *Staat und Religion*, B. Gladigow ed., Düsseldorf, 1981, pp.75–97；另参 O. G. Oexle, *Geschichtswissenschaft im Zeichen des Historismus*, Göttingen, 1996, pp.163–215。

[……]尽管我们的时代发生了恐怖的事情,即:所有国家,无论大小,统统拜服于最诡异的教义,将政治神学发挥成真正的妄想症,在许多情况下直接挑战人类和政治理性的基本原则,但是,以此推断作者只是因此而试图考察某些现代政治性宗教偶像的起源,就属于臆测了。我当然不是对晚近的错乱现象毫无知觉;事实上,越体会到某些意识形态的蜘蛛网,就越能拓展和加深我对其早期发展的认识。但是,有必要强调,这类思索属于嗣后的思考,是眼前这项研究的结果,而不是原因,也并不影响研究的过程。历史材料本身惯常散发出的魅力,可以胜过一切实践或道德应用的渴望,当然也不消说,胜过一切嗣后的思考。(K,22)

对于本雅明来说,决定何为优先与特权的应与康托洛维茨不同,至少在《德意志悲苦剧的起源》的写作阶段如此。本雅明在认识拉脱维亚的苏俄分子拉基斯(Asja Lacis)后立即开始了写作。康托洛维茨的研究也"试图按照各种政治信念在其初始阶段[……]的状况,来理解这些信念"(K,22);正如他在前文所写,他要"考察某些现代政治性宗教偶像的起源"。这里需要注意起源(Ursprünge)一词的谱系学用法,同样值得注意的是偶像(Idole)或是教义(Dogmen)的贬义用法。与写作"悲苦剧"之书时的本雅明一样,晚年康托洛维茨猛烈批判施米特已称之为政治神学的"主权学说"(Lehre von der Souveränität)。

三 康托洛维茨与施米特的一致与分歧

康托洛维茨的"中世纪政治神学研究"——这是《国王的两个身体》的副标题——是对于"主权国家及其永久性的特定密码"的

研究，他本人毫不怀疑这一点。他同样毫不怀疑，这些中世纪的"政治信仰形式"早已是"现代的"——"它们在作出必要修正后直到20世纪都可以保持有效"（K，22）。由此，康托洛维茨比施米特和本雅明更多强调了中世纪的延续性。本雅明也曾写道：

> 17世纪，在对中世纪的法律理论进行的最后一次讨论中，产生了一个新的主权概念。（Ⅰ，245）

但本雅明指出，人们在17世纪就已经完全告别了中世纪。相应地，他强调当时才真正产生的主权概念的"新颖性"。与此相反，康托洛维茨则坚持中世纪已有这种主权概念的"原型"（K，64）。此外，其理论方法与施米特在《政治神学》著名段落中[①]所写的一样，将一种近代的变化形式一度"通过神学措辞"置于"宪制〔……〕的表达方式"之中（K，68），或者说将君主（主义）的"拟制"（Fiktion）（K，29）"从礼仪〔……〕领域"专门转移到了法学领域中（K，115）：

> 通过法学家的中介，以往王权的某些属性和关键性明喻〔……〕就穿越了礼仪化〔……〕的王权的时代，汇进以科学化的法学为中心的新王权观之中。当然，王权以往的那种礼仪性价值并没有消亡；它们以不同的强度，继续残留于其原始样式中——尽管随着国王祝圣礼的法律和宗教重要性日益降低，其实质日益削弱。不过，无论如何，我们可以说，通过将王权的某些独特教会论属性转移进入法律舞台的环境，法学家们挽救

---

① C. Schmitt, *Politische Theologie. Vier Kapitel zur Lehre von der Souveränität*, 1985, p.49.

了大部分的中世纪遗产，由此预备好了正在兴起中的民族国家，以及（无论结果好坏）绝对君主制的新光环。（K，143）

四 康托洛维茨与本雅明共同对抗施米特的专制主义

和施米特一样，康托洛维茨对于设定的世俗化有着清晰的、辩证的看法；但与其说该看法在将教会礼拜世俗化，不如说它在将世俗法学神圣化——以"新的"也就是自主的或者恰恰是"绝对的"方式。与施米特的这一区别正是所有区别中最重要的一点；和本雅明一样，晚年的康托洛维茨谴责专制民族国家"新的光环"为"假象光环"，并因此将其进行了妖魔化处理。

康托洛维茨也承认"恶人"的作用，这与本雅明不谋而合。对于本雅明的"悲苦剧"之书来说，"绝对王权"是其核心对象，因为"君主是历史的首要代表人物"，即便不是"化身"，也直接地是以历史为基础的巴洛克悲苦剧的表现对象（Ⅰ，243）。而君主所必备的历史（无限）权力也是"世俗专制""神化"的表现，其中对神的亵渎也正是促使米迦勒（Michael）对路西法（Luzifer）作出回答的原因：

谁像（唯一的真正的）上帝（他的第一诫是：除了我以外，你不可有别的神）？

五 本雅明笔下的君主：是僭主也是受难者

看似突然，但从"神学－法学思维方式"本身来看，康托洛维茨与本雅明（针对不同的历史时段）所研究的"神权政治激情"中"过度紧张的超验性"（Ⅰ，246/247），自会与一个完全绝望的造物个体相遇，也就是绝对君主。正如本雅明在引用帕斯卡尔（Pascal）《思想录》(*Pensées*) 时所写:"没有什么比君王自己也难免脆弱这一事实,更能强烈地表现造物的脆弱了。"(Ⅰ,321)因此,他将君主称作"忧郁的范例",以便之后对其进行详述:"而且君王的犹豫不决也正是土星式的懈怠"(Ⅰ,333),也就是那种持有权杖却已"患病"的状态。此处我要援引的便是本雅明引用的罗恩斯坦因(Lohenstein)的诗句:

> 君王们/生来就是紫衣加身/若无权杖,就是一群病夫。(Ⅰ,304)

本雅明认为,"僭主(Tyrann)的毁灭"的魅力在于,

> 始终都会重新产生[……]矛盾,这矛盾存在于他作为凡人的无能和堕落,与他感到[巴洛克——法贝尔注]时代让他这个角色所担当的神圣不可侵犯的权力之间。(Ⅰ,251;另参250、263)

但在君主走向毁灭之前,当统治者从外表来看依旧富丽堂皇之时,就可以确认:"负责[……]进行决策的君主,在随意何种情况下都证明自己几乎不可能作出决策。"(Ⅰ,250)"[德国巴洛克戏剧的]主要题材来源[……]是拜占庭的神权帝国",但也由于其中的戏仿,出现了"胆小的僭主人物"(Ⅰ,248/9)。高潮中的高潮是,这一人物与受难者即最终被钉十字架的耶稣相似,也因此又与上帝相近:

> 在巴洛克时期,僭主和受难者是戴王冠者的**双面**,是君主本质的**必然极端化**的化身。就僭主来说,这是显而易见的。君

权理论［……］径直要求，按照僭主的含义来使君主形象达到完满。这类戏剧完全以此为要旨，即视充分扩展权力的姿态为君主的特点。（Ⅰ，249）

这不再以英雄形象为准。

本雅明笔下的故事，给关于君主的傲慢的描写蒙上了最为引人入胜的特性。

甚至早在这一时期之前，一种恐怖的神秘已经围绕着这个国王了。在被视作疯子的独裁者和混乱秩序的象征之前，他作为敌基督以更加残酷的面貌出现在早期基督教面前。德尔图良（Tertullian）——而且在这方面还不止他一人——甚至谈到有一个希律教派，他们把**希律王**（Herodes）当作弥赛亚来崇拜。他的生平并非仅仅给戏剧提供了素材。**格吕菲乌斯**（Gryphius）早期的拉丁文作品，即希律王史诗（Herodesepen），清楚地表明了使这些人着迷的原因：这位17世纪的统治者，造物的巅峰，发疯的时候像火山一样爆发，毁灭了他自己和他的整个宫廷。（Ⅰ，250）

同时，在"这位犹太国王的典型结局"也就是"敌基督"的结局中，

交织着受难剧的特征［……］。因为当这位统治者沉溺于最狂暴的权力展示时，历史的**天启**（Offenbarung）和阻止历史沉浮的更高权威的天启都在他身上显示出来。所以，当恺撒沉溺于穷凶极欲的权力时，可以为他辩护的也是这一天启：在神所赋予的无限的等级尊严与卑贱的人性状况间存在着一种失衡，恺撒正是这种失衡的**牺牲品**。（Ⅰ，250）

"对希律王戏剧进行细致观察[才能]得出的结论"——本雅明在后文中以此为开头,接着其间中断的思路继续论述道:

> 也显见于《阿尔门尼乌斯》(*Leo Armenius*)、《司徒亚都斯》(*Carolus Stuardus*)和《帕尼皮安》(*Papinian*)等作品,这些戏剧已经接近或可被看作受难悲剧。实际上,如果说对受难剧的描写基本上可以在诗学手册中所有的戏剧定义中识别出来,那也并不为过。那些定义与其说涉及主人公的行为,不如说涉及他的忍受;关注的往往是其灵魂的受苦而不是其身体突然遭受的痛苦。然而,除了哈尔施道夫(Harsdörffer)的一句话外,从来没有人对受难剧提出过整体要求:"剧中主人公……必须典范地体现一切完美德行,/必须遭受朋友的背信/和敌人的折磨;然而即便这样/他也必须在一切场合都表现得宽宏大量,而那痛苦,/那引起叹息/高喊和无限哀诉的痛苦,/他必须用勇气克服。""遭受朋友的背信和敌人的折磨"这句话,可以用来指涉基督受难的形象(Passionsgestalt Christi)。在巴洛克作家的眼里,像基督那样以人类的名义,作为国王遭受痛苦折磨,正是其高贵所在。(Ⅰ,252)

这就是人们之所以"毫不犹豫"地"明确为君主们冠以受难者称号"的原因。正如:

> 《查理一世之敕辩》(*Königliche Verthätigung für Carl I.*)的封面版画下写着"受难者卡罗鲁斯"(Carolus der Märtyrer)或"卡罗鲁斯受难者"(Carolus Martyr)的字样。(Ⅰ,252)

六　康托洛维茨的"国王－基督论"：他笔下的立宪论

对于康托洛维茨来说，本雅明详述的斯图亚特（Stuart）王朝也十分重要。他的《国王的两个身体》同样讨论英国、讨论由查理一世（Karl Ⅰ）引起并使英国走向毁灭的冲突——这也是国王的两个身体之间的冲突。原则上来说，这样的冲突从一开始就自相矛盾，后来斯图亚特王朝清教徒革命者（puritanische Revolutionäre）的口号也是自相矛盾的——"我们与小写的国王作战，为了捍卫大写的国王"（We fight the king to defend the King，K，46）。口号中所提到的是盎格鲁撒克逊人的"宪法之争"（Verfassungskämpfe），后文对此会进行进一步论述。

我们首先稍作停留，来看看康托洛维茨在论述莎士比亚《理查二世》的第二章时，如何分析"国王双生性的人性悲剧"。后一章节的标题"王权与基督"点出了这一悲剧的基督教特性。

与本雅明一样，康托洛维茨从文学戏剧中读出现实历史，或者至少读出国家理论。他将《理查二世》中的诗行作为他关于"莎士比亚"章节的题词，写在开头。这些诗行也符合本雅明的选文标准，可以写入他的"悲苦剧"之书：

> 如双生子般，随着伟大一同到来的，/ 就是要被每个傻瓜的气息侵扰，/ 他能感受到的无非是自己的痛苦！/ 有多少私人享受的舒心消遣，/ 国王都必须放弃……/ 你算是哪门子的神？所遭受的尘世苦难 / 比你的仆人更多。（K，47）

双生（Zwiegeboren）是康托洛维茨的特殊用词，但这并不妨碍该词的一般化处理："理查二世的悲剧就是国王两个身体的悲剧。"

(K，49）而傻瓜（Narr）和受苦的神（leidender Gott）无疑也是"悲苦剧"之书的核心概念。从中，康托洛维茨已能够认识到，莎士比亚定会"欢迎"这些关于国王的"矛盾性趋势"，"借助国王－基督论（Königs-Christologie），可以说已经得到了合法化，并且可以立即为他所用"。正如康托洛维茨在后文阐明"神人"（Gottmensch）与"傻瓜"之间的张力时所写：

> 这仿佛已经渐渐向理查显明，他成了上帝基督在世间的代表，也可能暗示他同时成了人子基督的代表。他这位"主所拣选的代理人"可能也必须追随神圣主人的样式，在人性中受羞辱和被钉十字架。(K，48、52)

康托洛维茨以类似于本雅明的方式强调：

> 那个［受羞辱的］"傻瓜"标志着从"国王"到"上帝"的转变，看起来，实在没有什么比上帝处于人的不幸之中更悲惨的事情了。(K，56)

同样与本雅明视角相同的论述还有：理查（这位"僭主"）恰恰也

> 与彼拉多们和犹大们同列，与他们相比，他甚至更是一个叛徒，比他们还要糟。因为按照他到如今所做的，他背叛了自己那不可朽坏的政治之体，背叛了王权［……］就是说，国王的自然之体背叛了国王的政治之体，背叛了"一个国王的庄严身体"。理查对自己提起的叛逆罪控诉，就好像预示了1649年的指控，指控"自然的"国王对"政治的"的国王犯了叛国罪。(K，60/61)

借此，康托洛维茨过渡到斯图亚特王朝，继续进行一般化的处理：

> 莎士比亚的《理查二世》向来被认为是一部政治剧。废黜理查二世的那场戏尽管在 1595 年首演后表演过许多次，但也许是由于一条禁令，一直没有刊行，直到伊丽莎白女王去世。[……] 撇开其他原因不提，莎士比亚时代的人们会从理查与博林布鲁克（Bolingbroke）之间的冲突看待伊丽莎白与埃塞克斯（Essex）之间的冲突。很出名的一件事是，1601 年，埃塞克斯伯爵在对女王发动那场最终失败的叛乱前夜，命令在环球剧院为自己的支持者和伦敦民众特别上演一场《理查二世》。
>
> 在对埃塞克斯进行国家审判的过程中，王室法院的法官们——其中包括两位当时最伟大的法学家，科克（Coke）和培根（Bacon）——讨论了这出戏。他们不可能没有认识到上演这出戏的目的是影射现实。同样出名的另一件事是，伊丽莎白很不喜欢看这部悲剧。在埃塞克斯被处决时，她抱怨说："这个悲剧在开放式剧场上演了 40 次。"她还从主角中看到了自己："我就是理查二世，你们不知道吗？"（K，62 f.）

"《理查二世》始终是一部政治剧"，这是康托洛维茨追溯斯图亚特王朝时得出的结论：

> 17 世纪 80 年代，它遭到查理二世的禁止。该剧过于明显地描述了英国革命历史上刚刚发生的事件，而当时"蒙神恩的国王查理一世殉道的日子"还被写入了《公祷书》中。复辟（Restauration）要避开对这类事件和其他一些历史的回忆，便也用不上此类悲剧。剧中不仅涉及一位如基督般殉道的国王，

还聚焦于以暴烈的方式分离国王二体这个最令人不悦的观念。（K，63）

"丝毫不会令人惊讶的是，查理一世本人可能就曾以莎士比亚《理查二世》和国王双生存在的理论来自比。"康托洛维茨在"莎士比亚的《理查二世》"一章的最后如此总结。

在一些版本的《国王圣像》（*Eikon Basilike*）中，刊有一首为人所熟知的哀歌，题名为《苦难中的陛下》（*Majesty in Misery*）的长诗，作者据称是查理一世。诗中这位不幸的国王——如果他真是那位诗人的话——很明显地指向国王的二体："他们用我自己的权力，摧毁我的威严，/ 以国王之名，解除国王之冠。"

这与我们已经引用过的清教徒（Puritaner）口号完全对应：

我们与小写的国王作战，为了捍卫大写的国王。（K，63、46）

为了全面理解这一口号，我们必须联系康托洛维茨所命名（与施米特《政治的神学续篇》意义不同）的"政治'基督论'"（K，173），或者——在莎士比亚《理查二世》的语境中便已存在的——"国王－基督论"。康托洛维茨就是在此处引入了这一概念（并且点出了他全书的主题），他这样写道：

[……]我们只需要把"国王二体"这一奇异的图景替换为"基督的二性"这个传统的神学概念，就可以看到，伊丽莎白一世时代法学家所使用的措辞，其要旨来源于神学词汇[……]。

法学家们（罗马法极有意味地称之为"正义的祭司"）在英格兰不仅发展出了一种"王权的神学"——12、13 世纪在欧洲大陆已经非常流行——还创制了一种真正的"国王－基督论"。（K，40）

此外，康托洛维茨还在后文中引用了中世纪盛期一位诺曼无名氏的论文，题为《论主教与国王的祝圣礼》(De consecratione pontificum et regum)：

> 我们必须［……］认识到，［在国王身上］有一种双重人格：一个来自自然（Natur），一个来自神恩（Genade）［……］。通过第一个人格，从自然出发，他与其他人相同；而通过另一个人格，依赖其神圣化的尊贵［……］，以及行圣礼的能力，他超越其他所有人。论到一个人格，他按自然本性是一个人；论到另一个人格，他依靠神恩就成为又一个耶稣基督，亦即神人。（K，67）

康托洛维茨如此评论说：

> 这段话主要是在神学措辞而非宪制的措辞上，令人惊异地与都铎时期法学家的论辩构成平行。当然，那些法学家不是谈论神恩，而是谈论英国的政治共同体（politische Gemeinschaft）。他们可能会说："一个身体从自然而来，另一个从政制而来。"不过，这位诺曼作者与都铎法学家都得出了一种类似的拟制：一个国王的超绝身体（Superkörper），以某种神秘的方式，与国王的自然及私人身体连结在一起。（K，68）

当然，是以充满矛盾的方式相连结。一个身体几乎总是或多或少地与另一个身体处于对抗之中：最终演变成人民对抗国王，而"自然的"国王之身就同时成了人民政制和他们"超绝身体"的代表。

当（小写的）"国王"觉得自己没有在代表中被（足够地）体现出来，会发生什么？他会对自己，也就是对（大写的）"国王"即"王冠"犯下叛国罪。早在清教徒革命之前，对（历史上也存在的）理查二世的诉讼中，便有人提出："针对理查二世的指控是一系列'违抗王冠的犯罪'。"他在 1399 年以这样的罪名被起诉：

> 蔑视"英格兰王冠的自由"，浪费王冠财产，剥夺王冠之遗产。另外，他还仅仅 ad sui nominis ostentationem et pompam et vanam gloriam［因个人虚荣、铺张和浮夸］而受指控［……］。这显然是指控者在试图区分国王的私人人身（Privatperson）与他的职位（Amt）和职权身份（amtliche Stellung）。

康托洛维茨如是评价（K, 368）。相应地，这些指控者也与他们的清教徒后人一样，准备好"为了王冠的利益［……］而舍弃国王［……］"（K, 365）。

往前翻 200 页便可以看到，康托洛维茨早已将关键词宪政主义（Konstitutionalismus）落于笔端。他借此表明，英格兰对于私人人格和国王职位的区分，早在霍亨斯陶芬的弗里德里希二世时代就已十分常见。论述中他主要联系到了布雷克顿（Bracton）：同弗里德里希二世的措辞一样，布雷克顿的论述也是建立在乌尔比安（Ulpian）提出的 quod principi placuit［君王所喜悦的］基础之上；但与弗里德里希二世不同，

> 应该可以说，布雷克顿对乌尔比安的字词进行了歪曲，以

使其符合宪政主义。他从placuit［喜悦］一词推导出的，并不是一种不受控制的、由上帝默示的君主的个人统治，而是一种受议会控制、由议会激发、几乎是非个人的或是高于个人的国王统治。"令君王喜悦的东西"，是法律；而令他喜悦的东西首先要使贵族的集体会议喜悦。对此，布雷克顿继续解释道："［君主所喜悦的是法律］——这并不是指国王的［个人］意志仓促决定的东西，而是指由他的贵族们的consilium［集议］以及国王的授权，并经过深思熟虑和集会协商后，所正确定义的东西［……］。"（K，166）

至少在13世纪的英国，

"法律之上的国王"对"法律之下的国王"颁布命令，是［……］可以想象的。毕竟［……］诺曼人西蒙（Meister Simon der Normanne）首领，一位高级政府官员，就是因为拒绝在一份contra coronam domini regis［有悖于主国王之王冠］的特许状上盖印而遭革职。当时，国王想要签发这份文件，但这位官员认为它有违王冠及其利益，因而也有违自己的就职誓辞。这样的事情不可能发生在弗里德里希的西西里君主制下。（K，178）

在英国，如果有人想要助长专制主义的苗头，对其的反抗也会同步产生。这在弗里德里希二世的西西里不可能发生——在如今已经成为"盎格鲁撒克逊人"的康托洛维茨眼中，不反抗当然不好。弗里德里希只是作为对照被提及，以进一步凸显英国宪政主义——所要凸显的就只有这一个对象，而不再有其他。宪政主义成了康托洛维茨自己的理想，并且也始终是他的理想。这一"英国独有的［……］［主权］概念"，隶属于"王冠的合众［=等级——

法贝尔注〕体",即"在议会中的咨议会中的国王"(the King in Council in Parliament)(K, 363/364)。

正如议会与查理一世之间的斗争所展现或者说才展现出来的一样,这一(延迟的)形式上的让步的高潮显然是,

> 在议会中的国王〔……〕必须与贵族和议员团结在一起,紧急情况下也必须反抗自然之体的国王。

议会则应"以政治之体的国王查理一世的名义召集军队","去跟同一个查理一世即自然之体的国王打仗"。这完全符合下面这句口号的含义:"我们与小写的国王作战,为了捍卫大写的国王。"(K, 44–46)

七 本雅明与康托洛维茨关于革命看法的分歧

"国王二体的拟制也不可以与后续的事件隔离开来观察",康托洛维茨在上述引文后紧接着继续论述道:

> 议会成功地审判"查理·斯图亚特——他被认可为英格兰国王,因而受托享有有限的权力"——定了他叛国罪,最终单单处决了国王的自然之体,而没有严重影响或是消灭国王的政治之体。这与1793年法国发生的事件形成了对比。英国的国王二体理论具有极大的好处。正如**布朗**(Richter Brown)法官在伊丽莎白一世时代所说:"国王是一个不断存续的名号,作为人民的保护人和管治者(按法律的推定)会永远存续,只要人民继续存在〔……〕,而在这个名号中,国王永远不死。"(K, 46)

我认为这不仅显而易见，而且符合康托洛维茨自己对于法国大革命的观点，但肯定不符合本雅明的观点。本雅明既不是合众的宪政论者，也不是今天所理解的议会论者。当然，对于巴洛克时代的英国，他有可能会同情最终反君主制的议会，但更多地会同情早期社会主义团体平等派（Leveller）和掘地派（Digger）。正如在法国大革命时期，他毫无疑问更同情其中最激进的派别。①

但本雅明并没有在任何地方明确表示过这一点。虽然也存在一些证据，比如他曾在论战中反对德国极权化的、被奉为国教的路德教（Luthertum）（Ⅰ，317 ff.）。在这一点上，他的想法与韦伯（Max Weber）一致。韦伯曾在 1906 年致哈纳克（Adolf Harnack）的信中，将这种路德教描述为"恐怖之中最令人可怖的事"。韦伯的这一观点来源于对比，他将德国的宗教和政治发展情况与那些"清教徒国家"进行了比较，他显然同情后者。②

而对于本雅明（"悲苦剧"之书中）的看法，伽尔伯写道：

> 对于路德教来说，清楚表明反抗的学说是陌生的。除了如上帝所愿的政府及人民应忠实、耐心地坚持臣服于它之外，路德教不了解任何其他的政治哲学。世俗的、政治的甚至神权政治的目的与野心，对于路德教来说都非常陌生。

与此相反，

> 加尔文教 [……] 由于其鲜明的神权政治主义，明确宣扬

---

① Cf. T. Orozco, *Platonische Gewalt. Gadamers politische Hermeneutik der NS-Zeit*, Berlin, 1995, pp.141–148.

② Cf. H. Tyrell, "Max Weber, Bismarck und der Kulturkampf," *Religionssoziologie um 1900*, V. Krech, H. Tyrell ed., Würzburg, 1995, pp.372–373.

一种激进的反抗学说。它支持着抗争中的法国胡格诺派信徒、荷兰抗议派信徒（Remonstranten）、英国清教徒，以及普法尔茨（Pfalz）、波西米亚和西里西亚（Schlesien）的起义者。在1620年11月，布拉格白山战役（Schlacht am Weißen Berg bei Prag）战败后，中欧的陨落也是加尔文教的祭品。①

但在不列颠（Britannien）仍有反抗留存，伽尔伯忘了补充这一点。

比起伽尔伯，本雅明本人对于加尔文教的看法表达得显然更为委婉。他的文字中从来没有出现过"清教徒"一词。但他也明确表示（正如以上引文所述），他对于路德教悲苦剧未能觉察到"革命信念的气息"而感到遗憾，并且他明白，对于路德教来说，"背叛［……］在宗教上"也是无法"实现"的（Ⅰ，267、258）。革命对于清教徒来说，却显然"在宗教上"是可以想象、表达的，甚至可以付诸实践。因此，我们是否也就不难理解，对于本雅明来说，英国革命在巴洛克时期德国的缺席令其痛心（当然也是因为他会想起1848年失败的革命和不久前的1918到1919年）？

本雅明对其"正面观点"的隐藏本身，并不能作为充分的反面证据。伽尔伯有理由认为："被填满的时间是一个没有被说出来的咒语，它被作为相反的一极来贬低巴洛克悲苦剧。"伽尔伯的论证对于我们自己的假定来说尤为重要，因为他将其置于另外的语境中：

> 在历史的时间中思考，着眼于未来的政治，甚至乌托邦的角度，［……］这些对［德国的——法贝尔注］国家自我认知来说［……］都极为陌生。因为在本雅明看来，除了将其描述为

---

① K. Garber, "Benjamins Theorie des Ursprungs der Moderne," pp.179–180.

普遍复辟的自我认知之外,再没有什么[……]能更好地表明其特性了。(同上,页 183、180–181)

"复辟"在本雅明的理解中显然为贬义,并因此而可以呼唤革命,但同一时代发生革命的就只有清教的不列颠。从某种意义上来说,这终究是个例外,因为终末论在本雅明那里没有"陨落",而是依然在进行中,并且明显与静态的"复辟的历史哲学"处于斗争之中。本雅明同时也批判这一历史哲学,正如他对于终末论在大事件中毫无效用感到遗憾一样(Ⅰ,246、259)。当然,需要再次强调,他并没有指出这个盎格鲁撒克逊的清教徒是例外,而是得出一个一般化的结论:

基督教或者说欧洲被划分为一系列的欧洲基督教分支,它们不再追求在救赎过程的行列中展开其历史行动。(Ⅰ,257)

无论如何,清教徒的星火逐渐燎原(想要减少其对于资本主义影响的做法已无法延续),[1] 还来到了新英格兰(Neu-England)和后来的美利坚合众国。在这一点上我只是参阅了相对晚些时候的梅尔维尔(Herman Melville),因为很富有启发性的是,他被拿来与悲苦剧之书的作者进行比较。的确,在主要观点(终末论或是乌托邦)上,梅尔维尔与本雅明的契合度高于康托洛维茨。[2] 但本文之所论是康托洛维茨。

---

[1] D. Schellong, "Wie steht es um die „These" vom Zusammenhang von Calvinismus und „Geist des Kapitalismus"?", *Paderborner Universitätsreden*, 47, 1995.

[2] R. Faber, "Melancholie und Imperialismus. Über barocke Motive in Herman Melvilles„ Benito Cereno"," *Europäische Barock-Rezeption*, K. Garber ed., Wolfenbüttel und Wiesbaden, 1991, pp.543–559.

另一方面，康托洛维茨也是真正流亡到了合众国的一员，但在 1945 年后（在本雅明已经去世数年后），他也并未加入那里多样化政治流派中的反动政党。我难免会想起康托洛维茨在麦卡锡时代（McCarthy-Ära）的立场。毕竟本雅明（如果踏上美利坚合众国国土的话）有可能会像他的朋友布莱希特一样，成为"猎杀女巫"（Hexenjagd）行动中的牺牲者。①

尽管康托洛维茨毫无疑问反对苏俄，正如他反对纳粹主义，但他从加利福尼亚州州长［为了"防止苏俄"立下忠诚誓言——法贝尔注］的要求中，看到了独裁手段的影子。这违背了全体的精神，也就同时违背了人性的尊严，而这两者在追求自由的道路上被确立为人类的最高价值。因此，他与其他几个同事拒绝了立誓的要求，并因此在 1951 年——第二次——接受了解雇。②

从格奥尔格圈子的意义上来说，这已经不再是英勇了，但它证实了一位人文主义学者的公民勇气，他继承了最好的盎格鲁-撒克逊传统。他本来从原则上蔑视"西方"，尤其是美国，③ 而最后他几乎被说服去为人权和公民权利辩护，尤其是并非无足轻重地为合众权

---

① 关于当时悲喜交集的情况，参 F. Kröll, *Das Verhör Carl Schmitt in Nürnberg*, Nürnberg, 1995, p.78。

② J. Fleckenstein, "Geleitwort," E. H. Kantorowicz, *Die zwei Körper des Königs*, p.13。

③ Cf. E. Grünewald, *Ernst Kantorowicz und Stefan George. Beiträge zur Biographie des Historikers bis zum Jahre 1938 und zu seinem Jugendwerk „Kaiser Friedrich der Zweite"*, Wiesbaden, 1982, pp.84-85.

利辩护——并且前提还是他最初维护并赞同的等级主义。①

我的思考受到具体情况的局限,更受到一个事实的局限,即普遍人权的基本价值对于本雅明来说并不一直是清晰的。这本身也是个(绝对有现实意义的)问题,本雅明关心而康托洛维茨并不关心:清教徒和雅各宾派都曾造成极大的恐怖。当然,这并不是这个问题的最后结论。②

---

① Cf. E. H. Kantorowicz, "Die grundlegende Entscheidung," *Tumult. Schriften zur Verkehrswissenschaft*, 16, pp.35–75, p.36, p.40, pp.50–51.

② 参 K. Garber, "Benjamins Theorie des Ursprungs der Moderne," p.200;另参 R. Faber 编, *Sozialismus in Geschichte und Gegenwart*, Würzburg, 1994, 尤其是 Martin Leutzsch、Werner Post、Petra Röder、Frank Unger、Gunzelin Schmid Noerr 和 Frieder Otto Wolf 的文章。

古文今刊

《論語象義》總論

三野象麓 撰
潘林 校注

［校注説明］《論語象義》出自日本江户時代，是近代較有影響的《論語》注釋著作之一。作者三野象麓（1749-1840），本名元密，字伯慎，號象麓，日本讚歧人。《論語象義》全書凡七卷，書前有序和總論。此次校注的總論部分，以上海古籍出版社2017年《論語象義》影印版爲底本。

吾聞諸静齋先生①曰：

論者，論道也，又論列之也，和其長短，列其次叙，以成其文理，此之謂論也。論道者，不敢損益於先王之道，活然行於當世之謂也。語者，言之成章，可誦以服膺者也，亦可以爲

---

① 静齋先生（1728-1778），本名齋必簡或齋宮必簡，字大禮，號静齋，日本安藝人。有《大學小傳》《初學作文法》《傷寒論特解》《静齋文集》等著作傳世。三野象麓嘗師事静齋先生，"受六經、《論語》之訓傳"。

教戒也，亦可以詔後世也。故"論語"者，孔子論道之言，而學《詩》《書》《禮》《樂》，以成其德者，可誦以服膺，亦可以詔後世，使其皆知所自修治之方也。其不能自修治者，誦其一二語，以服膺之，則亦可以自教戒也。

"論者，論道也"者，古者先王之創業垂統也，有三道焉：一曰典，謂典禮制度也；二曰謨，謂修文德之方也；三曰論，謂制義應時也。夫先王既建典禮制度，修之以文德，以行之於其世，遂將成其後人。曰典禮制度一建，而不得變之，後世子孫雖非其人，循而守之，則不失天下國家。若有其人而有其志，則循其謨訓，以修其文德，而活用典禮制度，此所以作謨訓也。然循其謨訓之道，不可直用之，故立論道之方，以《詩》《書》《禮》《樂》教之，論之而制義，制義而制事。故三公之職，以論道言之，故其《詩》《書》《禮》《樂》之教，所以成其論道也。故"論語"者，《詩》《書》《禮》《樂》之教，以成其論道之語，故云"論語"也。

夫聖人之以論道立教者，不問其國之典禮制度何如，必循其國之故，以論我文德，而活用之。小人東西革面，[①]徐更其典禮制度，又制其謨訓，則民不自知所以然，而我亦可以創業垂統。故聖人以論道爲教者，以畏天命也，畏聖人之言也，[②]不犯上作亂也。故成湯之在夏代，亦論道而行也，然後成其典謨也；文王之在殷代，亦論道而行也，然後成其典謨也。孔子之於《論語》，亦此義也。故孔子之言，以"論語"稱之，以畏天命也，畏聖人之言也，不犯上作亂也。

---

　　① 語本《周易・革》："君子豹變，小人革面。"王弼注："小人樂成，則變面以順上也。"

　　② 語本《論語・季氏》："君子有三畏：畏天命，畏大人，畏聖人之言。"

故君子之道易爲也，雖處九夷，而不問其國之典禮制度何如，必循其國之故，可以行我文德，可以活用其禮俗制度，故曰："君子居之，何陋之有？"① 是故聖人之言，德言也。德言者，可以行於我，可以行於人；可以處彼，可以處此。苟不能如此，則不足云德言；苟不能至此，則不足云修聖人之道也。故稱"論語"者，亦德言也。

古者天子有三公，諸侯有孤卿，以當此任矣，可爲天下國家，制義而從事；其六卿師尹奉其典禮制度，不敢損益，而獨得論道於其職中。故古之經紀國家者四焉：一曰《詩》《書》《禮》《樂》，其教術也；二曰禮樂彝倫，其教化也；三曰典禮制度，其政事也；四曰功役貨食，其事業也。三公、孤卿論道，引之於謨訓，以和此四者，以此經紀邦家，以此燮理陰陽。故修《詩》《書》《禮》《樂》之教，以成論道之德，三公、孤卿之任，惟此其人，亦可以爲六卿師尹。故論道之語，可以成仁知之君，可以成三公、孤卿，可以成六卿師尹。此稱"論語"，亦德言也。

故稱"論語"者，以明此成德之言，而皆有信驗，可以成人，此所謂君子自修而成人者也。又明修《詩》《書》《禮》《樂》之教，以成其德者，離於《詩》《書》《禮》《樂》，"中立而不倚"，② 其效如此，使後世學者必至此域而後止，此所謂"中道而廢"③ 者也，亦成人之道也。有此數義，故曰"論者，論道也"，"語者，可誦以服膺者也"。

《周官》④ 曰："大師、大傅、大保，茲惟三公，論道經邦，燮理陰陽。"論也者，"和其長短，列其次叙，以成其文理"也。云論道者，

---

① 見《論語·子罕》。
② 見《禮記·中庸》。
③ 見《禮記·表記》。鄭玄注："廢，喻力極罷頓不能復行則止也。"
④ 《周官》，《尚書·周書》的篇名。

明在先王之道，未敢損益也。道也者，禮樂彝倫之教化，通之於典禮制度，合之於天神、人鬼、地祇，而爲見行於世也。經者，經紀之也。爕者，和順之也。理者，理導之也。凡云理者，皆以理導貨材言之也。《易》之《繫辭》《説卦》皆然也。陽者日之所照，而温和之氣存焉者也；陰者日之所不照，而寒懸存焉者也。綜之晝夜，亦陰陽之類也。故天道雖多，而不出於陰陽之中也，是天材之本也。天材以陰陽爲本，而地材、人材亦以天材爲本，故舉陰陽，以包三材也。晝夜、風雨、寒暑、霜露，此之謂天材，是鬼神之所行，而萬物鳥獸之所成也。萬物鳥獸，此之謂地材。是此天材、地材，取而裁用之，此之謂人材，所以成功役、制事業也，而陰陽爲之本矣。《易》之《彖》《繫》所説者，皆此事也。

夫冢宰、司徒、宗伯、司馬、司寇、司空，柄持國家之典禮制度，而爲之政也。故《周官》曰掌邦治、邦教、邦禮、邦禁、邦政、邦土，凡以邦稱之者，以典禮制度言之也，是皆一建而不可變者也。三公獨得論其道以經紀邦國，活用其典禮制度也。

夫先王之所以垂統創業，有三道焉：一曰典，謂建禮樂制度，使後世循而守之，而不可變者也；二曰謨，謂後世君臣苟有其人，則使知活用典禮制度之方也；三曰論，謂典既不可變，謨亦不可直用，故論其謨以制義，義以制事也。

故三公之職，以禮樂彝倫之教，論之於時宜，和之於典禮制度，然後信之於天命，明弼之於政刑，幽助之於鬼神祇，必爲活然見行於當世也。又功役、事業、貨食之制，和順之於天道陰陽，以理導之，裁用三材，明於鬼神祇之所成，歸之於天命，以引之於禮樂彝倫之教。於是使邦國之民皆知行禮樂彝倫之爲天命，功役、事業、貨食之爲天道，而不迷惑也。此所謂變而通之，使民不倦，神而化之，使民宜之也。民既皆知行禮樂彝倫之爲天命，功役、事業、貨食之爲天道，而不迷惑，則君人者，承上下神祇、社稷、宗廟、山川鬼神莫不寧，鳥獸魚鱉咸若。故其效能使生殺之候不迷錯，故曰："納於大麓，烈風雷雨不迷。"①大麓，三公也，亦稱阿衡，衡，平也。禮樂彝倫之教化，合之事業、貨食之制，皆取平於此也。《詩》曰："尹氏大師，維周之氐②。四方是維，天子是毗③，使④民不迷"，是也。

曰：何以禮樂彝倫之教化，合之於鬼神祇也？

曰：《周官》三孤之職曰："貳公弘化，寅亮天地"，此三孤貳公，而云弘化，則公云道者，主禮樂彝倫言之也。又云"寅亮天地"，寅，戰慎也，亮，助也。此云戰慎，則天地以鬼神言之，可從而知也。是戰慎鬼神，以教化言之也；亮助鬼神，以事業言之也。故三公之職然也。

其以陰陽言之，何也？

曰：功役、事業、貨食之制，恐小人或用其機智，或以其聚斂，而變化先王之正刑故也。又欲明功役、事業、貨食之制，以天道爲之，則禮樂彝倫之教化，以天命爲之也。

其在諸侯，置孤卿以論道弘化，以經邦家，燮理陰陽，寅亮天地，以弼其君，故晉隨會、賈佗、陽子皆爲大傅，講求典禮，以定晉國之法。此諸侯孤卿，其職當天子之三公，故禮書亦稱孤爲公。《論語》曰："出則事公卿"，皆謂此職也。

仲尼修《詩》《書》《禮》《樂》，以大成其教，然後上自王公大人，下至士庶人，君子之道，無所不可修而自處者；是聖人之道，大成於仲尼也。蓋自堯舜以來，殷湯、文、武，教術雖備，大氐宜於時通，而不宜於處窮。⑤《詩》《書》所載，其言雖周，苟非中智，則

---

① 見《尚書·舜典》。
② 氐，通"柢"，根本。
③ 毗，輔佐。
④ 使，《詩經·小雅·節南山》原文作"俾"。
⑤ 見《荀子·修身》："宜於時通，利以處窮。"

不能會其歸而制其義，以處其德；必誦仲尼之教，以應《詩》《書》《禮》《樂》，則能得會其歸、成其德，而制其義也。又宜於時通，而宜於處窮，終不失君子之道，是聖人之道，大成於仲尼也。夫《詩》《書》《禮》《樂》，本也，大成於《論語》也，故曰"述而不作"。述者，因其故而弘之也。

曰：然則堯、舜、禹、湯、文、武、周公之教，猶有所不足者乎？

曰：否。此即畏天命者也。聖人之道，以用賢爲天命，以用賢之人，爲天職。而堯、舜、禹、湯、文、武、周公，得其位，而制教之人也。若制賢人處窮之教，以詔後王，是使後王曰賢人雖無用之可也；故堯、舜、禹、湯、文、武、周公之教，無有賢人處窮之教者，畏天命故也。獨在仲尼不然，躬述堯、舜、禹、湯、文、武、周公之教，以處窮時，獨以其德爲處窮之道，而不有所作者，亦畏天命故也。

論者，論列之也者，以子貢、子張、子夏、子游、曾子、琴張、原思言之也，其義七焉：

一，則昔在堯舜昉①文德之教，行之於斯民，而夏后乃作二《典》二《謨》，以大成堯、舜、禹文德之教。非以成己而已，所以成當世之人也；非以成當世之人而已，所以成後王仁者也，亦所以成後民也。及殷之時，以堯舜二《典》二《謨》，爲成湯之文德，作《湯誓》《仲虺之誥》《湯誥》，以大成成湯之文德。及周之時，復以堯舜二《典》二《謨》，爲文王之文德，而武王、周公作《泰誓》《牧誓》《武成》《洪範》，以大成文王之文德也。

何以不作成湯、文王之典謨？曰：成湯、文王之文德，不與堯舜二《典》二《謨》異也，而成湯、文王，論而用之而已；故不作成湯、文王之典謨，使之與堯舜同其德也，所以尊成湯、文王也。由是觀

---

① 昉（fǎng），創始。

之,雖成湯、文王述之也,非獨孔子不作也。

及至孔子,修堯、舜、禹、湯、文、武、周公《詩》《書》《禮》《樂》之教,以爲仲尼之文德。而子貢、子張、子夏、子游、曾子、琴張、原思七子論列《論語》,以大成仲尼之文德也。夫君子繼人之志,述人之事,成人之美,君子之道也。非以成己而已,所以成當世之人也;非以成當世之人而已,所以成後王仁者也,亦所以成後民也。"仁者,己欲立而立人,己欲達而達人",① 皆古之道也。

其二,則仲尼既修《詩》《書》《禮》《樂》以成其德,於是子貢、子張、子夏、子游、曾子,皆上智之人也,以爲《詩》《書》《禮》《樂》之教,大而博而散,苟不得其門而入者,不得會其歸,集以一之,以成其德也。故論列仲尼之語,以成《論語》,使夫後世學《詩》《書》《禮》《樂》之教者,以《論語》爲門而入而會其歸,集以一之,以成其德也。此總舉《論語》言之也。

其三,則使夫後世學《詩》《書》《禮》《樂》之教者,將成其德,則就此所論列仲尼語之中,觀其容貌,觀其所以學,觀其所以思,觀其所以言,觀其所以行,然後觀學《詩》《書》《禮》《樂》,以成其德者,其效如此,而若親受業於仲尼之門也。此以論列數章言之也。

其四,則使夫後世學《詩》《書》《禮》《樂》,既成其德者,以仲尼之語爲主,而應變於《詩》《書》《禮》《樂》,宜於時通,宜於處窮,終不失君子之道也。此總舉仲尼之語言之也。

其五,則使夫後世學《詩》《書》《禮》《樂》,既成其德,以處三公、孤卿之任者,以此和長短,列次叙,聯數章,而成文理者,以爲其軌範,論道應時,以經紀邦家,燮理陰陽,千轉萬變而不畔② 也。此以論列數章言之也。

---

① 見《論語·雍也》。
② 畔,通"叛"。下同。

此五者所謂"君子名之必可言也,言之必可行也",①行之必可傳也。
　　其六,則曰夫聖人之言,廣大深遠,鈞之一言也。賢者見其大者,不賢者見其小者,要不失於畏天命,不失於忠信,不失於德言,無有非教者;故其於孔子之言也,無敢損益者。夫無敢損益者,使夫賢者、不賢者各見其所見,以成其德也,亦惡以己推之於聖人也,所以尊聖人之言也,所以尊德言也。
　　其無序者何也?夫序也者,序其所以言之意者也,以一局之者也。君子之言,所謂德言也。"君子一言以爲知,一言以爲不知",②君子於其言,無所苟而已矣。故君子之言,即所謂德言也,不可以一局者也,亦使夫賢者見其大者,而不賢者見其小者也,亦所以尊德言也。仲尼之言,已不可損益,而亦無序以道其由,則聖人之意,難可以見也。
　　後世學士,其於聖人之言,不免有畔也。故《論語》將載仲尼斯語,則或取仲尼異時之語,或雜以衆弟子之語,和其長短,列其次叙,以成其文理,因寓之以衆弟子逆聖人之志者,使夫後世學士見由此以逆聖人之志,則庶幾其不畔也。然而未敢的然③斥其義,必依傍而言之,惡以己推之於聖人也,亦所以尊聖人之言也,亦不待後世賢者以己也,亦待不賢者以教誨之道也。尊聖人之言,畏天命也,不待後世賢者以己爲恭也,待不賢者,以教誨之道,忠信之至也。
　　其七,則凡《論語》之書,論列數章,亦爲《論語》,論列一篇,亦爲《論語》,論列《上論》,亦爲《論語》,論列《下論》,亦爲《論語》,合上下二《論》,以論列之,亦爲《論語》也。其和其長短,列其次叙,以得其文理,而論列之,則子貢、子張、子夏、子游、曾子、琴張、

---

① 見《論語·子路》。
② 見《論語·子張》。
③ 的然,明顯貌。

原思七人,實合其心而爲之。

曰:何以《論語》之書,成於七人合心而爲之?

答曰:《論語》之書,分而爲二,復合其二,以爲一,而終焉。《上論》始於《學而》,終於《鄉黨》;《下論》始於《先進》,終於《微子》。《微子》之篇,明君子之出處者也。夫君子學而成德,德成而入官,故出處者,君子之終也,故以此終之也。此所謂分而爲二者也。《子張》之篇,明傳仲尼之道者也;《堯曰》之篇,明仲尼所傳之道者也。以此二篇,總結前十八篇也,此所謂復合其二以爲一者也。

夫前十八篇與終之《堯曰》篇,子貢、子張、子夏、子游、曾子、琴張、原思之七人,相與論列之;其修飾文辭,則琴張、原思實當其任。而《子張》一篇,琴張、原思二人獨成之。然《子張》之篇,終不明説傳仲尼之道,而舉升堂入室之語,首以子張,次子夏,次子游,次曾子,皆聯牽而言之,獨於子貢特舉之;是首於三子以子張,而包四子以子貢知仲尼者,又終之以仲尼生榮死哀,比德於堯舜,於是受之以《堯曰》篇,明説仲尼所傳之道者也。其意猶云仲尼所傳之道,即堯、舜、禹、湯、文、武之道,而五子之所傳者,仲尼之道也。猶云堯、舜、禹之時,有若皋陶,而稷、契、垂、伯益、夔、龍附之,以成三聖之道。仲尼之徒,有若子貢,而子張、子夏、子游、曾子附之,以成仲尼之道也。必舉五子升堂入室之語者,猶《虞書》先舉堯、舜、禹、皋陶之德,而後舉其事與言也,以示其論列而傳之不畔,所以使人信之也。

古之道也,學問之道,唯信爲能入之故也。孔子曰"信而好古"[①],亦此之謂也。故舉《堯曰》之篇,所以使人信仲尼所傳之道也;舉《鄉黨》之篇,所以使人信仲尼之言也。此二者,七子所論列,而《子張》之篇,二子所以存意者也。

---

① 見《論語·述而》。

曰：是七子所相與論列之，則何以不皆名七子，而獨名原思、琴張二子？

答曰：此則孔門之諸子，所以卓越於衆家者也。子貢、子張、子夏、子游、曾子、原思、琴張，既已相與論列之，遂使原思、琴張二子修飾其文辭，又悉舉其所論列之功，歸之於二子。二子遂成其志，以修飾文辭，故稱五子以字，而自述以名，是禮也。

曰：然則《子張》之篇獨舉五子，而不及二子何也？

答曰：五子既舉其所論列之功，歸之於二子，二子亦不自處其功，而自述以名，又作《子張》之篇，其意則曰：凡所論列而傳仲尼之道於後世者，皆五子之功也；吾二人者，皆所不能及也。而自述以名，則二子之修飾文辭，自可知也。是二子自處以禮，又讓其功於五子，而不自失其實，此仁者成人，而不失己之道。此即孔門之諸子，所以卓越於衆家也。

《論語》稱呼於人之辭，其例有五焉：

其一，則泛交於外人之道也，邦君於異邦之君，以國與謚言之，於魯邦之君，獨以謚言之，不以國舉之，內魯而外諸邦之辭也，述仲尼之志也，親父母之邦也。親父母之邦，厚之至也。此以《論語》爲《魯論語》也。以《論語》爲《魯論語》，使夫學者以仲尼之所內爲內，而觀仲尼之語也。

故其有《齊論語》，雖自傳者言之，亦不知《論語》之言也，凡稱呼於人之辭，邦君於異邦君，以國與謚言之，於魯邦，獨以謚言之，不以國舉之，內外之辭也。其於卿、大夫、士者，正卿以謚與子言之，次卿以謚與字，衆大夫而下，泛以姓與字言之。仕於家叛者，與執技而仕者，皆以姓與名言之，此以禮從事也。

正卿以謚與子者，謚以位與行者，子以孝德者也。凡稱人爲子者，皆從此來者也。正卿以謚與子者，季文子、孟懿子、甯武子、季康子、陳成子、孔文子、陳文子、季桓子、公叔文子是也。次卿以謚與字者，謚以位與行者也，字以年德者也。以字配謚，《春秋傳》所謂以字爲謚者也，孟武伯、臧文仲、晏平仲、臧武仲、叔孫武叔是也。衆大夫而下，至於庶士，賤也，泛以姓與字言之，以別其人也，蘧伯玉、孟公綽、公明賈、世叔、王孫賈、裨諶、卞莊子、桓魋、陽貨、孟之反、季子然、公伯寮是也。仕於家者，不與公子齒，故其叛者雖在庶士，猶得不齒也，故貶而名之，公山弗擾、佛肸是也。執技而仕者，役於衆士者也，庶士與衆士齒者也，故得名執技者，大師摯、亞飯干、三飯繚、四飯缺、鼓方叔、播鼗武、少師陽、擊磬襄之類是也。是皆以禮自處者也，此泛愛衆而交之道。凡有功德於官，而以官通者，必通官而稱之，君子樂稱人之善也，令尹子文、行人子羽、葉公、祝鮀是也。其稱大夫僎者，君子成人之美也。其官之顯，而其人不聞，又忘其姓名，而猶舉其官者，恐没人之善，而待著之者也，陳司敗①、大宰是也。此皆用禮貴和者也。

自此而上，泛交於外人之道也。

其二，則凡以德稱者，或於古人，或於今人，其所號言者，必以稱揚於世，而萬人所共知者，此與衆樂稱人之善者也，亦所以尊其德而内之也。微子、箕子，以爵通者也；比干，以名通者也；管仲，有謚而以字通者也；伯夷、叔齊、子産、左丘明，以字通者也；柳下惠、老彭，以號謚通者也；虞仲、夷逸、朱張、少連，或以字通者也；伯達、伯适、仲突、仲忽、叔夜、叔夏、季隨、季騧，皆以字通者也。此在古人者也。其在後人者，儀封人以微官，接輿以狂，長沮、桀溺以名，其德可想，此所以從其志、成其人，而尊其德也。此亦用禮貴和也。

其三，則凡稱呼於仲尼者，六道也：

---

① 陳司敗，原作"陳子敗"，據《論語·述而》改。下文正作"陳司敗"。

第①一，則去姓而獨稱子者，內之辭也，其私尊無與二者也，以爲知德而尊之之辭也。故對於衆弟子，必以子稱之，是即知德而私淑，尊之無與二者也。於《上論》中，對於魯卿大夫，皆去姓稱子，內而親之也，以進之於知德之列也；葉公問政，是知尊孔子，故進之於知德之列，而對之以子也。

第二，則尊敬其適之辭也。凡君臣相對者，皆具姓而稱之，哀公問孔子，齊景公問孔子之類也，君前臣不得以德伸者也。於《下論》中，對於魯卿大夫，皆具姓而稱之，尊內之卿大夫，而不以德伸也。《上論》親之，《下論》尊之，君子於內之卿大夫，盡其尊親也，是禮也。蘧伯玉之使，稱孔子對之者，尊其主而客之也。同是對君也，孔子以姓與子稱之，有若、宰我以姓與字稱之，以別師與朋友，是記者之禮也。

第三，則外之之辭也。凡對外人，亦皆具姓而稱之，以明不同道也。《上論》中在季氏八佾稱孔子者，②貶季氏而外之也；陽貨、孺悲對之稱孔子者，罪二子而外之也。陳司敗、葉公、微生畝，以外人對之者，以不知孔子者也。

第四，則異之於他人，而尊之之辭也。異之於他人，而尊之者，通姓與子稱之；則以姓與子稱之者，是獨立而不倚之辭也。於《季氏》篇，通以孔子稱之者，以此篇之語，此創於孔子，獨立而不倚，明此乃孔子也。《微子》篇，并於微子、箕子、比干而異之，亦明此乃孔子也；又并於接輿、長沮、桀溺、荷蓧丈人而異之，亦明此乃孔子也。《堯曰》篇子張問政，并於堯、舜、禹、湯、文、武而異之，以比仲尼之德於此衆聖人也；子張問仁之事，以明孔子獨當此德也。

---

① 第，原作"其"。爲使上下文眉目清楚而不致混淆，此處"六道"首句序數詞中，"其"皆改爲"第"。

② 見《論語·八佾》："孔子謂季氏，'八佾舞於庭，是可忍也，孰不可忍也？'"馬融注："佾，列也。天子八佾，諸侯六，卿大夫四，士二。八人爲列，八八六十四人。"佾，音 yì。

自此而上，皆異於他人而尊之者也。

第五，則以德相親尊之辭也。以德相親尊者，以夫子稱之，子游爲武城宰，夫子莞爾笑之。於子路行以告，夫子憮然也。其他儀封人之"以夫子爲木鐸"，[1]子貢之問伯夷、叔齊，而"夫子不爲也"，[2]大宰"夫子聖"[3]者，顏淵之"夫子循循然"，[4]曾子之夫子"一以貫之"，[5]子禽之夫子聞政，是皆以德相親尊之辭也。

第六，則以衆人相尊之辭也。衆人相呼者，以姓與字稱之，其去姓稱字，內辭也。外人而用內辭，有尊之意也；其內人而施內辭於外人者，亦以衆人相尊也。禮之殺[6]也，賢之等也。衛公孫朝曰"仲尼焉學"[7]、叔孫武叔毀仲尼是也。其在內人者，子貢"仲尼不可毀也"，又曰"仲尼，日月也"，[8]是對衆人者也。此數道皆禮之隆殺也。

其四，則稱衆弟子者，不與前二例同也。此例有三義：一者用內辭，朋友相親之道也；二者用褒貶，朋友相切之道也；三者因俗之所尊稱之，以明君子與俗之異也，亦教誨之道也。

此去姓稱字爲本例，何則？仲尼稱子者，內辭也。故弟子去姓稱字，亦爲內辭，則是本例也，子貢、子張、子夏、子游、仲弓、伯牛、子路、子賤、子羔是也。具通姓字而稱之者，非與本例異，但因其時之稱呼便也。故通姓字，雖非內辭，而猶若內辭也。顏淵、閔子騫、曾皙、冉有、公西華、司馬牛、樊遲、宰我、公冶長、漆彫開、原思、南容、琴張是也，此朋友相親之道也。

---

[1] 見《論語·八佾》。
[2] 見《論語·述而》。
[3] 見《論語·子罕》。
[4] 見《論語·里仁》。
[5] 見《論語·子罕》。
[6] 殺（shài），等差。
[7] 見《論語·子張》。
[8] 見《論語·子張》。

宰予之晝寢，冉求之自畫，皆以姓與名稱之。夫名之者，貶絶之，又外之也，所以忠告之也。冉求之聚斂，仲尼以爲非我徒，故不更貶之也。此三者，貶絶而外之例也。宰我之短喪，樊遲之學稼，子路之野，是其德量之所在也，故不貶絶而外之。夫君子自強不息之道，是當勉之者也。當勉而不勉，是不爲之者也，非不能者也。此貶而外之者也，德量之所在，非所貶之也。此而貶之，則是貶天下之人也，故君子不爲之，是朋友相切之道也。

有子、曾子二人，終始以姓配子稱之；閔子、冉子，亦皆一稱之。夫以姓配子者，以姓與德通於天下者也，獨立而不倚之言也。冉子之請粟，以姓配子者，譏諷之言也。閔子在側，以其德貌稱之也，皆獨立而不倚之言也。有子、曾子之二人，終始以姓配子者，時俗之所德而稱之，以姓與德，通於天下者也。有子以其貌似聖人，而時俗尊之，《孟子》所傳，雖近兒戲，而足以徵時俗之所尊。已是時俗之所尊，故有如《孟子》所傳之訛也。曾子以其方正尊容，而時俗尊之，載記所傳盡飾之道，亦足以徵時俗之所尊也。《孟子》數稱曾子，亦見化於時俗之所傳也。故有子、曾子二人，終始以姓配子者，因用時俗之所德而稱也。

因用時俗之所德而稱者，微意有二焉：其一，則使後世學者知容貌之觀、盡飾之道，亦不可廢也。何則？以有子、曾子之德，不過子張、子游數子，而時俗之所尊，不在彼而在此也。其二，則使後世學者知君子之所尊有在焉，而不眩時俗之所尊也。時俗之所尊，君子不必尊之，而時俗之所不尊，君子有尊者在焉，則君子之所尊可見也。何則？顏淵、子貢於諸子中，獨拔其萃者也，閔子騫與焉，有子、曾子與子張、子羔、子路、子游、子夏等倫也，而子張秀焉；然時俗之所尊，不在顏、閔、子貢及子張之輩，而獨在有子、曾子也。仲尼所稱，獨在顏、閔、子貢，而子張及之。仲尼謂子貢曰："女與回也孰賢？"① 曰："柴也愚，參也魯，

---

① 見《論語·公冶長》。賢，《論語》原文作"愈"。愈，勝也，賢也。

師也僻，由也喭①。"子曰："回也其庶乎，屢空。賜也不受命，而貨殖焉，億②則屢中。"③此論柴、參、師、由、回、賜，一時之言也。不以"子曰"冠柴、參、師、由，而冠回、賜者，以明仲尼之論回、賜，不與柴、參、師、由，而柴、參、師、由雖有出入，大是等倫也。又於閔子騫，則曰"言必有中"，④於子貢則曰"億則屢中"，是閔子騫出子貢之右之言也。又子張之問仁與政，仲尼獨答以行於天下，此即子張亦出於數子者也。由是觀之，君子之所尊，時俗不必知，而時俗之所尊，君子不必眩之：此君子之所尊，必有在焉者也。故曰：因時俗之所尊稱之，以明君子與俗之異也，亦有教誨之道是也。

自此而上，皆朋友之道也。

其五，則胥附⑤之人，以姓與字稱之，所以外而別之也，林放、陳亢、棘子成、孺悲、陳子禽之屬是也。凡胥附之人，進之以字，退之以姓。子禽問夫子聞政，是尊德者也；故進之以字，處之於知德之列也，以比內之眾弟子也。至以仲尼比子貢，則不知德者也；故退之以姓，所以退而外之也。孺悲既是以姓字稱之，是胥附之常例也，退而外之，其義無所見；故稱孔子對之，所以退而外之也。其於葉公，亦有胥附之道。凡胥附之人，有尊德之意；故比之於他人，已親也，比之於朋友，已疏也。亦有尊德之意，是以進退之，則所以成其人也，忠信之至也。

三野元密謹識。

---

① 喭（yàn），魯莽。
② 億，同"臆"，揣度。
③ "柴也愚"至"億則屢中"，見《論語·先進》。
④ 見《論語·先進》。
⑤ 胥附，使疏遠者相親附，泛指親附、附庸。典出西漢伏勝《尚書大傳·殷傳·西伯戡耆》："周文王胥附、奔輳、先後、禦侮，謂之四鄰。……孔子曰：'文王得四臣，丘得四友焉。自吾得回也，門人加親，是非胥附與？'"

旧文新刊

中國正史上之日本

張鄦 撰
潘林 校注

[校注説明]本文出自民國時期原載《國立中央大學半月刊》第一卷第十六期,民國十九年(1930)六月十六日出版。此次校注即以該刊文爲底本,其中正文小字内容(外加括號)爲作者自注,腳注爲校注者新增。

日本與我國之關係也,爲時甚宿;故正史中關於彼倭之紀載,殆咸有之,惟詳略不同而已。其特闢專傳以叙之者,則二十五史中有《東夷傳》者九(《後漢書》《魏志》《晉書》《南史》《北史》《梁書》《隋書》《新唐書》《舊唐書》),有《外國傳》者四(《宋史》《明史》《元史》《新元史》。此所謂九《東夷傳》、四《外國傳》者,係指其曾傳及日本而言,非謂二十五史中止此數也),有《倭國傳》者二(《宋書》《南齊書》)。其所紀述,大率先略而後詳,以在昔中日未相往來,或聲聞極稀,而後世則較密也。

故《史記》之《封禪書》及《始皇本紀》,咸以三神山目之,惝恍迷離,不可究詰。《漢書·地理志》則雖言較摭實,而語焉不詳。

逮自入貢東漢以後，交通頻繁，耳聞目見，多逾疇昔，於是載諸史冊者亦頓殊矣。而就中尤以《後漢書》《魏志》《南北史》《隋書》《兩唐書》《宋元明史》爲最詳。《宋史》於日本古事所紀又特多，則以有僧奝然①所獻《今王年代紀》②爲之藍本故也。自餘各史，率因循蹈故，□③無新意（其實除《魏志》《宋史》《明史》《新元史》外，餘均不免拾人唾餘）。或又以具見前史而略前（如《元史》"其疆所至與國王世系及物產風俗，見《宋史》本傳"，《新元史》之"略宋以前"，及《南史》之云"事詳《北史》"，《明史》之云"事具前史"），故《元》《明》諸史，惟詳當代。

且以國人尊夏攘夷，匈存成見，對外事恒漠不置意，作史者求如十二世紀時細西里王羅根氏 Roger of Sicily 對於地理書之必周爰諮諏④，然後勒成刪定者，殆無其人。於是乖剌駩駮⑤，遂層見而叠出矣！一"橘逸勢"也：一誤而爲"橘免勢"（《舊唐書》作"橘逸勢"，《新唐書》作"橘免勢"），再誤而爲"橘勉勢"（見《元史》）。⑥一"多利思比孤"也：一誤而爲"多利思北孤"（《隋書》），再誤而爲"目多利思比孤"（《新

---

① 奝（diāo）然（938–1016），日本平安時代東大寺僧人。983–986年間，奝然曾率徒衆入宋"求法巡禮"，獻銅器和《年代紀》等若干珍稀書籍。

② 《今王年代紀》，載於宋濂《宋史》卷四百九十一《外國傳七·日本國》。"今"前疑奪"古"字，説參范學輝《宋太宗皇帝實錄校注》（中華書局二○一二年版）卷二十九"本國職員、古今年代紀"條注。錢若水等撰《宋太宗皇帝實錄》記載奝然所進此書作《古今年代紀》。《古今王年代紀》簡稱《日本年代紀》或《年代紀》。此書主要記載日本六十四世天皇名號及其簡要事迹，以及日本的州縣設置、人口狀況等。

③ □，原文字迹模糊，似作"荖"。

④ 周爰咨諏，廣爲咨詢求教。典出《詩經·小雅·皇皇者華》："載馳載驅，周爰咨諏。"

⑤ 乖剌，違逆。駩駮（chǔnbó），本指馬毛色不純，此指雜亂。

⑥ 此則及以下所引《元史》材料，除"自後漢歷魏、晋、宋、隋皆來貢"一則材料出自宋濂《元史》外，其餘均載於清代邵遠平《續弘簡錄元史類編》（簡稱《元史類編》）卷四十二《附載·日本》、魏源《元史新編》卷九十五《外國傳·日本》。

唐書·東夷傳》："用明亦曰目多利思比孤。"），三誤而爲"自多利思比孤"（《宋史·外國傳》："倭王姓阿每，名自多利思比孤。"）。"持總"（《宋史》）、"總持"，則上下倒置；"壹與"（《魏志》《元史》并同）、"臺與"，則黑白莫辨（《北史》作"臺與"）。"敏達"（《宋史》）作"海達"（《新唐書》），"安開"（《宋史》）誤"安閑"（《新唐書》）。孝安一人，析而爲兩（《宋史》作"孝天"，《新唐書》作"天安"，皆誤），而"推古"（《宋史》）、"椎古"（《新唐書》），尚有"欽明孫女"（《新唐書》）、"欽明之女"之再繆焉！此外紀年之差忒，如女王卑彌呼入貢時代之或以爲景初二年（《魏志》《元史》并同），或以爲景初五年（《北史》），劉宋時倭王讚來修貢職之或作永初二年（《宋書》《南史》并同），或作永和二年（《元史》。案：此處"和"字顯係"初"字之訛。劉宋一代固無永和年號也，而《續弘簡錄》猶沿其誤），盛唐時朝臣真人底貢①方物之或作長安三年（《舊唐書》）、長安二年（《宋史》）、長安元年（《元史》）等等之比，尤更僕難數！②繩愆糾繆，另有專篇；今且言從我國正史上所見之日本果何若耳。

　　日本之立國，果於何始？日名之肇錫，果何由昉③？其國之文化，果何自來？而其過去之遞嬗演化，又當如何？凡玆種種，殆皆可於我國史中求其端倪，而有時其真確程度，且逾乃本國所紀載焉！即如民族由來之傳說一端，揆諸日史，罔不佞今飾古、杜撰不經，所謂"天御中主"，所謂"諾、冊二尊"，皆虛無漂渺，不堪窮詰！而反觀吾國紀載，則轉覺其恬淡近情，足爲典據。尋厥所述，不外三端：

---

　　① 底貢，猶進貢。典出《尚書·禹貢》："惟箘、簵、楛，三邦底貢厥名。"底，一作"厎"。

　　② 更僕難數，語本《禮記·儒行》："遽數之不能終其物，悉數之乃留，更僕未可終也。"王夫之《禮記章句》："謂僕人侍立待說，難竟久，而且倦，須更代也。"更僕難數形容事物繁多，數不勝數。

　　③ 昉（fǎng），起始。

夏少康之後一也。《魏志》云："夏后少康之子，封於會稽，斷髮文身，以避蛟龍之害。今倭人好沈没捕魚蛤，文身亦以厭大魚、水禽。"《晋書》云："自謂泰伯之後……昔夏少康之子……（全同《魏志》）……水禽。"

吴太伯之裔二也。《晋書》（引見上）。《梁書》云："倭者自云太伯之後。"《北史》云："俗皆文身，自云太伯之後。"（《南史》云："其先所出，事詳《北史》。"）《元史》云："日本小國……自謂太伯之後。未詳其由。"

徐福之胤三也。《後漢書·東夷傳》："傳言秦始皇遣方士徐福將童男女數千人入海，求蓬萊神仙，不得。徐福畏誅，不敢還；遂止此洲，世世相承，有數萬家。"案：福事實見於《史記·始皇本紀》及《封禪書》，而《始皇本紀》正義所引《括地志》："亶洲在東海中，秦始皇使徐福將童男女入海求仙人，止集此洲，共數萬家，至今洲上人有至會稽市易者。"説正同此。

三説之中，第一種不足據，蓋《魏志》不過謂其文身相同，未果言其有血胤關係也。觀《晋書》叙述之次第，較可知矣。次説係據當時倭者自道之語，似非虚誕。夫國人自視素倨，徼外四夷，咸予鄙薄。故"狄"旁著犬，"蠻"下安虫，寧視倭奴，獨同族類？且是時舟楫之用已具，吴人偶值東南季風之利，浮海抵日，亦未可知。觀後此明代倭寇軼騷吾東南沿海時之冬來夏逝，足資參證也。然此終不逮末説之尤協。

蓋徐福東渡，凡有四證："今紀伊國有徐福祠，而熊野山有其墓"，其證一；"日本傳國重器三：曰鏡，曰劍，曰璽，皆秦制也"，其證二；"君曰尊，臣曰命，曰大夫，曰將軍，又周秦語也"，其證三；"自稱神國，立教首重敬神，國之大事，莫先於祭，又方士之術也"，其證四（詳見《日本國志》①）。而陳倫囘之《海國聞見録·東洋記》

---

① 《日本國志》，黃遵憲（公度）著。清光緒十三年（1887）年成書，光緒二十一年（1895）刊行。共四十卷。全書除年表外，共分十二類，着重介紹了日本明治維新以來的歷史，爲清代日本研究史籍的代表作。

篇亦云：“人皆複姓；其單姓者，徐福之配合之童男女也。徐福所居之地曰徐家村，其冢在熊指山下。”（書見《昭代叢書》①戊集第八種）野指雖殊一字，而所聞則相符，是可知斯重公案，固左證具存，不復可平反矣！此關於日本立國之嚆矢，②亦即大和民族所由來傳說之信而徵者。

至其今日國號之發端，則自漢魏迄隋，眾說樊然：③曰倭，曰倭奴國，曰文身國，曰扶桑國，曰大漢國，曰黑齒國，其實則一。下逮有唐，乃更今名。然劉昫知之未諦，故倭國、日本，傳歧為二，并舉或說，以示丘蓋。④《舊唐書》云：“日本國者，倭國之別稱也。以其國在日邊，故以日本為名。或曰：倭國自惡其書名不雅，改為日本。或云：日本舊小國，并倭國之地。其人入朝，不以實對，故中國疑焉。”及永叔、子京，始合之為一。《新唐書》云：“天武死，子總持立。咸亨元年，遣使賀平高麗。後稍習夏音，惡倭名，更號日本。使者自言，近日所出，以為名。或云日本乃小國，為倭所并，故冒其號。使者不以情，故疑焉。”顧語猶模稜，誠如其意，則日本之名，乃屬襲故，濫觴確期，更難言矣。《宋史》所稱，亦復如是。《宋史·外國傳》云：“日本國者，本倭奴國也。自以其國近日所出，故以日本為名；或云惡其舊名改之也。”

惟景濂⑤秉筆，始毅然斷以為始於唐時。《元史·外國傳》：“日本……古名倭奴國。唐時稍習夏⑥音，惡其稱，以近日所出，更名曰

---

① 《昭代叢書》，清代大型綜合性叢書。張潮原輯，楊復吉等續輯，沈懋德重輯，遞相增益，輯成雜著共十一集、五百六十二種。
② 嚆（hāo）矢，即響箭，比喻事物的開端或先行。
③ 樊然，紛亂貌。
④ 丘蓋，典出《論語·子路》：“子曰：'野哉由也！君子於其所不知，蓋闕如也。'”孔丘主不知者則闕如，故以丘蓋為不知或空缺之詞。
⑤ 景濂，《元史》主修者宋濂的字。
⑥ 夏，原作"更"，據《元史類編》改。

日本。"《明史》且逕以爲改於唐咸亨初。《明史·外國傳三》："日本，古倭奴國。唐咸亨初，改日本，以近東海日出而名也。"雖校以《海內北經》，南倭、北倭屬燕。郝（懿行）疏引《史記正義》"武后改倭國爲日本國"云云，似稍誤會《新唐書·東夷傳》之意（引已見上）；然倭國與日本二號瓜代①之期，固必在唐時而無疑矣。清儒王益吾著《日本源流考》，末推論"大和""大倭"之爲同音變字，及"日本"二字，古以爲人名（如孝安名日本足彥，景行皇子名日本武尊），非至唐而始知二字之可貴云，良爲卓識！顧知援兩《唐書》，而忽《史記正義》及《元》《明》二史，乃云"國名更易，載筆缺如，誠爲疏略之尤耳"（見《日本源流考》卷二十二《識餘》），殆猶未深考歟？

各史述日本氣候：

《後漢書》："土氣溫暖。"《魏志》："倭地溫暖，冬夏生菜。"（《晉書》同）《梁書》："地溫暖。"《北史》："氣候溫暖。"《南史》："地氣溫暖。"

土宜物產：

《後漢書》："土宜禾稻、麻紵、蠶桑，出白珠、青玉，其山有丹……冬夏②生菜茹，無牛、馬、虎、豹、羊、鵲。"《魏志》："種禾稻、紵③麻、蠶桑，出細紵、縑綿。其地④無牛、馬、虎、豹、羊、鵲。……所有無與儋耳、朱崖同。"《晉書》："俗種稻禾、紵麻，蠶桑、緝織，土無牛馬。"《北史》："文身，没水捕魚。……草木冬青，土地膏腴……以鸕鶿……捕魚，日得百餘頭。"《南史》："倭國：人種禾稻、紵麻，蠶桑、織績，有薑、桂、橘、椒、蘇，出黑雉、真珠、青玉。……物產略與儋耳、朱崖同"；"文身國：物豐而賤，行客不

---

① 瓜代，典出《左傳》莊公八年："齊侯使連稱管至父戍葵丘，瓜時而往，曰：'及瓜而代。'"比喻工作期滿，換人接替。此指名號更替。

② 夏，原脱，據《後漢書·東夷傳》補。

③ 紵，原脱，據《三國志·魏志》補。

④ 其地，原作"事他"，據《三國志·魏志》改。

齋糧"；"扶桑國：其土多扶桑木……其地無鐵有銅，不貴金銀"。《宋史》："土宜五穀而少麥……畜有水牛、驢、羊。產絲蠶，多績絹，薄緻可愛。"《梁書》："物產略與儋耳、朱崖同。"

及通華之溯始：

《漢書・地理志》："樂浪海中有倭人，分爲百餘國，以歲時來獻。"《後漢書・東夷傳》："倭……凡百餘國。倭自武帝滅朝鮮，使驛通於漢三十許國……建武中元二年……奉貢朝賀……光武賜以印綬。安帝永初元年，倭國王帥升等……願請見……"

《魏志・東夷傳》："漢時有朝見者，今使驛所通三十許國。……自古以來，其使詣中國，皆自稱大夫。"

《晉書・東夷傳》："舊有百餘小國，至魏時，有三十國通好。……上古使詣中國，皆自稱大夫。"

《北史・東夷傳》："倭國……魏時譯通中國三十餘國，皆稱子。夷……（中略百數千字）……漢光武時，遣使入朝，自稱大夫。安帝時，又遣朝貢，謂之倭奴國。……魏景初五年……卑彌呼（始）遣使朝貢……江左歷晉、宋、齊、梁，朝聘不絕。……至開皇二十年……遣使詣闕……（中略七百餘字）大業三年……遣朝貢使者……明年上遣……裴世清使倭國……（《隋書》同此）"

《南史・東夷傳》："晉安帝時……倭王讚遣使朝貢。及宋武帝永初二年……文帝元嘉二年……乂……奉表獻方物……二十年，倭國王濟遣使奉獻……二十八年……濟死，世子興遣使貢獻。……順帝昇明二年，遣使上表（下略）。"

《舊唐書・東夷傳》："倭國……世與中國通……"

《新唐書・東夷傳》："（上略）次用明……直隋開皇末，始與中國通。……貞觀五年，遣使者入朝。……永徽初，其王孝德……獻虎魄大如斗，馬瑙若五升器……（餘不具詳）"

《宋史》："自後漢始朝貢，歷魏、晉、宋（劉宋）、隋皆來貢……"

《元史》:"自後漢歷魏、晋、宋、隋皆來貢。"

《明史》:"宋以前,皆通中國,朝貢不絕,事具前史。"

立國之由來(引已見前),所在之位置:

《漢書·地理志》:"樂浪海中有倭人,分爲百餘國。"《後漢書》:"倭在東南大海中,依山島而居,凡百餘國。……其地大較在會稽東冶之東,與朱崖、儋耳相近。"《魏志》:"倭人在帶方東南大海中,依山島爲國。舊百餘國……計其道里,當在會稽東冶之東。"《晋書》全襲《魏志》。《北史》:"倭國在百濟、新羅東南,水陸三千里,於大海中依山島而居。……在會稽東,與儋耳相近。"《舊唐書》:"倭國……在新羅東南大海中,依山島而居。"《唐書》:"日本……直新羅東南,在海中島①而居。"元書:"日本在東海之東,與高麗相近。"②

與夫女主卑彌呼之王國等等:

《後漢書》:"桓、靈間,倭國大亂,更相攻伐,歷年無主。有一女子名曰卑彌呼,年長不嫁,事鬼神道,能以惑衆,於是共立爲王。侍婢千人,少有見者。"《魏志》:"其國本以男子爲王,住七八十年,倭國亂,相攻伐歷年,乃共立女子爲王,曰卑彌呼。事鬼道,能惑衆,年已長大,無夫婿。……自爲王以來,少有見者。以婢千人自侍,惟男子一人給飲食。"《北史》:"靈帝光和中,其國亂,迭相攻伐,歷年無主。有女子名卑彌呼,能以鬼道惑衆,國人共立爲王,無夫。"(餘同《魏志》)《梁書》:"漢靈帝光和中,倭國亂,相攻伐歷年,乃共立一女子卑彌呼爲王。彌呼無夫婿,挾鬼道,能惑衆,故國人立之。……以婢千人自侍……一男子出入傳教令。"《新唐書》:"仲哀死,

---

① 島,原作"易",據《新唐書·東夷傳》改。

② 見《元史新編》卷九十五《外國·日本》。《元史類編》卷四十二《附載·日本》與此略同。

以開化曾孫女神功爲主。"(《宋史》略同)《元史》:"桓、靈之間……有女子名卑彌呼……國人共立爲王。"(全襲《范書》文)大率相同。

而於其政教風習,如:

(1)皇統萬世一系也。

《後漢書》:"國皆稱王,世世傳統。"《宋史》:"其國王一姓傳繼。"(《元史》本此)《明史》:"主世以王爲姓,群臣亦世官。"

(2)法制、官制也。

《後漢書》不詳官制,惟云"大人皆四五妻","使人自稱大夫","犯法者沒其妻子,重者滅其門族",法俗嚴峻。

《魏志》:"對馬國大官曰卑狗,副曰卑奴母離。……伊都國官曰爾支,副曰泄謨觚、柄渠觚。……東南至奴國百里,官曰兕馬觚,副曰卑奴母離。……不彌國……官曰多模,副曰卑奴母離。……投馬國……官曰彌彌,副曰彌彌那利。……邪馬壹國,女王之所都……官有伊支馬,次曰彌馬升,次曰彌馬獲支,次曰奴佳鞮。……其犯法,輕者沒其妻子,重者滅其門戶。及宗族尊卑,各有差序,足相臣服。收租賦。有邸閣國,國有市,交易有無,使大倭監之。自女王國以北,特置一大率,檢察諸國。……於國中有如刺史。"(《晉書》略同此)

《梁書》:"倭國:其官有伊支馬,次曰彌馬獲支,次曰奴往鞮。……犯法輕者沒其妻子,重則滅其宗族";"文身國:犯輕罪者則鞭杖,犯死罪則置猛獸食之,有枉則猛獸避而不食,經宿則赦之";"扶桑國:名國王爲乙祁;貴人第一者爲大對盧,第二者爲小對盧,第三者爲納咄沙。……其國法有南北獄,若犯輕者入南獄,重罪者入北獄。有赦則赦南獄,不赦北獄。……貴人有罪,國乃大會,坐罪人於坑,對之宴飲,分訣若死別焉。以灰繞之,其一重則一身屏退,二重則及子孫,三重則及七世"。

《北史》:"官有十二等……(即大小仁、義、禮、智、信、德也)……

員無定數。有軍尼百二十人，猶中國牧宰。八十戶置一伊尼翼，如今里長也。十伊尼翼屬一軍尼。……俗殺人、強盜及奸者死。盜者計贓酬物，無財者沒身爲奴；自餘輕重，或流或杖。每訊冤獄，不承引者，以木壓膝；或張強弓，以弦鋸其項。或置小石於沸湯中，令所競者探之，云理曲即手爛；或置蛇甕中，令取之，云理曲者即螫手。"(《南史》全同《北史》及《梁書》，《隋書》全襲《北史》。餘不具舉，以省篇幅。)

（3）女多男少也——多妻制。

《後漢書》："國多女子，大人皆五妻，其餘或兩或三。"

《魏志》："其俗大人皆四五婦，下戶或二三婦。"（《晉書》同）《梁書》："倭……女多男少，貴者至四五妻，賤者猶兩三妻。"

《北史》："女多男少。"（《隋書》同）

《南史》："其俗女多男少，貴者四五妻，賤者猶兩三妻。"《舊唐書》："地多女少男。"《唐書》："多女少男。"

《元史》："國多女，大人皆四五妻。"

（4）人多壽考也。

《後漢書》："多壽考，至百餘歲者甚衆。"

《魏志》："其人壽考，或百年，或八九十年。"

《晉書》："人多壽。"《梁書》："多壽考，至八九十，或至百歲。"

《南史》："多壽考，或至八九十，或至百歲。"《元史》："人多壽考。"

（5）男女服飾也。

《後漢書》："其男衣皆橫幅，結束相連。女人被髮屈紒①，衣如單被，貫頭而著之；并丹朱坌②身，如中國之用粉也。"

---

① 紒（jì），髮髻。
② 坌（fèn），用粉狀物敷灑。

《魏志》："其俗……男子皆露紒，以木綿招頭。其衣橫幅，但結束相連，略無縫綴。婦人被髮屈紒，作衣如單被，穿其中央，貫頭衣之。……皆徒跣。"

《晉書》："男子衣以橫幅，結束相連，略無縫綴。婦人衣如單被，穿其中央以貫頭，而皆被髮徒跣。"

《梁書》："倭……男女皆露紒。富貴者以錦①繡雜采爲帽，似中國胡公頭"；"扶桑國……扶桑葉似桐……績其皮爲布以爲衣，亦以爲綿。"

《北史》："男子衣裙襦，其袖微小；履如履形，漆其上，繫之脚。人庶多跣足，不得以金銀爲飾。故時衣橫幅，結束相連而無縫，頭亦無冠，但垂髮於兩耳上。……婦人束髮於後，亦衣裙襦，裳皆有襈②。櫼③竹聚以爲梳。"《南史》（全襲《梁書》）惟"亦以爲綿"之"綿"作"錦"字。《隋書》略同《北史》。《舊唐書》："倭國……皆跣足，以幅布蔽其前後。貴人戴錦帽，百姓皆椎髻，無冠帶。婦人衣純色裙，長腰襦，束髮於後。"《唐書》："其俗椎髻，無冠帶，跣以行，幅巾蔽後。貴者冒錦；婦衣純色裙，長腰襦，結髮於後。"《宋史》："婦人皆被髮，一衣用二三縑。"《元史》："其男子衣裙襦，袖微小，漆履繫足。庶人則跣足，不得用金銀爲飾。垂髮兩耳上，椎髻，無冠。……婦人束髮於後，亦衣裙襦，裳皆施襈。"

（6）昏禮、喪禮也。

《後漢書》不詳其昏禮，但云"男女會同無別"，并稱其俗多妻，於喪禮則頗詳乎言之："其死停喪十餘日，家人哭泣，不進酒食，而等類就歌舞爲樂。"《魏志》："其死有棺無槨，封土作冢。始死停喪

---

① 錦，原作"綿"，據《梁書·東夷傳》改。
② 襈（zhuàn），衣裳的邊飾。
③ 櫼（jiān），楔子。

十餘日。當時不食肉，喪主哭泣，他人就歌舞飲酒。已葬，舉家詣水中澡浴，以如練沐。"《晉書》："嫁娶不持錢幣，以衣迎之。死有棺無椁，封土爲冢。初喪，哭泣，不食肉。已葬，舉家人入水澡浴自潔，以除不祥。"《梁書》："扶桑國：其昏姻法，則婿往女家門外作屋，晨夕灑掃，經年而女不悦，即驅之，相悦乃成昏。昏禮大抵與中國同。親喪，七日不食；祖父母喪，五日不食；兄弟伯叔姊妹喪，三日不食。設靈（《南史》作"坐"）爲神像，朝夕拜奠。不制縗絰。① 嗣王立，三年不親國事。"（《南史》同）《北史》："昏嫁不娶同姓，男女相悦者即爲昏。婦入夫家，必先跨火，乃與夫相見。死者斂以棺椁，親賓就尸歌舞，妻子兄弟以白布制服。貴人三年殯，庶人卜日而瘞。② 及葬，置尸船上，陸地牽之，或以小輿。"（《隋書》同）《元史》："昏嫁不取同姓……婦人歸夫家，必先跨火。"

（7）婦女不淫不妒也。

《後漢書》："女人不淫不妒。"《魏志》："婦人不淫不妒忌。"（《晉書》同）《梁書》："婦人無淫妒。"《北史》："婦人不淫不妒。"《南史》："風俗不淫……婦人不淫妒。"

（8）食飲用籩豆、用手餔也。

《後漢書》："飲食以手，而用籩豆。"《魏志》："食飲用籩豆，手食。"《晉書》："食飲用籩豆。"（《梁書》同，《南史》又同。）《北史》："俗無盤俎，藉以斛葉，食用手餔之。"（《隋書》同）《元史》："無盤俎，藉以檞葉，手餔之。"

（9）居處也。

《後漢書》："有城柵、屋室，父母兄弟異處。"《魏志》："有屋室，父母兄弟，卧息異處。"（《晉書》同，惟"室"字作"宇"。）《梁書》："文

---

① 縗絰（cuīdié），喪服。縗，用粗麻布製成的喪服。絰，喪服所用的麻带。
② 瘞（yì），埋葬。

身國：有屋宇，無城郭"；"扶桑國：作板屋，無城郭。"（《南史》同）《北史》："其王有宮室、樓觀、城柵。"（《隋書》同）《舊唐書》："其國居無城郭，以木爲柵，以草爲屋。"《唐書》："國無城郭，聯木爲柵落，以草茨屋。"《元史》："無城郭，聯木爲柵，以草茨屋。"

（10）迷信好占卜也。

《後漢書》："灼骨以卜，用決吉凶。行來度海，令一人不櫛不沐，不食肉，不近婦人，名曰持衰（金陵書局仿汲古閣本刊作"持哀"）。若在塗吉利，則雇以財物；如病疾遭害，以爲持衰不謹，便共殺之。"《魏志》："其行來渡海詣中國，恒使一人，不梳頭，不去蟣①蝨，衣服垢污，不食肉，不近婦人，如喪人，名之爲持衰。若行者吉善，共顧其生口財物；若有疾病，遭暴害，便欲殺之，謂其持衰不謹。……其俗舉事行來，有所云爲，輒灼骨而卜，以占吉凶。"《晋書》："好占卜。"《北史》："知卜筮，尤信巫覡②……阿蘇山其石無故火起……俗以爲異，因行祭禱。"（《隋書》同）《舊唐書》："俗敬佛法。"《新唐書》："尚浮屠法。"

（11）人性嗜酒也。

《後漢書》："人性嗜酒。"（《魏志》同）《梁書》："性皆嗜酒。"《北史》："每正月一日必……飲酒。"（《隋書》同）《南史》："人性皆嗜酒。"

（12）不知正歲也。

《魏志》裴注引《魏略》："俗不知正歲四時，但記春耕秋收之時。"《晋書》同《魏略》（此書久佚），惟"記"字作"計"。《梁書》："倭者自云，……俗不知正歲。"《南史》："俗不知正歲。"

(13) 不好戰爭也。

《梁書》："大漢國……無兵戈，不攻戰"；"扶桑國……無兵甲，

---

① 蟣（jǐ），蝨的卵。
② 巫覡（xí），男女巫師的合稱。女曰巫，男曰覡。

不攻戰"(《南史》同)。《北史》:"雖有兵,無征戰。"(《隋書》同)

(14)不盜竊,少爭訟也。

《後漢書》:"風俗不盜竊,少爭訟。"《魏志》:"不盜竊,少爭訟。"(《晋書》同)《梁書》:"無盜竊,少爭訟。"(《南史》同)《北史》:"人頗恬静,罕爭訟,少盜賊。"(《隋書》同)

亦復相仿。由此不可覘見漢魏以來日本文化演進之情形乎？兹更加歸納,共得九端,雖非心得,亦足自憙^①！而釋教入日之年代,爲自清以來國內外學者所未道。繼是有作,尚願更考焉。今且先陳所見之九端：

一則唐以前,日本文化確以朝鮮半島爲源泉也。

日本文化之非爲自創,而爲來自大陸方面者,已成無可否認之事實；而大陸之與三島接近者,莫朝鮮半島一隅若！故《范書》《魏志》記日本之犯法懲處,及風俗不盜竊、少爭訟、食用籩豆、婦人不淫不妒,與夫頗有蠶績之業等等,每與《漢書·地理志》所記箕氏之朝鮮,若合符節！而同時即核閱其有《東夷傳》或《外國傳》之各史,其所傳之高麗、新羅、百濟或三韓等之風物、法制、民俗,亦往往而與倭會；是可知日本文化之肇端,實來自高麗(至少亦當大部分來自彼處),矧^②文字、書籍、佛教固皆賴三韓爲之興梁者歟！

二則牛、馬、虎、豹、羊之非日本固有也。

此説乍看似迂,然島嶼懸處海中,陸上動物,非其所具,容或近理,始無終有,則必自外來。各史固有以詔吾矣：《後漢書》《魏志》均謂倭國"土無牛、馬、虎、豹、羊"("羊"下尚有"鵲"字,章懷注云"鵲或作鷄"。然則是時日并翰音^③而無之邪。今以字尚未定,姑略之),

---

① 憙,同"喜"。

② 矧(shěn),況且。

③ 翰音,鷄的代稱。典出《禮記·曲禮》:"凡祭宗廟之禮:牛曰一元大武,豕曰剛鬣,豚曰腯肥,羊曰柔毛,鷄曰翰音。"

《晋書》亦云"土無牛馬",至《梁書》始稱"有牛角甚長,以角載物",又稱"車有馬車、牛車、鹿車",《南史》襲之,意牛、馬、羊等其皆於晋以後始東渡邪?姚、李①述文身國刑法,并謂其"犯死罪則置猛獸食之,有枉則獸避而不食"。所云"猛獸"者,倘即虎豹歟?

三則倭國初無冠制。

《魏志》:"男子皆露紒,以木綿招頭。"《晋書》:"男子……婦人……皆被髮徒跣。"《梁書》:"男女皆露紒②。"《北史》:"頭亦無冠。"六朝時雖有帽,而惟貴族富人戴之。《梁書》《南史》并謂"男女皆露紒③,富貴者以錦④繡雜采爲帽,似中國胡公頭"。洎⑤吾國隋時,冠制實始具其規撫。《北史》:"至隋,其王始制冠。"(《隋書》同)《新唐書》:"其俗椎髻,無冠帶,跣以行……貴者冒錦……至煬帝,賜其民錦綫冠。"(案:此處原文語氣即如此。)《元史》:"椎髻,無冠。及隋煬帝,賜其民錦綫冠,始得其制。"

案:此處兩說顯然并出,讀史者固不容武斷,其必始於隋煬之賜。然長孫氏、李氏⑥皆初唐人,距隋過近,於國外事見聞之確切,或未必遂勝過宋人(歐、宋⑦)未可知也。黄公度《日本國志》卷三十五《禮俗志》亦謹言推古始定冠位,而不著其所自,推古帝豈不適丁⑧隋唐之間邪?

四則日本棺椁之制,晋前尚無,至六朝而始具也。

---

① 姚、李,指姚思廉、李延壽,分別爲《梁書》《南史》的作者。
② 紒,原作"介",據《梁書·東夷傳》改。下同。
③ 按,《梁書·東夷傳》"紒",《南史·東夷傳》作"髻","紒""髻"字通。
④ 錦,原作"綿",據《梁書》《南史》之《東夷傳》改。
⑤ 洎(jì),同"暨",及,至。
⑥ 長孫氏、李氏,指長孫無忌、李延壽。長孫無忌爲《隋書》的後期監修,李延壽爲《南史》《北史》的作者。
⑦ 歐、宋,指歐陽修、宋祁,均爲《新唐書》的主撰者。
⑧ 丁,當。

《魏志》："其死有棺無槨。"《隋書》："死有棺無槨。"《北史》《隋書》并有"斂以棺槨"之語。

五則西元二八四年①以前之日本尚無文字也。

《後漢書》《三國志》《晉書》均不言倭有文字。《魏志·東夷傳》雖云"正始元年，齊王芳命太守弓遵，遣建中校尉梯雋等奉詔書、印綬詣倭國，拜假倭王……倭王因使上表答謝詔書恩"，②然玩其辭氣，曰"因使"，則其非自爲，而係倩人捉刀者可知！且《晉書·四夷傳》猶稱其"泰始初（在太康前），重譯入貢"，設當時而已解漢字者，則幾不翅③書已同文，尚何事重譯爲？是晉武初年，日本之尚無文字，固孔之灼④也！

迨後沈、姚、李、長孫、劉氏⑤輩秉筆作史，則不復謂其無書契。夫六朝以前紀載如彼，以後記述乃如是，此其故亦可思過半矣。今案日本之有文字，實當應神十五年，即我西晉太康之五祀也。《宋史》云："應神天皇甲辰歲，始於百濟得中國文字。"（案：此係據日僧奝然所獻《年代紀》一書，而與後此大江匡房《筐崎記》合者也。)《元史》云"雅有文字"，注云："彥瀲後十六世，其主應神始於百濟得中國文字。"至漢字之如何由百濟而東被，則或謂以求佛經之故，如《北史》所記者即其顯例（引已見前）。然文字之入日，何邊即賴浮屠？況佛經之漸倭，實猶遠晚於文字與？意者其始由阿直岐、王仁之攜入，實較可信耳！蓋二人之東行，固在彼倭應

---

① 西元二八四年，即下文所述之日本應神天皇十五年、西晉太康五年。
② 此引文與《三國志·魏志》原文略有出入。
③ 翅，通"啻"。
④ 孔之灼，非常顯明。孔，甚。灼，明。典出《詩經·小雅·正月》："亦孔之炤。"陸德明釋文："炤，音灼。"
⑤ 沈、姚、李、長孫、劉氏，指沈約、姚思廉、李延壽、長孫無忌、劉昫。沈約撰有《宋書》，姚思廉撰有《梁書》《陳書》，李延壽撰有《南史》《北史》，長孫無忌、劉昫分別監修有《隋書》《舊唐書》。

神御宇時；雖其詳不載於我史，而大致則頗不畔①也。

六則佛學之傳入日本，始於劉宋時也。

舊史於佛法傳入倭國之年期，其說有二：謂自宋大明二年（西元四五八年②）傳入者，一也。《梁書》四十八卷③《東夷傳》："扶桑國者，齊永元元年（西元四九九年），其國有沙門慧深至荆州，說云：'……其俗舊無佛法。宋大明二年，罽賓國（即今印度北部 KASHMIR）嘗有比丘五人，游行至其國，流通佛法、經像，教令出家，風俗遂改。'"（《南史》全同）謂由百濟傳入者，二也。《北史》《隋書》并云倭人"敬佛法，於百濟求得佛經"。《宋史》："欽明天皇十一年（據《中東年表》④，則當我國梁簡文帝大寶元年也）壬申歲，始傳佛法於百濟。"（案：《日本國志》代紀亦作"欽明十三年"，蓋以《宋史》下文尚有"直此土梁承聖元年"及干支紀年之說而來也。其實《宋史》此文原據奝然所獻之今王年。本國人記本國年代，度必寡誤，而干支非日所自有，且通行未久，記憶未便，而梁朝年代，在日又爲異國，容當有舛耳，未可以據此改彼也。脱⑤謂日史亦如是作，遂爾盲從，又安知彼之果無訛乎？）

據《梁書》之說，則浮屠之教入日本前，於欽明天皇者且八代，凡九十二載（宋大明二年當日本第二十一代雄略天皇二年，而欽明則其二十九代天皇也）；而爲之媒介者，亦且屬罽賓人，而非百濟矣！《梁書》據諸齊永元時倭國沙門慧深口說，而《宋史》固亦本之僧奝然所獻之《今王年代紀》者，各有本原，非若無稽可比！然而慧

---

① 畔，通"叛"，違背。
② 年，原脱，據文例補。
③ 此處當係誤記。檢《梁書》原文，《東夷傳》爲《梁書》之列傳第四十八或卷五十四。
④ 《中東年表》，《日本國志》卷首篇名。
⑤ 脱，指《宋史》的主修者脱脱。

深既屬緇徒①，於本教之掌故自熟，況慧深生當蕭齊時，業已披剃；則是釋教之入日，至遲亦當在齊，而不在五六十年後之梁簡文朝也，亦明矣。故佛入倭國之肇始，應以第一說爲長！彼黃公度爲《日本國志》，猶斤斤於欽明十一年與十三年之辨，其猶未免千慮一失也夫！

又案：近人丹徒柳先生（著有《日本史講義》）、陳恭祿（作《日本全史》）諸氏，咸從次說，而不知尚有一說在，殊堪詫異！即日人土屋詮教之《日本宗教史》、源光國《大日本史》卷二百《佛事第一》，及某氏《最新世界年表》、木宮泰彥之《日支交通史》等等，亦復爾爾！大隈重信《開國五十年史》中《佛教緒言》篇所溯述者，雖較爲詳核矜慎，不如其他之徑定西元五百五十二年②爲佛始入日之時期之武斷，然亦特五十步之與百步耳！

七則筑城術之係外來，度非彼倭所自創也。

蓋《魏志》《晉書》并但及屋室，而不言城郭（凡茲例證，均已見前）。《梁書》述文身國、扶桑國，一則曰有屋宇，無城郭，再則曰作板屋，無城郭。《南史》記同《梁書》，兩《唐書》語亦仿此。惟成於劉宋時之《後漢書》，乃稱其"有城柵、屋室"，不知其何所據而云然也。本之前史邪？則《魏志》實無此說（正史外不可知）。據諸及身傳聞邪？則非東漢時事矣。又《北史》亦有"其王有宮室、樓觀、城柵"一語，而繼復謂其"無城郭"。《南北史》同出李延壽一手，《南史》既從《梁書》，而《北史》所記乃如此！其誠"書成一手，例出兩歧……以矛陷盾……"邪？（《四庫提要》語）且《南史》係"排比舊文"之作，而其"有屋宇，無城郭"語，又確據齊時日本沙門慧

---

① 緇徒，僧侶。
② 西元五百五十二年，即前文所述之日本欽明天皇十三年（當南朝梁大寶三年）。

深之口説，則其較可信也必矣。

八則魏晉以前，倭人尚不知正歲（曆法）也。

觀《魏略》《晉書》（已見前引），可以知之。然據《北史》："每至正月一日，必射戲飲酒；其餘節，略與華同"之云，則六朝時彼邦之人，當已知有四時正歲矣。況《南史》雖著"不知正歲"一語，而如所稱"國王行，有鼓角導從；其衣色隨年改易：甲乙年青，丙丁年赤，戊己年黃，庚辛年白，壬癸年黑"，則又安見其果無正歲之辨乎？且文字既已於晉太康時，由朝鮮半島越海而東，則曆法之旋必踵至，亦意中事耳！

九則魏晉以前，日人尚無曳屨也。

木屐橐橐，亦爲倭俗之一特點。凡事必有始，木屐亦何能例外？夷考①《魏志》《後漢書》《晉書》，所紀（引已見前）則知是時日本尚無茲制；及《北史》《隋書》，所紀則頓殊矣。《北史》："男子衣裙襦……履如屨形，漆其上，繫之脚。"《隋書》："男子衣裙襦……履如屨形，漆其上，繫之於脚。"豈今日倭用之木屐，即濫觴於斯際與？

---

① 夷考，考察。典出《孟子·盡心下》："夷考其行，而不掩焉者也。"夷，趙岐、朱熹均釋爲"平"，或謂此係句首語助詞，無實義。

评 论

评福克纳《戴高乐的故事》

莫里西（Will Morrisey） 撰
朱斌 译 安蒨 校

福克纳（William Faulkner）著，《戴高乐的故事》（*The De Gaulle Story*），见布罗斯基（Louis Daniel Brodsky）、汉布林（Robert W. Hamblin）编，《福克纳：布罗德斯基作品集详导》（*Faulkner: A Comprehensive Guide to the Brodsky Collection*）（第三卷），Jackson: University Press of Mississippi, 1984。

在好莱坞，福克纳（William Faulkner）曾写过一部关于戴高乐（Charles De Gaulle）的电影剧本。剧情让人惊讶：故事中的将军，你既不能说他在约克纳帕塔法县，也不能说他在洛杉矶县。从某种意义上说，福克纳本人也是如此。约克纳帕塔法是虚构版的密西西比州的拉法叶特郡。那是福克纳从小生活的地方，但他不是"跟我所有的亲戚和同乡"，包括"到处借钱和好吃懒做的人"生活在一起，"所有这些人都认为，我今后顶多不过是个流浪汉而已"（但他们说不定会回答福克纳说：现代小说家这种人甚至更糟）。至于20世纪

40年代擅长自我虚构的好莱坞城，它的城民对福克纳也有些怀疑。华纳兄弟（Warner Brothers）速记小组的负责人回忆道（除特别说明外，所有关于福克纳的轶事都来自 Blotner）：

> 我们听说他要来。他是一个小个子男人，头发灰白，性格安静，亲切和蔼，说话柔声细语。当我们见到他时，我们说：这（This）是一个天才（talent）？①

然而，这些表象还是有些欺骗性。从历史和文化的角度看，福克纳所在的美国南部地区确与法国有渊源。1682年，拉萨尔（La Salle）宣称密西西比河流域为法国所有，而拉法特郡的名字是为了纪念一位法国侯爵，美国人比法国人更了解这位侯爵。到了1817年，当密西西比州加入联邦时，南方人已经开始崇拜中世纪具有勋爵封号的人。例如，斯科特（Walter Scott）的小说《昆汀·杜沃德》（*Quentin Durward*）出版五年后便成了风靡一时的畅销书。哥特风格引起了怀旧情愫与对现代性的反抗，最重要的是产出了一些自然的和仿造的贵族。这些人既没有物资也没有技术实力去赢得他们为之奋不顾身的战争。

出生于弗吉尼亚州的讽刺作家爱伦·坡（Edgar Allan Poe）对哥特风格的理解跟任何美国人一样好。他讽刺性的唯美风格（反物质的哥特主义）提前二十多年就预示了波德莱尔（Baudelaire）特立独行的反应。（"你知道我为什么如此不厌其烦地翻译坡吗［始于1846年］？因为他和我很像［Because he resembled me］"）。着迷于死亡、为艺术而艺术以及嘲弄英雄，所有这些都与1865年美国南部以及

---

① 除非另有说明，所有关于福克纳的个人轶事均出自 Joseph Blotner, *Faulkner: A Biography*, 2 volumes. New York: Random House, 1974。

1871年法国的失败相伴随——不但是这些失败的前兆,也是这些失败的后遗症。早在20世纪初美法两国的颓废派在美国南方文学界风靡之前,新一代英国诗人就先啴摸出了这种法式混合物(诗人史文朋[Swinburne]25岁那年就在《观察者》[Spectator]上发表了评论《恶之花》的文章)。① 福克纳(生于1897年)在这种颓废风格中大快朵颐。休·肯纳(Hugh Kenner)准确地给出了评论:

> 福克纳的那种被人误称的密西西比式哥特风格,其实更像是密西西比式的唯美主义。②

对此只需再加上一句:反讽风格的唯美主义者对哥特风格的那种板着脸的唯美主义者做出了反应,因此,如果没有其对手,那么双方的工作都没多大意义。唯美主义者把这种反应看作相互催生,而别的人(比如那些希望南方战胜的人)也许会把这种反应看作相互绝育。

个性倔得像头驴的比尔·福克纳(Bill Faulkner)来自一个富裕家族。他的家族里有商人、政治家,也有酒鬼。酗酒作为一种逃避现实的方法比哥特主义和唯美主义还要古老,当然,它也并不排除现代化的手段。福克纳的传记作者曾无奈地开玩笑说,许多著名的颓废派艺术家都是酒鬼,在这方面,福克纳既没有丢掉他的家族遗产,也没有丢掉他的艺术遗产。作为一种逃避方法,说谎甚至比酗酒还要早,而福克纳也能够糅合这二者。(他的妻子说:"几杯酒下肚,他对人什么都说得出来")。虽然红红的酒杯里可能有些许真相,

---

① 史文朋25岁时在《旁观者》(*The Spectator*)发表了对《恶之花》(*Les Fleurs du Mal*)的评论。

② Hugh Kenner, *A Homemade World: The American Modernist Writers*. New York: William Morrow and Company, 1975, p.196.

但却没有多少事实——除了葡萄酒,福克纳还喝威士忌。在他生命的最后几年里,他曾亲切地对学生们说:

> 我没有什么耐心去探究事实的真相,任何作家一开始就是天生的说谎者,若不是这样他就不会从事写作。

他在一部小说中说过,人是真实与虚构的结合体:

> 所以我对上帝加以改进,他虽然充满戏剧色彩,但对剧院却毫无认识、毫无感觉。

历史、文化以及性格上的这些让他引以为傲的戏剧性夸张风格,让福克纳与好莱坞似乎成了"天生一对",虽然双方都不屑于承认这一点。1932年,他第一次在那里为美高梅公司工作,萨尔伯格(Irving Thalberg)就是在这里获得了他在文学界的声誉。在接下来的13年里,福克纳一面在好莱坞当编剧,一面在密西西比创作小说。电影工作让他可以养家糊口。他干的是良心活儿,共参与了48个电影项目,其中18个被拍成电影。时不时地,如果好莱坞让他厌倦了,他就告几天病假,给自己来上几杯"老爷"酒(Old Grand Dad)。

珍珠港事件后,福克纳来到华纳兄弟公司。他曾试图参军,但被空军和海军部队婉拒了。但是,好莱坞也在战争中尽它的责任。杰克·华纳(Jack Warner)用他的工作室为他的朋友——总统罗斯福(Roosevelt)效力。① 罗斯福希望戴高乐(Charles De Gaulle)将军的故

---

① 华纳回忆说:"事实上,我每天上下班的地点都在白宫,扮演着宫廷弄臣的角色,但我为此而感到骄傲……"

事能拍成电影,华纳就下令去拍。戴高乐将军自 1940 年 6 月后流亡伦敦,当时,法国内阁中唯有他公开反对与德国纳粹签订停战协议。

福克纳对戴高乐颇感兴趣,他读了巴雷斯(Philippe Barres)早期关于戴高乐的传记。巴雷斯在他第一次采访将军后这样写道:

> 这个人身上找不到任何关于这个时代的印记,似乎有某种质朴的东西赋予他力量,他既是战士,也是农民。

戴高乐是颓废派出现之前的法国人,如果非要说的话,那他是一个拥有美德的南方人。他也是一个非同寻常的现实主义者,而非哥特派。戴高乐跟海德格尔不同,海德格尔的怀旧之情甚至比哥特派向前推得更远,他想象的纳粹主义的"内在真理与伟大"就内在于纳粹的反科技思想中;而戴高乐则看到了希特勒制造坦克与飞机的庞大兵工厂,并坚信希特勒造这一切就是为了拿来用的。到达伦敦后,他在对法国人发表的第一次广播讲话中说道:

> 今天我们会被机械的力量所击垮,而将来我们同样会败给更加先进的武器。这就是世界未来的命运。

戴高乐既欣赏现代科技所带来的力量,也分有古典传统的德性,二者间的张力是对他一生的诠释。福克纳肯定也在某种程度上看到了戴高乐所看到的,因为他从小听的故事讲述了南方骑士如何败给物质主义至上的北方佬;他还创作了一个故事,讲述南方贵族沙多里斯(Sartorises)家族如何败给来自北方的粗俗不堪的斯洛普斯(Snopes)一伙。

福克纳给剧本《戴高乐的故事》设定的中心人物有二。一是戴高乐本人,另外就是一对虚构的兄弟,乔治(Georges)与让(Jean)。

根据福克纳的解释,乔治"代表法国人个体,而戴高乐则象征着自由法兰西这一抽象观念"。乔治拥有"所有法国资产阶级的美德",特别是爱国与人道主义精神。资产阶级"从传统意义上讲是民主的阶级,是任何民主制度的支柱",但福克纳也把其他"具有代表性的阶级人物"纳入其中,包括农民、牧师、音乐教师、工人,这些人足以代表"整个法国"。

在纳粹发动闪电战的前几天,乔治正回家休假,他打算与村长的女儿结婚。这位年轻人的血气使他与未来岳父在利用马其诺防线问题上爆发了激烈的争论。戴高乐上校是乔治所在的坦克训练学校的指挥官,他写了一本书《未来的军队》(*Vers l'armee de metier*,1934),提倡把机械化反攻作为防御工事中不可或缺的补充。乔治赞成戴高乐对法国所采取的策略的批判,而村长驳斥了乔治,认为这样的批判是对法国的无耻颠覆,并暂时取消了乔治与自己女儿的婚礼。福克纳不得不在剧中安排一位通讯员带来纳粹入侵荷兰的消息,以打断二人的再次争论。

村里真正的政治家不是那位村长,而是神父。福克纳让这个人物在教堂第一次出场。他用一种充满挑逗性的口吻开始了他的布道:"起初有大地。"他省略了"上帝创造"与"天"这些表达,使这第一句话显出坚定的世俗味道;接着,神父虽然"奉最高和平之名"强烈谴责对枪支的赞同,并将这种亵渎行为归因于"我们已经废黜了他"的事实,但是在结尾他却呼唤法兰西爱国主义。后来,在乔治杀死了一名纳粹士兵后,神父劝告他应该寻求赎罪——

> 在每个法国人都必须寻找也将找到赎罪的地方寻找赎罪,那就是:解放法兰西。

就像神父是一个政治家,戴高乐作为政治家则像是一位神父。

福克纳向我们展示了戴高乐如何力劝第三共和国的最后一任内阁抵制纳粹暴政,之后又如何以自由之名迎接自由法国的新队伍。当戴高乐检阅军队时,我们听到他名字的功效甚至超越了让法兰西的死人复活,因为这名字"让活着的人也得到了重生"。后来,一个听从维希政府的号召而回到法国的士兵回到了戴高乐身边;福克纳让我们明白,这正是一个政治生命已死的人现在重获了新生。剧本中还写到,戴高乐的最后一次演讲预言了法兰西会从"法国的敌人"手中获得解放。福克纳所刻画的戴高乐是先知、祭司以及"所有渴望自由的法国人"的首领。福克纳想要表达的主题是政治上的救赎。这也是戴高乐本人所写的《战争回忆录》(Memories de guerre)的主题之一,该书第三章的标题便是"救赎"(Le Salut)。

戴高乐本人在剧本的后半部几乎消失了,因为拯救法国需要的是用戴高乐精神来唤醒法国人。这一点我们可以从乔治的哥哥让的思想转变中看出。让是一名海军军官,开始的时候他出于对军事指挥机构的忠诚跟纳粹有限合作,但在看到反抗者们殉道般的勇气后,让最终选择了帮助他们;他们中有一个人为救让而牺牲了自己的生命。正如他们中的一个人所言,让仿佛通过变成另一个乔治,而"让他的灵魂得到了拯救"——他在纳粹的监狱中代替了兄弟乔治(他现在是戴高乐的密友,地下组织的关键人物)。也许你可以说,重建法国既需要一个反抗的亚伯(Abel),也需要一个牺牲自己的该隐(Cain)。

回到村庄后的乔治还需要一次爱的行动以完成肉体上的救赎。神父把乔治放进棺材,然后让棺材随船离开,这使乔治日后能够重生。纳粹分子把神父拉去示众,后来,神父因为朝这些人中一个的脸上吐唾沫而被杀——吐唾沫的动作取消了"若有人打你的左脸,把右脸也转过来由他打"这一传统的敬虔美德。如此,在彻底改编旧约中该隐与亚伯的故事之后,福克纳又改编了新约中耶稣与拉撒路(Lazarus)的故事。

在剧情发展到倒数第二幕时，乔治收到一个好消息：他的妻子产下了他们的孩子。神父之前曾坚持要乔治在战争期间结婚，想以此节制他的血气——让他为生命效力，而不是拿生命去冒险。孩子的降生表明神父在他死后获得了成功。福克纳本人则会亲自安排一场战争时期政治与基督教之间的联盟或联姻：在整个故事的最后一幕，他刻画了反抗者组织在整个法国点亮火把，为盟军的轰炸机照亮航路。基督教中关于婴儿出生的含混意象乃是预示基督教的末世，在这里，婴儿出生显然暗指救世主的降生和再临。

华纳兄弟公司最后没有拍摄《戴高乐的故事》。继约瑟夫·布洛特纳（Joseph Blotner）的解释之后，本书主编布罗德斯基（Brodsky）与汉布林（Hamblin）又给出了以下几个理由：戴高乐与丘吉尔（Churchill）发生争执，"有人把丘吉尔的态度告诉了罗斯福"，后者又告诉了华纳，因此华纳取消了拍摄计划；还有就是制片人表示实在很难找到一个适合扮演戴高乐的演员；在美国的法国作战代表们对剧本不满意；再有就是另一部电影《莫斯科之行》获得了更多的优先权。

罗斯福的公然反对对这件事起了决定性的作用。当然，罗斯福根本不需要丘吉尔来破坏他对戴高乐的信任。自始至终，丘吉尔在战争中都对法国人或多或少保持着信心，但罗斯福和其国务院则很快改变了态度，热衷于与维希以及一帮可疑的冒充者们打交道。1943年11月，当时福克纳的工作已中断，盟军侵占了北非。由于罗斯福的坚持，戴高乐被排除在此次行动之外，尽管丘吉尔谨慎地提出反对也无济于事。戴高乐对此早有预料。10月，他给罗斯福写了一封慷慨激昂的信，警告说：

> 如果法国因民主的胜利而获得解放时仍被看作战败方，那么，恐怕她的痛苦、耻辱以及分裂非但不会把她引向民主，反而

会迫使她受到其他力量的影响。你知道那将会是什么。①

罗斯福压根儿没有回信。当时他和那些读到信的国务院同僚都没有过多担心战后的共产主义。

电影《莫斯科之行》证实了戴高乐的话。杰克·华纳（Jack Warner）在回忆自己工作室的战时表现时颇为得意："我们大胆拍摄了一幅又一幅关于希特勒、墨索里尼、裕仁天皇、东条以及其他极权主义暴徒的镜头。"然而，当时可不是只有一个极权主义强盗，正如布罗德斯基和汉布林的观察所说：

> 表面上，《莫斯科之行》是依据戴维斯（Joseph E. Davies）1936至1938年间在俄罗斯的经历拍成的纪录片，但实际上，这部影片是戴维斯和华纳兄弟在罗斯福总统和战争情报局的鼓励和全力支持下的杜撰，目的是向美国公众兜售一个观点，那就是斯大林可以成为他们的盟友而与希特勒抗争。然而，为了达到这一目的，影片的制作者们对当时重要历史事实的处理太过草率，最明显的就是，他们认为20世纪30年代苏联的大清洗和1941年苏联入侵芬兰是对纳粹主义做出的适当而必要的回应。从斯大林愿意让《莫斯科之行》在苏联放映来看，这部电影显然成功了。

不管《莫斯科之行》是否真的在华纳兄弟那里取代了《戴高乐的故事》，在这里电影史确与外交史并行。

对于《戴高乐的故事》中"戴高乐"这一角色，巴克纳抱怨说：

---

① Milton Viorst, *Hostile Allies: FDR and De Gaulle*. New York: Macmillan and Company, 1965, pp.105–106.

"寻找角色太难了！"的确如此：雷恩斯（Claude Rains）恐怕演不了这个角色；不过，巴克纳的确曾建议让戴高乐在电影中成为隐形人（"为什么要让戴高乐出场？难道就不能只是谈论他吗？"）。法国人则从另一角度对这一角色提出了质疑：福克纳把这个角色塑造得太渺小，因此剧本不配以将军之名为标题。然而，这些批评无论多么不中的、多么互相矛盾，似乎都表明福克纳对戴高乐形象的刻画是《戴高乐的故事》中的关键问题。他的失误很简单，也是根本性的：福克纳在政治上的民主观念根本无法完全诠释戴高乐。按照这种民主观念，戴高乐只能从电影中消失。

一位抵抗运动成员关于这个主题说过一段话：

> 所有[纳粹]只能用死亡威胁我们。而小人物不怕死。小人物诚然是小人物，但他们也非常伟大。因为大人物身上也有些小人物的东西，就仿佛所有被践踏、被压迫的小人物凝聚成了一位伟大的人物，他知道并记得自己遭遇的一切苦难。

在忍受了太多法国人对这部作品的批评之后，福克纳写信给巴克纳："咱们还是放弃让故事中的戴高乐将军作为一个活人吧。"这使华纳兄弟落得一身轻，因为若是拍电影，那就需要得到戴高乐主义者的认可。

> 任何历史英雄，天使也好、魔鬼也罢，都不过是他那个时代的傀儡。他的存在只不过是一连串行为的总和，只是他残害或培养、奴役或解放的那些小人物的集合体。

得注意的是，福克纳对"历史"英雄的评价可不适用于艺术家们。他疼爱的女儿曾试图说服他不要酗酒，她恳求父亲道："为我着想一下吧。"（通常情况下，这样的话会起到作用。）这时的福克纳还清醒着，也许只是因为刚刚喝足的原因，他给出了一个让人瞠目的答复："没人会记得莎士比亚的孩子。"

相比于艺术家，政治家可能会更加认真地对待大众的意见，但戴高乐超越了"他的时代"和"那个时代所有的人"。福克纳找到了证明这一点的证据——巴雷斯回忆道：

> 我离开了戴高乐将军，我没有激动得忘乎所以——因为他太冷峻，不可能让见到他的人产生这种情绪——而是坚信我刚刚的确见到了一个人（man）。

戴高乐冷酷的男性气概暗示他的灵魂中存在一种超越了血气的东西。这种冷酷意味着节制与审慎。在巴雷斯最精彩的一章回忆中，戴高乐对战时地缘政治作了扼要而透彻的概述。他在1940年11月对巴雷斯说，希特勒"非常清楚他发动了一场世界大战，这场战争最终只能以要么是他要么是我们的全面胜利结束"；希特勒也知道"美国在平衡各方的力量"，他进攻非洲的目的就是要遏制南美和中美洲。一旦巴拿马运河被轴心国截断，美国就无法迅速在大西洋与太平洋之间调动军用船只，这样一来，德军和日军就可以两面夹击，对北美发动毁灭性的战争。戴高乐断言"这是一场争夺战略基地的战斗"。巴雷斯还补充了一段戴高乐的话：

> 民主政体由未受过训练的大众和目光短浅的商人及政治家执掌，这些人已没有能力理解统治着极权主义德国的一群残暴无情之人的惊人视野和不顾一切的野心。

戴高乐当时的许多次演讲也都表达了同样的看法。

考虑到福克纳获得的以上资料,他本应明白这位政治家有足够的胸怀去理解极权主义者的理解,但他没有明白。因此,他无法承担起作为一位有政治头脑的艺术家的责任,去同时呈现双方的理解。福克纳的头脑并不擅长思考——他曾经参加过大学的数学课程,想借此锻炼自己头脑的逻辑性,但很快就退学了。他的能力在思考小问题时,比如在写斯洛普斯家族的故事时尚且够用,但是思考大问题就不在他的能力范围之内了。

我们对此倍感遗憾,因为《戴高乐的故事》总归还是个精彩的剧本,它反映了编剧本人那类非凡的人性。像许多酒鬼、南方人和法国人那样,福克纳身上既有多愁善感又有愤世嫉俗,既有虚张声势又有尖酸刻薄。但福克纳个性中也有一大优点:它会因小风而弯腰,但绝不会因狂风而折断。他的长女不幸夭折,弟弟也死于空难,但每次福克纳都做了他该做的事,并没有用酒精麻痹自己。他还能承受喜剧性的逆境,比如他在二女儿的婚礼上保持了冷静,当时的场面对任何人来讲都着实令人沮丧。公共事务方面,他在人生的最后十年中对美国人、对我们与苏联的关系提出了一些值得注意的看法,他从某种无关道德却颇有道德力量的角度,批评了他的同胞。比如当一些西点军校学员因考试作弊而被开除后,福克纳说:

> 这些人是他们的父辈、教师、州长那整整一代人的受害者,后者鼓吹一个关于我们国民性格中的某种民族性恐惧的假设,公开加以宣扬,说什么:美国人无论个人还是群众都没有独立、勇敢、忍耐与牺牲的能力;在困难的时候,我们不懂得团结,因为我们的性格既不受大脑也不受心灵的控制,而是由欲望所决定的,在我们的肚子里;由于不能独立,我们把慈善变成了一种国家制度;由于不能做抉择、自律和自控,我们把对自己最小行动的控制权也移交给了联邦机构。

他还拒绝了美国国务院让他去访问苏联的请求，理由是那个"孕育了陀思妥耶夫斯基、托尔斯泰、契诃夫与果戈理的俄罗斯早已不复存在"：

> 在我有生之年，我都拥有自由将我的所见所闻真实地写下来，如果这样一个我去访问俄罗斯，那么，即便我事实上只是表面容忍当前俄罗斯政府所确立的境况，那也是一种背叛——不是背叛了那些伟人，因为已经没有什么能够伤害他们，而是背叛了他们思想上的继承者，这些人在写每一页文字时都冒着巨大的生命危险；那还是一种谎言，因它将纵容那些也许本该成为他们的继承者的羞耻行为，这些人失去了比生命还重要的东西，他们为得到公开写作的特权而出卖了自己的灵魂。

福克纳还用不卑不亢的口吻回敬了赫鲁晓夫的预言——"我们会将你埋葬"："葬礼将在警察埋葬赌博大约十分钟以后举行。"

哥特派是已垮掉的基督教的传奇故事，颓废派是已垮掉的撒旦教的传奇故事，二者鼓动着文学上的"现代派"（我们需要一个更好的词来定义它）"推陈出新"，去重建或重新发掘人类生活的基础。完成这项事业在多大程度上需要建设者的创新或探索者的才智？这是细心的政治学学生熟悉的问题。然而，还没有一个讲英语的"现代派"曾在政治上获得成功。他们中还没有一个人把政治充分地融入对现实的再创造和模仿之中。他们中还没有一个人超越哥特派和颓废派对政治的诋毁。而诋毁政治总是伴随着诋毁审慎。

老年的福克纳也许看懂了这一点。他为自己设想了另一种生活：

> 我想变回成一只秃鹰。没有谁恨它、嫉妒它，也没有谁崇拜它或者需要它。从不会有人去惊扰或伤害他，任何东西都可

以成为他的食物。

这只秃鹰目光锐利，面对死亡眼也不眨；既可高飞鸟瞰，也可俯冲而下，察看地上的小小猎物；它在密西西比州或加利福尼亚州都很少引起人们的议论，也无需为了生计而劬劳——它比狗更像哲学动物。瞧，福克纳终究还是想到了些什么，只不过，他还需要一个善于思考的头脑去实现它。

译者单位：四川外国语大学

* 重庆市 2019 年研究生创新项目（CTB19178）和四川外国语大学 2019 年规划项目（SISU2019029）资助。

朱科特对苏格拉底与马基雅维利的综合

安德鲁西奥（Marco Andreacchio） 撰
王涛 译 林凡 校

朱科特（Catherine Zuckert），《马基雅维利的政治》（*Machiavelli's Politics*），Chicago: University of Chicago Press，2017。

朱科特关于马基雅维利的著作，意在成为（也极有可能就是）最全面的马基雅维利研究，这对我们颇有助益。作者极富雄辩技巧，考察了马基雅维利的主要作品在多层次上的相互关联，并整合了对这位佛罗伦萨思想家的历史、修辞和理论或哲学角度的研究，力求获得一种整全性，或者说将片面性降到最低程度。

文本之间的互文对朱科特这部著作来说至关重要。她的研究强调，马基雅维利的任何个别文本都可以借助其他文本加以阐明和完善。这个论点确实很有意思，特别是考虑到它可以用于化解那些拘泥字义者对马基雅维利的批评。但是，这个论点同时可能成为自己的牺牲品，将自己陷入一种相对化的主张：并不存在意义、信息或读者方面的高低层次之分，而且应当以一种"马基雅维利"的方式，一种"均势"的角度解读马基雅维利的最终看法。朱科特也许觉得，以马基雅维利的方式研究马基雅维利体现了一种融贯性（页33），但是，这个进路会导致一个危险：将自己的目标视为理所当然，而这不仅化解了拘泥字义者对马基雅维利的批评，也化解了所有根本性的批评，即所有指向马基雅维利主义能够成立的必要条件的批评。以马基雅维利的方式阅读马基雅维利，与从现代性的视角来批判现代性一样，在哲学上都是成问题的，后一种情形尤其为朱科特的导师施特劳斯所严厉批评。在两种情况下，我们都关闭了发现一个世界的可能性，在这个世界里我们可以抛弃我们视为理所当然的东西——如果这种理所当然的东西不是完全错误的话。

下述事实让这个问题更加突出：朱科特几乎没有处理其他哲学进路，最明显的体现是，她将美国建国解读为一项马基雅维利事业（就这个措辞的自由主义含义而言）。除了一些微不足道的影射外，《马基雅维利的政治》并没有考虑下述这种解读：美国建国在哲学层面上与马基雅维利的世俗主义水火不容。

在马基雅维利的世俗主义著作的核心处，朱科特发现了功利主义要旨：最高善是一种能够满足最大多数人或最大多数欲望的公共善（参页11、21、78、80、291、467、475）。这一发现展示并反映了她自己的研究进路。

这并不是说，朱科特最终没有将对马基雅维利的哲学研究放在首位。由于受到施特劳斯的启发，她认为马基雅维利是一位哲人，也就是说，他"除了理性，不接受其他权威，并且对一切事物进行推理和探究"（页9-11）。苏格拉底以及其他一些例子告诉我们，哲人确实认为某些法则具有权威性。因此，朱科特对"哲人"的定义应当修正为：不愿将任何权威接受为目的本身，或不愿接受任何与自然理性不相容的权威。当我们将理性理解为权威——如果将其视为唯一可接受的权威时就更是如此——我们就已经步入了一条特殊的哲学道路，即现代启蒙哲学，或者更具体点说，马基雅维利的哲学。

然而，诚如朱科特所承认，马基雅维利彻底改变了哲学的含义。他将哲学世俗化，通过不留余地糅合哲学与大众问题或庸俗问题，切断了哲学与神学（传统上最重要的）问题的关系（页11、173、295）。同样，朱科特对马基雅维利的探索最终将我们引向哲学，这种哲学不是诸多探究模式中的一种，而是借助狭义上的哲学融合历史与修辞（或文学）的产物（页13）。通过"物"（历史条件）与"词"（修辞策略）相互的逻辑作用，马基雅维利的思想应当能够显现出来——不是超越两者的中道（mean），而是两者的完美协调（页362）。

亚里士多德呼唤作为中道的德性，与这种古典做法不同，马基雅维利的伦理学转而赞同的道路是，德性仅仅是恶的对立面，故而正如朱科特所强调，"不可能存在中道立场"（页77）。然而，朱科特还指出，马基雅维利鼓吹所有交往——无论私人交往还是公共交往——中的自我克制或节制（比较页80-81、154-55、280）。这是否意味着，尽管是出于迫不得已，但马基雅维利终究"回归"了作为一种"中道立场"的古典德性概念？实际上，马基雅维利拒斥的不是"中道立场"或节制，而是古典的"中道"概念，这种"中道"（"垂直地"）超越了过度或恶之极端的整个视域。中道本身不再是依极端而定的目的，而是成了"各种力量之间的平衡"，有助于实现普遍满足或快乐（页15、78、268）；马基雅维利的"中道立场"不在于使我们摆脱所有过度，而可以说是改进所有过度，促进共同善的实现。通过相互之间的制衡，诸种过度都服务于一个美好的目的，最终与"理性社会"（页11）的建立和保存相一致。用黑格尔的术语来说，马基雅维利的德性在于对恶的扬弃（Aufheben），这种扬弃易于得到优良法律的认可和优良军队的保卫。①

---

① 这里意味着平民也可以获得"优良"：页22、300-301、331、474；有关"法"（包括宗教法）的限度，参页98、141、143、265、474。

任何自诩英勇地超越所有恶的德性，都不是恶的解药，而仅仅是恶的面具。

这一点是马基雅维利反对柏拉图主义的关键。这位佛罗伦萨人用去神话的英雄主义代替了苏格拉底式的英雄主义，后者必然是爱优于恐惧（页14），前者则同时利用善与恶以超越两者（页34、84、130、309、469）。马基雅维利自己的英雄，他的开明"君主"，既不是纯粹的伟大人物（grande），即传统的贵族，也不是纯粹的平民，而是平民的"自由护卫者"，这个护卫者上升到极高的境界，将主人的知识与奴仆的知识整合为一位主人的自知（页43-44、132）。马基雅维利的英雄能够容忍平民（也可以说"被诅咒的大地"，页125、302）享有极高的尊严，他不是通常的君主，而是受马基雅维利的心智指引的君主；换言之，真正的英雄是具有权威的马基雅维利本人（页43-44、46）。

朱科特对施特劳斯的《关于马基雅维利的思考》的关注不仅限于该书首章，但她成功反驳了马基雅维利是僭政倡导者或彻底的邪恶导师的普遍看法。① 为了能够充分考察那些长期被用来妖魔化马基雅维利的著作，尤其是《君主论》，我们应当用他的其他作品尤其是《论李维》加以平衡，这些作品旨在将一个民族从僭政中解放出来，而不是为了加强僭主的权威。如果说《君主论》教导僭主如何驯化而非压制一个民族，那么，《论李维》就是教导这个民族如何驯化君主或统治阶层（页85、460）。这两种"教育"若恰当结合，就会形成一个"民主共和"宪制（页2、21），这与美国宪制没有什么不同（页460）。

两种教育的目的都是寻找内部平衡和外部平衡：一方面，想要

---

① 单就马基雅维利将恶"平庸化"（democratization）的做法而言，我们就无法将马基雅维利视为僭政的教师（页37）。

统治的人和不想被统治的人——就是还没有统治欲的时候——双方的性情或品性将在"恐惧"中达致一种中道，居于对政治对立面的爱和仇恨之间（页80、84-88、92）；另一方面，平民对显贵的恐惧和显贵对平民的恐惧通过相互制衡，建立起"自由的生活方式"或共和国（页143），在马基雅维利之后，经由孟德斯鸠，美国国父设想的政体体现了这种生活方式（比较页3、37、69、95、150、164、182、245、454、460、474）。

据说，我们处于这样一种务实政治（Realpolitik）（页15、37）的破晓之时：这种务实政治接受将马基雅维利的时代与古罗马区别开来的宗教制度。如果说，基督教是修辞术（最出名的象征是"狐狸"：页82-83、90、390、397），不允许佛罗伦萨人回归那个天真地信仰命运女神（Fortuna）的世界（页181），那么，支持一种远优于古典时代的强力（最出名的象征是"狮子"：页82、140-41、192）无疑是有帮助的，这种强力或权力不会让自己局限于自然设置的界限，而是努力征服自然、战胜自然，不惜与自然为敌，不惜将其作为燃料贡献于新世界的创造工程（页11、17、24）。总而言之，马基雅维利之利用基督教（页69、118），不仅仅是为了回到古代，而是为了对其加以改进。①

朱科特并没有详细说明，除了以狡黠的方式之外，基督教还能以怎样的方式积极助力马基雅维利的事业。萨伏那洛拉（Savonarola）体现了马基雅维利与教会之间的关联。萨伏那洛拉的主要缺陷是缺乏政治上的直截了当或者说直言不讳，这是多数基督徒的毛病（页27-28、133）。萨伏那洛拉完全拒绝但丁的文艺复兴遗产，其中的标志性事件包括多明我会鼓动的公开焚书活动；他认为人文主义书

---

① 页116，关于利用宗教满足私人欲望，尤参朱科特第三章对《曼陀罗》的分析，页283-297；关于利用宗教欺骗以促进公共善，参见例如页138-139。

籍和绘画与迎合女子虚荣的日常手工艺品一样"邪恶"。

朱科特最低调地处理或故意淡化的例子如下。

（1）对萨伏那洛拉的缺陷的解释。

（2）她对马基雅维利对但丁的"文艺复兴"的拒斥保持沉默。其实，马基雅维利的《关于我们的语言的演说与对话》(*Discorso o dialogo intorno alla nostra lingua*)最为生动地展示了这一拒斥，而朱科特仅在一处（页283）提到此文本，而且她根本没有提及该文本的反但丁意图。

（3）她对理性和权威的危机保持沉默，更不用说她对全球性的商业专制（mercantile despotism）的兴起也保持沉默。而后者可以说是马基雅维利的现代性展开的必然结果，施特劳斯对此做过最引人注目的考察。

（4）对美国建国的反马基雅维利式——无论是在字面意义上还是在精神意义上——的哲学解读。因此，此书没有提及雅法（Harry Jaffa），也没有让本应提及的施特劳斯出场，他们都认为美国建国与马基雅维利明显对立。例如，施特劳斯在《关于马基雅维利的思考》中指出："美国也许可以说是全世界唯一明确以反马基雅维利式原则建立起来的国家。"①

尽管如此，朱科特的马基雅维利基本上像一位世俗的萨伏那洛拉，一位解放者。在他看来，彼世不过是建立此世秩序的借口（页28）。在马基雅维利与基督教神学之间看不到其他更紧密的关系。比如，朱科特并没有探究这位佛罗伦萨人如何受惠于基督教的"蒙福的罪过"（felix culpa）——恶被当作通向善的垫脚石，或者更一般地受惠于一种甚至连尼采和海德格尔都没能抛弃的基督教的"自由

---

① 参施特劳斯，《关于马基雅维利的思考》(*Thoughts on Machiavelli*)，Chicago: University of Chicago Press，1958，页13。

道德"。

马基雅维辨识出爱是恐惧的伪装,这一洞察并不完全是非-基督教的,因为他的重点是君主,如果只是由于不幸的缘故,君主需要"不那么好"(页475)或"是恶的"(页77、80、150),那么爱就可以通过恐惧来维持。这不禁让人想到基督教可怕的普世怜悯(呼应了爱伦·坡的《黑猫》):永恒审判或永恒审判的威胁使神对罪人或敌人的爱得以圆满。换言之,要么我们有多么恐惧就有多么爱,要么我们多么令人恐惧就有多么爱。至于那种"超越一切恐惧的爱",比如但丁《地狱篇》中的维吉尔,则完全不在意神的任何审判,也就不会怀有任何愤恨。

在朱科特笔下,马基雅维利习得的经验,似乎肯定特别受惠于古代唯物论(页16、58-59、121),否则,对马基雅维利式的工具主义的自由主义而言,过去和未来似乎都只是偶然,而巧合的是,这种自由主义在美国立宪主义那里发现了自己最亲密的、具体的同伴。因此,朱科特基于两个理由,否认马基雅维利可能将自己视为"现代性的奠基人"。首先,马基雅维利并没有从"科学"的角度理解自然(页10);其次,诚如马南(Pierre Manent)所言,马基雅维利绝不可能预知现代性(页9-10)。无论现代性——以及现代性的当代认同危机——是不是源自一种马基雅维利式的革命,马基雅维利本人都无需为人们对他的利用负责。基于此,朱科特才可以将马基雅维利与美国共和主义的创立联系在一起,甚至假定,从科学"法则"的角度对自然的现代机械论解读,以及整个"现代性的历史",都源自马基雅维利式的原则(也许是无意识地或不假思索地)。海德格尔的说法可以与此对勘:现代虚无主义源自古代的"柏拉图主义"。

朱科特毫不隐讳地谈及众多从学术领域到政治领域(或正面或反面)回应马基雅维利著作的现代人物,但是有三个不那么显眼的引用最意味深长,都出现在脚注中:其中两个关于尼采,一个关于海德格尔（页 5-6、58）。但是，此书的索引中却没有列出这两位德国人。① 朱科特的相对沉默，很容易被人理解为是由于某种愧疚之情的缘故，因为她将优于传统伟大人物的马基雅维利式君主与美国共和主义联系在一起，与之对立的，我们可以举尼采为例，其"善恶的彼岸"②的道德所形成的超人种族却臭名（ill repute）远扬。

另一方面，尽管朱科特肯定马基雅维利受到前苏格拉底的启发（页 10、16、75），她还是或多或少暗中提请读者注意，马基雅维利与苏格拉底或柏拉图式的观念论之间具有某种隐秘的相似性——假如后者以前苏格拉底的"唯物论"为前提，而马基雅维利的共和立宪主义以暴力和僭政（更不用说帝国了）为前提的话。③

因此，柏拉图与马基雅维利的关键差异，就不在于两人的目标以及政治效果，而在于佛罗伦萨人在处理自由的物质条件时前所未有的"直言不讳"：与专注沉思的雅典前辈不同，马基雅维利拒绝与基督教保持一致（页 361）。柏拉图将苏格拉底呈现为哲学的申辩者，但朱科特的马基雅维利则志在改进甚至全方位地完善政治

---

① 就我所知，只有尼采和海德格尔没有索引。除了下述少量微小的笔误外，朱科特该书编校得非常细致：页 7（sensible 应改为 sensory）、页 8（populi 应改为 popoli）、页 67（astuzia fortunate 应改为 astuzia fortunata）、页 341（Castracani 的意思应为 dog castrator 而不是 castrated dog）、页 465（esercitato 应改为 esercizio）、页 388（Giovannie 应改为 Giovanni）。

② 很重要的一点是，朱科特在强调曼斯菲尔德口头上部分偏离了施特劳斯时，隐约让人想到，马基雅维利预示了尼采的出现（某种程度上还有海德格尔，页 58）。关于马基雅维利走向"善恶的彼岸"，另参页 3、11、65、67、75、77、185、475。关于马基雅维利的"君主"类似尼采所讲的超人，主宰着命运女神，而后者使自然能够被理解，另参页 43-44 和 60（战胜自然的意志本来就假定了一种自然易于被战胜的看法）。

③ 关于帝国和共和国的暗合之处，比如公开选举易成为私人利益的伪装，参页 48-49、52-53、56-58、60、65、72、90、166-67、265、460、463。关于马基雅维利的反帝国主义表述，参页 76、79、91、262 和 460。

（页118、363）。因此，苏格拉底与马基雅维利之间的不相容远非显而易见。理论上的柏拉图主义者能够适应甚至歌颂一个马基雅维利式的世界。朱科特的研究用马基雅维利的直言不讳向古代柏拉图主义施压，似乎旨在填平希腊人与意大利人之间的鸿沟。我们可以举一个例子：朱科特的苏格拉底赞同马基雅维利"仅仅将宗教当做儿童玩具"的做法（页1；比较页141和326）

马基雅维利显然认为，人类社会并不基于欲望，而是基于恐惧，恐惧是所有欲望的根基（页35‐36、46、138、147‐50、360、465）。颇具讽刺意味的是，马基雅维利的唯物观念论中体现出恐惧高于欲望的位置，而恐惧之高于欲望，却使马基雅维利而非柏拉图成为迄今为止自由高于荣誉的最积极捍卫者（页24、58、79、128‐29、255）：不仅自然威胁引起的恐惧驱使人们生活于法律之下，由扩张共和国的统治者引致的恐惧也让民众免于"败坏"或丧失自主性的危险（页129‐33、148‐151、263；页12‐13、19）。

因此，意欲持久存在的共和国需要保持鲜活的帝国主义冲动，力量（"狮子"）与欺骗（"狐狸"）之间残酷的结合，能够与尊重法律、注重民众的同意以及易于操控的公共意见携手并进（页1、155、170、472）。为了防止一种广泛的、无政府的统治欲，使人民失去对被他人统治的恐惧，就应该在法律范围内保持统治阶层与民众之间的冲突，其目的是促进公共善（页160‐162）。例如，"重新分配的政策"呈现出一种僭主般的愿望："让富人变穷""穷人变富"（页162、473）这样的政策就会滋生出这种统治欲望，而这与"保持公产充足，公民清贫"的真正的共和责任背道而驰（页160）。简言之，自由的关键是依靠政府来发挥作用的扩张性竞争、冲突或战争（页157‐177、315、469）。缺少这一点，共和国就将崩溃，自由也将转而不利于自身，并导致内战（页451、468）。

因此，朱科特对马基雅维利的解读让人得出的结论就是：共和主义与帝国主义①相互需要，一如自由生活的形式和质料（比较页135、164、176和281-282）。更具体地说，朱科特的研究要求我们意识到，美国的建国实验表明，马基雅维利可以一直作为适合的引导。如果没有他的指引，就可能导致一种危险，即将（财政或其他方面的）僭政错认为无限自由的恩泽。

朱科特的整体论证强烈表明，晚期现代性的危机源于误解或者忽视了现代性的马基雅维利开端。因此，我们最好"回到马基雅维利"，这就必然会为当代美国共和主义流派的某些主要政治立场辩护。这些共和派青睐的主张是：帝国主义或扩张主义旨在防止腐败；大众自治，特别是法律和军事方面的自治，意味着人民可以公开获取武器；政府视宗教为某种权宜之计（页141）；拒绝可能会导致僭政的再分配政策。

但是，朱科特的研究还表明，为马基雅维利的政治观点辩护，与珍视柏拉图主义有关哲学沉思优于政治的教诲并不矛盾——即便仅限于学术圈：这尤其是因为，美国建国作为一种马基雅维利式方案，完全与哲人高于非哲人的优越性相容，虽然马基雅维利原本会抑制这种关系。因此，马基雅维利的读者有理由追问，作者最终是否成功超越了对柏拉图的浪漫主义或"隐喻"研究？

就马基雅维利与柏拉图之间的差异而言，我们不能说，马基雅维利勇于考察恶，而柏拉图对恶视而不见，并遁避于对邦葛罗斯②那种纯洁的柏拉图式爱欲中。关键在于在不实施恶的情况下学习恶的能力。

获得有关恶的纯粹理论知识，需要有能力探究道德的基础；这

---

① 帝国主义的标志是"一种真正君主式权力或单一执行权"，页135；与曼斯菲尔德看法一致，参页13。

② ［译注］邦葛罗斯是伏尔泰的小说《老实人》中的人物。

就要求认识那些构成"善恶"的基础的原则,这些原则进而使我们与柏拉图的苏格拉底一道,能够探知没有被任何恶污染的善。若要追随与马基雅维利不同的苏格拉底式道路,我们需要跟施特劳斯一样承认"永恒观念绝对不可或缺"。

马基雅维利本人对善与恶的探究所以可能,是由于他追究一种为一切道德区分奠基的东西;马基雅维利既不会仅仅是一位历史学家,也不会仅仅是一位历史主义者(页8-9)。但是,正如朱科特所暗示的,马基雅维利的政治知识不以有关永恒事物的知识为前提。确实,马基雅维利的起点是一种伊壁鸠鲁式的物质涡动(vortex)。① 不过,我们也许可以说,马基雅维利通过柏拉图来阅读伊壁鸠鲁(页359-361),故而背离了伊壁鸠鲁。对马基雅维利来说,物质似乎足够稳定,能够充当自由社会的终极基础(页362-363)。事实上,引用朱科特"从中获益良多"的施特劳斯的话来说,对马基雅维利来说,关于人间事物或尘世事物的知识,其前提是对作为"这个'恒定的'世界自身"② 的自然事物的知识。在这里,我们看到了马基雅维利在哲学上的"历史"转向(页9、11、15)。即便如朱科特所言,"马基雅维利不可能认为自己是现代性的缔造者"(页9),她的研究也还是得出了这个结论:马基雅维利为那种通常与黑格尔和海德格尔联系在一起的哲学历史主义奠定了基础。

作者单位:华东政法大学科学研究院

---

① 页10、16-17;朱科特仅仅谈及"运动的物质",并没有提到"涡动"。
② 施特劳斯,《关于马基雅维利的思考》,前揭,页18。

图书在版编目（CIP）数据

全球化在东亚的开端 / 娄林主编. -- 北京：华夏出版社有限公司，2020.12
（经典与解释）
ISBN 978-7-5222-0019-4

Ⅰ．①全… Ⅱ．①娄… Ⅲ．①文化研究－日本－文集 Ⅳ．①G131.3-53

中国版本图书馆 CIP 数据核字（2020）第 203480 号

全球化在东亚的开端

主　　编	娄　林
责任编辑	李安琴
责任印制	刘　洋
出版发行	华夏出版社有限公司
经　　销	新华书店
印　　装	三河市少明印务有限公司
版　　次	2020 年 12 月北京第 1 版 2020 年 12 月北京第 1 次印刷
开　　本	880×1230　1/32
印　　张	9.875
字　　数	245 千字
定　　价	59.00 元

华夏出版社有限公司　地址：北京市东直门外香河园北里 4 号 邮编：100028
网址：www.hxph.com.cn　电话：(010)64663331(转)
若发现本版图书有印装质量问题，请与我社营销中心联系调换。

西方传统：经典与解释
Classici et Commentarii
HERMES
刘小枫◎主编

古今丛编

克尔凯郭尔　[美]江思图 著
货币哲学　[德]西美尔 著
孟德斯鸠的自由主义哲学　[美]潘戈 著
莫尔及其乌托邦　[德]考茨基 著
试论古今革命　[法]夏多布里昂 著
但丁：皈依的诗学　[美]弗里切罗 著
在西方的目光下　[英]康拉德 著
大学与博雅教育　董成龙 编
探究哲学与信仰　[美]郝岚 著
民主的本性　[法]马南 著
梅尔维尔的政治哲学　李小均 编/译
席勒美学的哲学背景　[美]维塞尔 著
果戈里与鬼　[俄]梅列日科夫斯基 著
自传性反思　[美]沃格林 著
黑格尔与普世秩序　[美]希克斯 等著
新的方式与制度　[美]曼斯菲尔德 著
科耶夫的新拉丁帝国　[法]科耶夫 等著
《利维坦》附录　[英]霍布斯 著
或此或彼（上、下）　[丹麦]基尔克果 著
海德格尔式的现代神学　刘小枫 选编
双重束缚　[法]基拉尔 著
古今之争中的核心问题　[德]迈尔 著
论永恒的智慧　[德]苏索 著
宗教经验种种　[美]詹姆斯 著
尼采反卢梭　[美]凯斯·安塞尔-皮尔逊 著
舍勒思想评述　[美]弗林斯 著
诗与哲学之争　[美]罗森 著
神圣与世俗　[罗]伊利亚德 著
但丁的圣约书　[美]霍金斯 著

古典学丛编

赫西俄德的宇宙　[美]珍妮·施特劳斯·克莱 著
论王政　[古罗马]金嘴狄翁 著
论希罗多德　[古罗马]卢里叶 著
探究希腊人的灵魂　[美]戴维斯 著
尤利安文选　马勇 编/译
论月面　[古罗马]普鲁塔克 著
雅典谐剧与逻各斯　[美]奥里根 著
菜园哲人伊壁鸠鲁　罗晓颖 选编
《劳作与时日》笺释　吴雅凌 撰
希腊古风时期的真理大师　[法]德蒂安 著
古罗马的教育　[英]葛怀恩 著
古典学与现代性　刘小枫 编
表演文化与雅典民主政制
[英]戈尔德希尔、奥斯本 编
西方古典文献学发凡　刘小枫 编
古典语文学常谈　[德]克拉夫特 著
古希腊文学常谈　[英]多佛 等著
撒路斯特与政治史学　刘小枫 编
希罗多德的王霸之辨　吴小锋 编/译
第二代智术师　[英]安德森 著
英雄诗系笺释　[古希腊]荷马 著
统治的热望　[美]福特 著
论埃及神学与哲学　[古希腊]普鲁塔克 著
凯撒的剑与笔　李世祥 编/译
伊壁鸠鲁主义的政治哲学
[意]詹姆斯·尼古拉斯 著
修昔底德笔下的人性　[美]欧文 著
修昔底德笔下的演说　[美]斯塔特 著
古希腊政治理论　[美]格雷纳 著
神谱笺释　吴雅凌 撰
赫西俄德：神话之艺
[法]居代·德·拉孔波 等著
赫拉克勒斯之盾笺释　罗逍然 译笺
《埃涅阿斯纪》章义　王承教 选编
维吉尔的帝国　[美]阿德勒 著
塔西佗的政治史学　曾维术 编

古希腊诗歌丛编
古希腊早期诉歌诗人 [英]鲍勒 著
诗歌与城邦 [美]费拉格、纳吉 主编
阿尔戈英雄纪（上、下）
[古希腊]阿波罗尼俄斯 著
俄耳甫斯教祷歌 吴雅凌 编译
俄耳甫斯教辑语 吴雅凌 编译

古希腊肃剧注疏集
希腊肃剧与政治哲学 [美]阿伦斯多夫 著

古希腊礼法研究
宙斯的正义 [英]劳埃德-琼斯 著
希腊人的正义观 [英]哈夫洛克 著

廊下派集
廊下派的苏格拉底 程志敏 徐健 选编
廊下派的神和宇宙 [墨]里卡多·萨勒斯 编
廊下派的城邦观 [英]斯科菲尔德 著

希伯莱圣经历代注疏
希腊化世界中的犹太人 [英]威廉逊 著
第一亚当和第二亚当 [德]朋霍费尔 著

新约历代经解
属灵的寓意 [古罗马]俄里根 著

基督教与古典传统
保罗与马克安 [德]文森 著
加尔文与现代政治的基础 [美]汉考克 著
无执之道 [德]文森 著
恐惧与战栗 [丹麦]基尔克果 著
托尔斯泰与陀思妥耶夫斯基
[俄]梅列日科夫斯基 著
论宗教大法官的传说 [俄]罗赞诺夫 著
海德格尔与有限性思想（重订版）
刘小枫 选编
上帝国的信息 [德]拉加茨 著
基督教理论与现代 [德]特洛尔奇 著
亚历山大的克雷芒 [意]塞尔瓦托·利拉 著
中世纪的心灵之旅 [意]圣·波纳文图拉 著

德意志古典传统丛编
论荷尔德林 [德]沃尔夫冈·宾德尔 著
彭忒西勒亚 [德]克莱斯特 著
穆佐书简 [奥]里尔克 著
纪念苏格拉底——哈曼文选 刘新利 选编
夜颂中的革命和宗教 [德]诺瓦利斯 著
大革命与诗化小说 [德]诺瓦利斯 著
黑格尔的观念论 [美]皮平 著
浪漫派风格——施勒格尔批评文集 [德]施勒格尔 著

美国宪政与古典传统
美国1787年宪法讲疏 [美]阿纳斯塔普罗 著

启蒙研究丛编
浪漫的律令 [美]拜泽尔 著
现实与理性 [法]科维纲 著
论古人的智慧 [英]培根 著
托兰德与激进启蒙 刘小枫 编
图书馆里的古今之战 [英]斯威夫特 著

政治史学丛编
伊丽莎白时代的世界图景 [英]蒂利亚德 著
西方古代的天下观 刘小枫 编
从普遍历史到历史主义 刘小枫 编
自然科学史与玫瑰 [法]雷比瑟 著

地缘政治学丛编
克劳塞维茨之谜 [英]赫伯格-罗特 著
太平洋地缘政治学 [德]卡尔·豪斯霍弗 著

荷马注疏集
不为人知的奥德修斯 [美]诺特维克 著
模仿荷马 [美]丹尼斯·麦克唐纳 著

品达注疏集
幽暗的诱惑 [美]汉密尔顿 著

欧里庇得斯集
自由与僭越 罗峰 编译

阿里斯托芬集
《阿卡奈人》笺释 [古希腊]阿里斯托芬 著

色诺芬注疏集
居鲁士的教育 [古希腊]色诺芬 著
色诺芬的《会饮》 [古希腊]色诺芬 著

柏拉图注疏集
挑战戈尔戈 李致远 选编
论柏拉图《高尔吉亚》的统一性 [美]斯托弗 著
立法与德性——柏拉图《法义》发微 林志猛 编
柏拉图的灵魂学 [加]罗宾逊 著
柏拉图书简 彭磊 译注
克力同章句 程志敏 郑兴凤 撰
哲学的奥德赛——《王制》引论 [美]郝兰 著
爱欲与启蒙的迷醉 [美]贝尔格 著
为哲学的写作技艺一辩 [美]伯格 著
柏拉图式的迷宫——《斐多》义疏 [美]伯格 著
哲学如何成为苏格拉底式的 [美]朗佩特 著
苏格拉底与希琵阿斯 王江涛 编译
理想国 [古希腊]柏拉图 著
谁来教育老师 刘小枫 编
立法者的神学 林志猛 编
柏拉图对话中的神 [法]薇依 著
厄庇诺米斯 [古希腊]柏拉图 著
智慧与幸福 程志敏 选编
论柏拉图对话 [德]施莱尔马赫 著
柏拉图《美诺》疏证 [美]克莱因 著
政治哲学的悖论 [美]郝岚 著
神话诗人柏拉图 张文涛 选编
阿尔喀比亚德 [古希腊]柏拉图 著
叙拉古的雅典异乡人 彭磊 选编
阿威罗伊论《王制》 [阿拉伯]阿威罗伊 著
《王制》要义 刘小枫 选编
柏拉图的《会饮》 [古希腊]柏拉图 等著
苏格拉底的申辩(修订版) [古希腊]柏拉图 著
苏格拉底与政治共同体 [美]尼柯尔斯 著
政制与美德——柏拉图《法义》疏解 [美]潘戈 著
《法义》导读 [法]卡斯代尔·布舒奇 著

论真理的本质 [德]海德格尔 著
哲人的无知 [德]费勃 著
米诺斯 [古希腊]柏拉图 著
情敌 [古希腊]柏拉图 著

亚里士多德注疏集
《诗术》译笺与通绎 陈明珠 撰
亚里士多德《政治学》中的教诲 [美]潘戈 著
品格的技艺 [美]加佛 著
亚里士多德哲学的基本概念 [德]海德格尔 著
《政治学》疏证 [意]托马斯·阿奎那 著
尼各马可伦理学义疏 [美]伯格 著
哲学之诗 [美]戴维斯 著
对亚里士多德的现象学解释 [德]海德格尔 著
城邦与自然——亚里士多德与现代性 刘小枫 编
论诗术中篇义疏 [阿拉伯]阿威罗伊 著
哲学的政治 [美]戴维斯 著

普鲁塔克集
普鲁塔克的《对比列传》 [英]达夫 著
普鲁塔克的实践伦理学 [比利时]胡芙 著

阿尔法拉比集
政治制度与政治箴言 阿尔法拉比 著

马基雅维利集
君主及其战争技艺 娄林 选编

莎士比亚绎读
脱节的时代 [匈]阿格尼斯·赫勒 著
莎士比亚的历史剧 [英]蒂利亚德 著
莎士比亚戏剧与政治哲学 彭磊 选编
莎士比亚的政治盛典 [美]阿鲁里斯/苏利文 编
丹麦王子与马基雅维利 罗峰 选编

洛克集
上帝、洛克与平等 [美]沃尔德伦 著

卢梭集
论哲学生活的幸福 [德]迈尔 著
致博蒙书 [法]卢梭 著
政治制度论 [法]卢梭 著

哲学的自传　[美]戴维斯 著
文学与道德杂篇　[法]卢梭 著
设计论证　[美]吉尔丁 著
卢梭的自然状态　[美]普拉特纳 等著
卢梭的榜样人生　[美]凯利 著

莱辛注疏集

汉堡剧评　[德]莱辛 著
关于悲剧的通信　[德]莱辛 著
《智者纳坦》（研究版）　[德]莱辛 等著
启蒙运动的内在问题　[美]维塞尔 著
莱辛剧作七种　[德]莱辛 著
历史与启示——莱辛神学文选　[德]莱辛 著
论人类的教育　[德]莱辛 著

尼采注疏集

何为尼采的扎拉图斯特拉　[德]迈尔 著
尼采引论　[德]施特格迈尔 著
尼采与基督教　刘小枫 编
尼采眼中的苏格拉底　[美]丹豪瑟 著
尼采的使命　[美]朗佩特 著
尼采与现时代　[美]朗佩特 著
动物与超人之间的绳索　[德]A.彼珀 著

施特劳斯集

论僭政（重订本）　[美]施特劳斯[法]科耶夫 著
苏格拉底问题与现代性（增订本）
犹太哲人与启蒙（增订本）
霍布斯的宗教批判
斯宾诺莎的宗教批判
门德尔松与莱辛
哲学与律法——论迈蒙尼德及其先驱
迫害与写作艺术
柏拉图式政治哲学研究
论柏拉图的《会饮》
柏拉图《法义》的论辩与情节
什么是政治哲学
古典政治理性主义的重生（重订本）

回归古典政治哲学——施特劳斯通信集
苏格拉底与阿里斯托芬

***

施特劳斯的持久重要性　[美]朗佩特 著
论源初遗忘　[美]维克利 著
政治哲学与启示宗教的挑战　[德]迈尔 著
阅读施特劳斯　[美]斯密什 著
施特劳斯与流亡政治学　[美]谢帕德 著
隐匿的对话　[德]迈尔 著
驯服欲望　[法]科耶夫 等著

施米特集

宪法专政　[美]罗斯托 著
施米特对自由主义的批判　[美]约翰·麦考米克 著

伯纳德特集

古典诗学之路（第二版）　[美]伯格 编
弓与琴（重订本）　[美]伯纳德特 著
神圣的罪业　[美]伯纳德特 著

布鲁姆集

巨人与侏儒（1960-1990）
人应该如何生活——柏拉图《王制》释义
爱的设计——卢梭与浪漫派
爱的戏剧——莎士比亚与自然
爱的阶梯——柏拉图的《会饮》
伊索克拉底的政治哲学

沃格林集

自传体反思录　[美]沃格林 著

大学素质教育读本

古典诗文绎读 西学卷·古代编（上、下）
古典诗文绎读 西学卷·现代编（上、下）

柏拉图读本（刘小枫 主编）
吕西斯　贺方婴译
苏格拉底的申辩　程志敏 译

中国传统：经典与解释
Classici et Commentarii
娄亚蔷薇
刘小枫 陈少明 ◎ 主编

《孔丛子》训读及研究 / 雷欣翰 撰
论语说义 / [清]宋翔凤 撰
周易古经注解考辨 / 李炳海 著
浮山文集 / [明]方以智 著
药地炮庄 / [明]方以智 著
药地炮庄笺释·总论篇 / [明]方以智 著
青原志略 / [明]方以智 编
冬灰录 / [明]方以智 著
冬炼三时传旧火 / 邢益海 编
《毛诗》郑王比义发微 / 史应勇 著
宋人经筵诗讲义四种 / [宋]张纲 等撰
道德真经藏室纂微篇 / [宋]陈景元 撰
道德真经四子古道集解 / [金]寇才质 撰
皇清经解提要 / [清]沈豫 撰
经学通论 / [清]皮锡瑞 著
松阳讲义 / [清]陆陇其 著
起凤书院答问 / [清]姚永朴 撰
周礼疑义辨证 / 陈衍 撰
《铎书》校注 / 孙尚扬 肖清和 等校注
韩愈志 / 钱基博 著
论语辑释 / 陈大齐 著
《庄子·天下篇》注疏四种 / 张丰乾 编
荀子的辩说 / 陈文洁 著
古学经子 / 王锦民 著
经学以自治 / 刘少虎 著
从公羊学论《春秋》的性质 / 阮芝生 撰

刘小枫集
　　民主与政治德性
　　昭告幽微
　　以美为鉴
　　古典学与古今之争［增订本］
　　这一代人的怕和爱［第三版］
　　沉重的肉身［珍藏版］
　　圣灵降临的叙事［增订本］
　　罪与欠
　　儒教与民族国家
　　拣尽寒枝
　　施特劳斯的路标
　　重启古典诗学
　　设计共和
　　现代人及其敌人
　　海德格尔与中国
　　共和与经纶
　　现代性与现代中国
　　现代性社会理论绪论
　　诗化哲学［重订本］
　　拯救与逍遥［修订本］
　　走向十字架上的真
　　西学断章
编修［博雅读本］
　　凯若斯：古希腊语文读本［全二册］
　　古希腊语文学述要
　　雅努斯：古典拉丁语文读本
　　古典拉丁语文学述要
　　危微精一：政治法学原理九讲
　　琴瑟友之：钢琴与古典乐色十讲
译著
　　普罗塔戈拉（详注本）
　　柏拉图四书

经典与解释辑刊

1. 柏拉图的哲学戏剧
2. 经典与解释的张力
3. 康德与启蒙
4. 荷尔德林的新神话
5. 古典传统与自由教育
6. 卢梭的苏格拉底主义
7. 赫尔墨斯的计谋
8. 苏格拉底问题
9. 美德可教吗
10. 马基雅维利的喜剧
11. 回想托克维尔
12. 阅读的德性
13. 色诺芬的品味
14. 政治哲学中的摩西
15. 诗学解诂
16. 柏拉图的真伪
17. 修昔底德的春秋笔法
18. 血气与政治
19. 索福克勒斯与雅典启蒙
20. 犹太教中的柏拉图门徒
21. 莎士比亚笔下的王者
22. 政治哲学中的莎士比亚
23. 政治生活的限度与满足
24. 雅典民主的谐剧
25. 维柯与古今之争
26. 霍布斯的修辞
27. 埃斯库罗斯的神义论
28. 施莱尔马赫的柏拉图
29. 奥林匹亚的荣耀
30. 笛卡尔的精灵
31. 柏拉图与天人政治
32. 海德格尔的政治时刻
33. 荷马笔下的伦理
34. 格劳秀斯与国际正义
35. 西塞罗的苏格拉底
36. 基尔克果的苏格拉底
37. 《理想国》的内与外
38. 诗艺与政治
39. 律法与政治哲学
40. 古今之间的但丁
41. 拉伯雷与赫尔墨斯秘学
42. 柏拉图与古典乐教
43. 孟德斯鸠论政制衰败
44. 博丹论主权
45. 道伯与比较古典学
46. 伊索寓言中的伦理
47. 斯威夫特与启蒙
48. 赫西俄德的世界
49. 洛克的自然法辩难
50. 斯宾格勒与西方的没落
51. 地缘政治学的历史片段
52. 施米特论战争与政治
53. 普鲁塔克与罗马政治
54. 罗马的建国叙述
55. 亚历山大与西方的大一统
56. 马西利乌斯的帝国
57. 全球化在东亚的开端